DIETRICH MURSWIEK

# Verfassungsschutz und Demokratie

Schriften zum Öffentlichen Recht

Band 1416

# Verfassungsschutz und Demokratie

## Voraussetzungen und Grenzen für die Einwirkung der Verfassungsschutzbehörden auf die demokratische Willensbildung

Von

Dietrich Murswiek

Duncker & Humblot · Berlin

Bibliografische Information der Deutschen Nationalbibliothek

Die Deutsche Nationalbibliothek verzeichnet diese Publikation in der Deutschen Nationalbibliografie; detaillierte bibliografische Daten sind im Internet über http://dnb.d-nb.de abrufbar.


Satz: 3w+p GmbH, Rimpar
Druck: CPI buchbücher.de, Birkach
Printed in Germany

ISSN 0582-0200
ISBN 978-3-428-15922-2 (Print)
ISBN 978-3-428-55922-0 (E-Book)
Gedruckt auf alterungsbeständigem (säurefreiem) Papier
entsprechend ISO 9706 ♾

Internet: http://www.duncker-humblot.de

# Vorwort

Das Thema dieses Buches – die Einwirkung der Verfassungsschutzbehörden auf die öffentliche Willensbildung – ist Gegenstand einer Reihe von Abhandlungen, die ich in den letzten beiden Jahrzehnten veröffentlicht habe und die zum Teil erheblichen Einfluß auf die Rechtsprechung hatten. Dieses Buch unternimmt nicht nur eine systematische Zusammenfassung und Aktualisierung, sondern auch eine inhaltliche Weiterentwicklung der bisherigen Arbeiten.

Die Einwirkung des Verfassungsschutzes auf die öffentliche Meinungsbildung erfolgt durch seine Öffentlichkeitsarbeit, insbesondere durch die Verfassungsschutzberichte. Voraussetzung für die Berichterstattung über eine als extremistisch eingestufte oder extremistischer Bestrebungen verdächtigte Organisation ist, daß diese vom Verfassungsschutz beobachtet wird, und die rechtlichen Voraussetzungen für die Berichterstattung im Verfassungsschutzbericht knüpfen an die Voraussetzungen für die Beobachtung an. Die Darstellung einer Organisation als „extremistisch" im Verfassungsschutzbericht ist auf jeden Fall rechtswidrig, wenn schon die Beobachtung dieser Organisation rechtswidrig ist. Deshalb behandelt dieses Buch nicht nur die rechtlichen Voraussetzungen für die Erwähnung von Beobachtungsobjekten im Verfassungsschutzbericht, sondern auch die Voraussetzungen der Beobachtung durch den Verfassungsschutz.

Die wichtigsten und schwierigsten Probleme bei Prüfung der Rechtmäßigkeit der Beobachtung von Organisationen durch den Verfassungsschutz und der Rechtmäßigkeit der Berichterstattung im Verfassungsschutzbericht stellen sich im Zusammenhang mit der Frage, welche Meinungsäußerungen und Verhaltensweisen als tatsächliche Anhaltspunkte für verfassungsfeindliche Bestrebungen gewertet werden dürfen. Hiermit befaßt sich das Buch im systematischen Teil in Kapitel B.III. Die Praxis des Verfassungsschutzes wirft hierzu viele Einzelfragen auf, die in den Annexen noch ausführlicher behandelt werden. Annex 1 und Annex 2 enthalten bereits veröffentlichte Abhandlungen. Annex 3 und Kapitel B. beruhen weitgehend auf einem Rechtsgutachten, das ich für die AfD erstattet habe.

Freiburg, im Oktober 2019 *Dietrich Murswiek*

# Inhaltsübersicht

# Inhaltsverzeichnis

# Abkürzungsverzeichnis

| | |
|---|---|
| a.A. | anderer Ansicht |
| Abs. | Absatz |
| a.F. | alte(r) Fassung |
| AK-GG | Kommentar zum Grundgesetz für die Bundesrepublik Deutschland (Reihe Alternativkommentare) |
| AöR | Archiv des öffentlichen Rechts |
| Art. | Artikel |
| Bay | Bayern, bayerisch |
| BayVBl. | Bayerische Verwaltungsblätter |
| Bbg | Brandenburg, brandenburgisch |
| Beschl. | Beschluß |
| BfV | Bundesamt für Verfassungsschutz |
| Bln | Berlin |
| Brem | Bremen, Bremisch |
| BT | Bundestag |
| BVerfG | Bundesverfassungsgericht |
| BVerfGE | Entscheidungen des Bundesverfassungsgerichts |
| BVerfSchG | Bundesverfassungsschutzgesetz |
| BVerwG | Bundesverwaltungsgericht |
| BVerwGE | Entscheidungen des Bundesverwaltungsgerichts |
| BW | Baden-Württemberg |
| DÖV | Die Öffentliche Verwaltung (Zs.) |
| Drs. | Drucksache |
| DVBl. | Deutsches Verwaltungsblatt |
| EA | Entscheidungsabdruck |
| ebd. | ebenda |
| fdGO | freiheitliche demokratische Grundordnung |
| Fn. | Fußnote |
| FS | Festschrift |
| GG | Grundgesetz |
| Hbg | Hamburg, Hamburgisch |
| HdbVerfR | Handbuch des Verfassungsrechts |
| Hess | Hessen, hessisch |
| Hg. | Herausgeber |
| HStR | Handbuch des Staatsrechts |
| JF | Junge Freiheit (Wochenzeitung) |
| JöR N.F. | Jahrbuch des öffentlichen Rechts Neue Folge |
| LVSG | Landesverfassungsschutzgesetz |
| m.E. | meines Erachtens |
| MV | Mecklenburg-Vorpommern |
| m.w.N. | mit weiteren Nachweisen |

| | |
|---|---|
| Nds | Niedersachsen |
| n.F. | neue(r) Fassung |
| NJW | Neue Juristische Wochenschrift |
| NRW | Nordrhein-Westfalen |
| NVerfSchG | Niedersächsisches Verfassungsschutzgesetz |
| NVwZ | Neue Zeitschrift für Verwaltungsrecht |
| NVwZ-RR | NVwZ-Rechtsprechungsreport (Zs.) |
| NW | Nordrhein-Westfalen |
| NWVBl | Nordrhein-Westfälische Verwaltungsblätter (Zs.) |
| OVG | Oberverwaltungsgericht |
| Prot. | Protokoll |
| REP | „Die Republikaner“ |
| Rn. | Randnummer |
| RP | Rheinland-Pfalz |
| Rspr. | Rechtsprechung |
| S. | Seite, Satz |
| s. | siehe |
| SH | Schleswig-Holstein |
| std. Rspr. | ständige Rechtsprechung |
| Thür | Thüringen, thüringisch |
| UA | Urteilsabdruck |
| Urt. | Urteil |
| VerfSchG | Verfassungsschutzgesetz |
| VG | Verwaltungsgericht |
| VGH | Verwaltungsgerichtshof |
| vgl. | vergleiche |
| VSB | Verfassungsschutzbericht (Der vom Bundesministerium des Innern herausgegebene Verfassungsschutzbericht des Bundes wird als VSB zitiert, die Verfassungsschutzberichte der Länder als VSB mit dem Kürzel des jeweiligen Landes. Die Jahreszahl bezeichnet das Jahr, über das berichtet wird.) |
| VSG | Verfassungsschutzgesetz |
| VVDStRL | Veröffentlichungen der Vereinigung der Deutschen Staatsrechtslehrer |
| ZAR | Zeitschrift für Ausländerrecht |
| Zs. | Zeitschrift |

# A. Einführung: Verfassungsschutz und Demokratie

## I. „Streitbare Demokratie" – eine deutsche Besonderheit

Das Grundgesetz hat die deutsche Demokratie vor dem Hintergrund des Scheiterns der Weimarer Republik und der Erfahrungen mit den totalitären Regimen des 20. Jahrhunderts als „streitbare" oder „wehrhafte" Demokratie konstituiert, die es nicht zulassen will, daß ihre Fundamente – die Garantien der Menschenwürde und der individuellen Freiheit sowie die Demokratie selbst einschließlich ihrer notwendigen Fundierung in einem freien politischen Willensbildungsprozeß, in der Chancengleichheit der politischen Parteien, in freien und gleichen Wahlen, all das also, was das Grundgesetz unter dem Begriff der freiheitlichen demokratischen Grundordnung zusammenfaßt – von ihren Feinden beseitigt werden.

Daß der Staat seine eigene Existenz und seine durch die Verfassung konstituierte rechtliche Grundordnung und Staatsorganisation gegen gewaltsame Umsturzversuche schützt, ist eine Selbstverständlichkeit. Was Deutschland insoweit von den meisten anderen Ländern unterscheidet, ist der Umstand, daß die Verfassung nicht nur Vorkehrungen gegen eine gewaltsame Revolution, sondern auch gegen die „legale" Revolution trifft, nämlich dagegen, daß die fundamentalen Verfassungsprinzipien von einer Regierung oder einer Parlamentsmehrheit beseitigt werden, die durch demokratische Wahlen – nicht durch Gewaltanwendung – an die Macht gekommen ist[1]. Die fundamentalen Verfassungsprinzipien sind gemäß Art. 79 Abs. 3 GG unabänderlich; sie können mit keiner noch so großen Mehrheit beseitigt werden. Und politische Parteien, die darauf ausgehen, diese Prinzipien zu beseitigen, sind verfassungswidrig (Art. 21 Abs. 2 GG); sie können verboten werden. Das gilt auch für sonstige Vereinigungen (Art. 9 Abs. 2 GG)[2].

Die Existenz des Staates und die Verfassung zu schützen, kann man als „Verfassungsschutz im materiellen Sinne" bezeichnen. Die Aufgabe des so verstandenen Verfassungsschutzes wird von verschiedenen Staatsorganen und Behörden arbeits-

---

[1] Vgl. z. B. *Claus Leggewie/Horst Meier*, Republikschutz. Maßstäbe für die Verteidigung der Demokratie, 1995, S. 214, die von einem „deutschen Sonderweg" sprechen; ebenso *Josef Schüßlburner*, Demokratie-Sonderweg Bundesrepublik. Analyse der Herrschaftsordnung in Deutschland, 2004.

[2] Auf die Unterschiede in den Rechtsfolgen dieser Tatbestände, insbesondere auf das „Parteienprivileg", soll an dieser Stelle nicht eingegangen werden (s. aber unten II.1.); auch bedarf es hier keiner Erörterung der Frage, ob das Verbot eine zwingende Folge aus Art. 21 Abs. 2 GG ist oder einfachgesetzlich auch andere Gestaltungen möglich wären.

teilig wahrgenommen. Eine herausragende Rolle für den Verfassungsschutz im materiellen Sinne hat das Bundesverfassungsgericht. Aber auch die Bundesregierung oder der Bundestag sind im Rahmen ihrer jeweiligen Kompetenzen zum Schutz der Verfassung verpflichtet[3]. Bundeskanzler, Bundesminister und Bundespräsident schwören in ihrem Amtseid, „das Grundgesetz … zu verteidigen" (Art. 64 Abs. 2, Art. 56 GG).

Dem Schutz der Verfassung dienen insbesondere die speziellen Verfassungsschutzbehörden – die Inlandsnachrichtendienste oder, wie sie auch genannt werden, Inlandsgeheimdienste, nämlich das Bundesamt für Verfassungsschutz und die Landesverfassungsschutzbehörden. In einigen Bundesländern sind das die Landesämter für Verfassungsschutz (z.B. in Bayern und Baden-Württemberg, Art. 1 BayVSG, § 2 Abs. 1 LVSG BW). In den meisten Bundesländern ist das Innenministerium mit der Funktion der Verfassungsschutzbehörde betraut worden; dort wird die Aufgabe des Verfassungsschutzes von einer besonderen Abteilung des Ministeriums wahrgenommen (z.B. § 2 Abs. 1 VSG NRW; § 2 Abs. 1 NVerfSchG)[4]. Das Bundesamt für Verfassungsschutz untersteht dem Bundesinnenminister (§ 2 Abs. 1 Satz 2 BVerfSchG), die Landesbehörden für Verfassungsschutz dem jeweiligen Landesinnenminister (z.B. Art. 1 BayVSG). Die Verfassungsschutzbehörden können als „Verfassungsschutz im organisatorischen Sinne" bezeichnet werden. Im öffentlichen Sprachgebrauch wird der Begriff „Verfassungsschutz" meist mit dem Verfassungsschutz im organisatorischen Sinne gleichgesetzt. Mit „Verfassungsschutz" meint man in der Regel das Bundesamt oder eine Landesbehörde für Verfassungsschutz. Auch im folgenden werden die Verfassungsschutzbehörden oft abkürzend als „Verfassungsschutz" bezeichnet.

Wegen der deutschen Konzeption der „streitbaren Demokratie" hat der Verfassungsschutz in Deutschland andere Aufgaben als Staatsschutzbehörden in anderen Staaten. Der Verfassungsschutz observiert nicht nur solche Organisationen, die eine gewaltsame Revolution anstreben, sondern auch solche, die mit friedlichen Mitteln eine demokratische Mehrheit für Ziele gewinnen wollen, die auf die Beseitigung der Verfassungsfundamente gerichtet sind. Wenn der Geheimdienst politische Zielsetzungen überwacht, ist der Weg zur hoheitlichen Gesinnungskontrolle nicht weit. Hieraus resultieren Probleme für die Demokratie, die in diesem Buch behandelt werden. Dieses Buch stellt jedoch nicht die grundgesetzliche Konzeption des Schutzes eines unverbrüchlichen Verfassungskerns – also den Verfassungsschutz im materiellen Sinne – infrage[5]. Vielmehr analysiere ich, welche Aufgaben und Befugnisse der Verfassungsschutz nach geltendem Recht hat, die sich auf die politische

[3] *Dietrich Murswiek*, Verfassungsrechtliche Handlungspflichten zum Schutz der Verfassung, in: FS Kloepfer, 2013, S. 121–138.

[4] In Bremen fungiert die für den Verfassungsschutz zuständige Abteilung beim Senator für Inneres als Verfassungsschutzbehörde. Sie führt die Bezeichnung „Landesamt für Verfassungsschutz", § 2 Abs. 1 BremVerfSchG.

[5] Kritisch zu dieser Konzeption z.B. *Leggewie/Meier* (Fn. 1), S. 207 ff., 242 ff.; *Schüßlburner* (Fn. 1); vgl. bereits *Hans Kelsen*, Was ist Gerechtigkeit?, 2. Aufl. 1975, S. 42.

Willensbildung auswirken, und meine Fragestellung lautet: Wie muß das geltende Recht ausgelegt und angewendet werden, damit Demokratie und Rechtsstaat durch diese Art von Verfassungsschutz nicht Schaden nehmen?

## II. Die Ambivalenz des Verfassungsschutzes

Nach der Konzeption des deutschen Verfassungsschutzrechts sind die Verfassungsschutzbehörden keine Polizeibehörden. Es gilt das „Trennungsgebot" (z.B. § 2 Abs. 1 Satz 3 BVerfSchG): Verfassungsschutz und Polizei sind organisatorisch getrennt. Der Verfassungsschutz hat keine operativen Gefahrenabwehraufgaben, sondern er ist lediglich für die Sammlung und Auswertung von Informationen über verfassungsfeindliche Bestrebungen zuständig sowie für die Information der Regierung und der Öffentlichkeit über diese Bestrebungen – so die gesetzliche Konzeption[6]. Präventionsmaßnahmen fallen in die Zuständigkeit der Polizei, soweit es um die Abwehr konkreter Gefahren – z.B. durch Terroristen – geht. Für die Strafverfolgung sind auch bei verfassungsschutzrelevanten Straftaten die Strafverfolgungsbehörden zuständig. Und über Vereins- und Parteiverbote entscheiden Innenminister beziehungsweise das Bundesverfassungsgericht.

Dennoch sind die Verfassungsschutzbehörden keine reinen Informationssammelstellen. Hinsichtlich seiner faktischen Wirkungen, aber auch nach Selbstverständnis und Intention der Verfassungsschutzbehörden, die sich selbst als „Frühwarnsystem" begreifen[7], geht die Tätigkeit des Verfassungsschutzes über die reine Informationssammlung, -auswertung und -vermittlung weit hinaus: Zumindest die Information der Öffentlichkeit über die Beobachtung einer Organisation durch den Verfassungsschutz beziehungsweise über ihre Einstufung als extremistisch dient nicht lediglich der sozusagen neutralen Mitteilung von Tatsachen, sondern sie dient zugleich der Bekämpfung dieser Organisation[8]. Der Verfassungsschutz spricht implizit ein amtliches negatives Werturteil und eine Warnung vor dieser Organisation aus. Dies habe ich in Abhandlungen von 1997[9] und 2004[10] herausgearbeitet, und das Bundesverfassungsgericht hat dies bestätigt[11]. Es hat sich deshalb auch meiner Auffassung angeschlossen, daß die Bewertung einer Organisation als „extremi-

---

[6] Zum Trennungsgebot und zur Frage, ob es Verfassungsrang hat, ausführlich *Christoph Gusy*, Organisation und Aufbau der deutschen Nachrichtendienste, in: Jan-Hendrik Dietrich/Sven-R. Eiffler, Handbuch des Rechts der Nachrichtendienste, 2017, Teil IV § 1 Rn. 29ff.

[7] Vgl. z.B. VSB 2018, S. 15f.

[8] Dazu ausführlich unten C.II.1.

[9] *Dietrich Murswiek*, Staatliche Warnungen, Wertungen und Kritik als Grundrechtseingriffe. Zur Wirtschafts- und Meinungslenkung durch staatliches Informationshandeln, DVBl. 1997, S. 1021 (1027ff.).

[10] *Dietrich Murswiek*, Der Verfassungsschutzbericht – das scharfe Schwert der streitbaren Demokratie. Zur Problematik der Verdachtsberichterstattung, NVwZ 2004, S. 769ff.

[11] *BVerfG*, Beschl. v. 24.5.2005 – 1 BvR 1072/01 = BVerfGE 113, 63 (77f.) – JF.

stisch" im Verfassungsschutzbericht ein Grundrechtseingriff (beziehungsweise ein Eingriff in die Freiheit und Chancengleichheit der politischen Parteien) ist[12] – mit der Folge, daß die Verfassungsschutzberichterstattung nunmehr erheblich intensiverer gerichtlicher Kontrolle unterliegt als zuvor[13].

Aber schon die Beobachtung einer Organisation ist ein erheblicher Eingriff in ihre Grundrechte beziehungsweise bei politischen Parteien in ihre Rechte aus Art. 21 Abs. 1 GG. Dies gilt nicht nur für die informationelle Selbstbestimmung, sondern auch für die Freiheit der politischen Betätigung. Denn diese ist erheblich beeinträchtigt, wenn sie im Bewußtsein der Beobachtung durch den Verfassungsschutz oder unter der Drohung mit möglichen Konsequenzen der Beobachtung ausgeübt werden muß.

Die Beobachtung politischer Parteien und ihre öffentliche Einstufung als „extremistisch" sind wegen der herausragenden Bedeutung der Parteien für den demokratischen Willensbildungsprozeß und für die Durchführung von Parlamentswahlen besonders heikel. Einerseits sind es vor allem die politischen Parteien, von denen Gefahren für die freiheitliche demokratische Grundordnung ausgehen können, sofern man die Möglichkeit einer Beseitigung dieser Ordnung im Wege demokratischer Mehrheitsgewinnung und nicht Terrorismus oder gewaltsamen Umsturz in Betracht zieht. Denn nur politische Parteien und nicht andere Organisationen nehmen an Wahlen teil und können auf diese Weise die Macht im Staate erobern.

Um der „Machtergreifung" einer verfassungsfeindlichen Partei vorzubeugen und rechtzeitig Informationen über Pläne zur Beseitigung der grundlegenden Verfassungsprinzipien im Falle einer „Machtübernahme" zu gewinnen, damit ein Parteiverbotsverfahren gemäß Art. 21 Abs. 2 GG eingeleitet werden kann, bevor es zu spät ist, läßt sich in Fällen hinreichend begründeten Verdachts die Beobachtung einer Partei rechtfertigen[14]. Wenn das Grundgesetz das Verbot einer Partei wegen ihrer gegen die freiheitliche demokratische Grundordnung gerichteten Zielsetzung ermöglicht, setzt dies voraus, daß der Staat auch die Möglichkeit haben muß, sich die dafür erforderlichen Informationen zu beschaffen. Deshalb ist die Beobachtung einer Partei mit dem sogenannten Parteienprivileg, wonach eine Partei nicht als verfassungsfeindlich behandelt werden darf, solange das Bundesverfassungsgericht ihre Verfassungswidrigkeit nicht festgestellt hat, vereinbar.

Ob dies auch für die amtliche Einstufung einer Partei als „extremistisch" beziehungsweise „verfassungsfeindlich", insbesondere im Verfassungsschutzbericht, gilt, ist umstritten. Während die Rechtsprechung die Bekämpfung vom Verfassungsschutz für extremistisch gehaltener Parteien durch Anprangerung im Verfassungsschutzbericht ohne vorherige Entscheidung des Bundesverfassungsgerichts für

---

[12] *BVerfGE* 113, 63 (77 f.) – JF. – Zu den Wirkungen des Verfassungsschutzberichts und zu seinem Eingriffscharakter unten C.II.1., 2.

[13] Dazu eingehend *Dietrich Murswiek*, Neue Maßstäbe für den Verfassungsschutzbericht. Konsequenzen aus dem JF-Beschluss des BVerfG, in: NVwZ 2006, S. 121–128.

[14] Dazu Kapitel B.

verfassungsmäßig hält[15], wird dies von einigen Stimmen in der Literatur als unvereinbar mit dem „Parteienprivileg" (Art. 21 Abs. 4 i.V.m. Abs. 2 GG = Art. 21 Abs. 2 a.F.) kritisiert[16]. So weisen *Preuß* und *Streinz* darauf hin, daß die Regierung durch die amtliche Einstufung als „verfassungsfeindlich" unter Vermeidung der Risiken eines Verbotsverfahrens der betroffenen Partei die Verteidigungs- und Selbstdarstellungsmöglichkeiten nimmt, die sie vor dem Bundesverfassungsgericht hätte, obwohl Art. 21 GG garantiere, daß Parteien bis zu ihrem Verbot „ungestört und ungehindert agieren dürfen"[17].

Nachdem das Bundesverfassungsgericht den Eingriffscharakter der Erwähnung im Verfassungsschutzbericht bejaht hat[18], läßt sich ein Verstoß gegen das Parteienprivileg jedenfalls nicht mehr mit dem Argument der früheren Rechtsprechung verneinen, die Bezeichnung als „extremistisch" im Verfassungsschutzbericht sei kein „administratives Einschreiten"[19]; gegen „faktische Nachteile" schütze Art. 21 GG nicht[20]. Die prinzipielle Rechtmäßigkeit der Aufnahme politischer Parteien in den Verfassungsschutzbericht hängt deshalb davon ab, ob das Parteienprivileg vor allen Arten von Eingriffen oder nur vor imperativen Eingriffen beziehungsweise vor rechtsverbindlichen Entscheidungen schützt[21]. Gegen letzteres spricht, daß finale faktische Eingriffe in ihrer freiheitsbeeinträchtigenden Wirkung ebenso schwerwiegend oder sogar noch viel schwerwiegender sein können als imperative Eingriffe. Und finale faktische Eingriffe werden vom handelnden Staatsorgan ebenso wie imperative Maßnahmen gesteuert. Sie sind nicht bloß unbeabsichtigte Nebenwirkungen von Maßnahmen, die anderen Zielen dienen. Dies gilt auch für die Aufnahme einer Partei als „extremistisch" in den Verfassungsschutzbericht, denn sie dient gezielt der Bekämpfung dieser Partei. Im Hinblick auf die einschneidenden Wirkungen dieser Bekämpfungsmaßnahme für die politische Betätigungsfreiheit und die

---

[15] Vgl. z. B. *BVerfGE* 39, 334 (360); 40, 287 (292 f.); 57, 1 (6 f.); *BVerwG*, Urt. v. 7. 12. 1999, NJW 2000, 824 (825); *OVG Berlin-Brandenburg*, Urt. v. 6.4.2006 – 3 B 3.99 – REP, juris Rn. 43.

[16] Vgl. *Rudolf Streinz*, in: von Mangoldt/Klein/Starck II, 7. Aufl. 2018, Art. 21 Abs. 1 Rn. 115 m.w.N., Art. 21 Abs. 2 Rn. 217 f.; *Karl-Heinz Seifert*, Die politischen Parteien im Recht der Bundesrepublik Deutschland, 1975, S. 476 f.; *Ulrich K. Preuß*, in: AK-GG I, 2. Aufl. 1989, Art. 21 Abs. 1, 3 Rn. 37 f.; *Lars Oliver Michaelis*, Politische Parteien unter der Beobachtung des Verfassungsschutzes, 2000, S. 224 ff. (differenzierend); vgl. auch *Christoph Gusy*, Die „freiheitliche demokratische Grundordnung" in der Rechtsprechung des Bundesverfassungsgerichts, AöR 105 (1980), S. 279 (298 ff.); *Christoph Gusy*, in: AK-GG, 3. Aufl. 2001, Art. 21 Rn. 141.

[17] *Preuß* (Fn. 16), Art. 21 Abs. 1, 3 Rn. 38; *Streinz* (Fn. 16), Art. 21 Abs. 1 Rn. 115 m. Hinw. auf *BVerfGE* 39, 334 (357).

[18] *BVerfG*, Beschl. v. 24.5.2005 – 1 BvR 1072/01 = BVerfGE 113, 63 (76 f.) – JF; dazu näher unten C.II.2.

[19] *BVerfGE* 40, 287 (292).

[20] *BVerfGE* 39, 334 (360).

[21] Vgl. *Murswiek* (Fn. 9), S. 1029 f.

Chancengleichheit der Parteien[22] kann es einer Einladung zur Umgehung des Entscheidungsmonopols des Bundesverfassungsgerichts gleichkommen, wenn man das Parteienprivileg nicht auf die Einstufung als verfassungsfeindlich im Verfassungsschutzbericht erstreckt[23]. Ich neige dazu, an meiner früher geäußerten Auffassung, daß die Berichterstattung über politische Parteien im Verfassungsschutzbericht vor der Feststellung ihrer Verfassungswidrigkeit durch das Bundesverfassungsgericht mit dem Parteienprivileg vereinbar sei[24], nicht festzuhalten, möchte diese Problematik hier aber nicht vertiefen.

Geht man von der eingefahrenen Rechtsprechung aus, nach der das Entscheidungsmonopol des Bundesverfassungsgerichts nicht ausschließt, daß Regierung und Verfassungsschutz von ihnen als verfassungsfeindlich angesehene Parteien „politisch" – also durch Anprangerung als „extremistisch" – bekämpfen, dann hängt für die Demokratie viel davon ab, ob ausschließlich solche Parteien auf diese Weise bekämpft werden, die tatsächlich verfassungsfeindlich sind, die also gegen die freiheitliche demokratische Grundordnung gerichtete Bestrebungen im Sinne der Verfassungsschutzgesetze verfolgen. Wenn dies der Fall ist, verteidigt der Verfassungsschutz mit seiner öffentlichen Etikettierung der Partei als extremistisch die Grundlagen des demokratischen Verfassungsstaats. Wenn dies aber nicht der Fall ist, wenn also die hoheitlich mit dem Extremismus-Label versehene Partei in Wirklichkeit keine verfassungsfeindlichen Ziele anstrebt, dann fügt der Verfassungsschutz der Demokratie schwerwiegenden Schaden zu. Jedenfalls dann, wenn die betreffende Partei gute Wahlchancen hat, die durch das Eingreifen des Verfassungsschutzes in die öffentliche Meinungsbildung drastisch gemindert werden[25], führt eine unzutreffende Extremismus-Etikettierung zu einer schwerwiegenden Verzerrung des demokratischen Wettbewerbs, die sogar im Hinblick auf die Möglichkeiten der Regierungsbildung wahlentscheidend sein kann.

Weil dies so ist, arbeitet der Verfassungsschutz dort, wo er seine Bekämpfungsfunktion wahrnimmt, an einer heiklen Grenzlinie: Die Richtigkeit seiner Einstufung einer Partei als extremistisch ist nicht nur eine Frage von rechtmäßig und rechtswidrig, sondern zugleich eine Frage von Verteidigung oder Schädigung der Demokratie. Der Verfassungsschutz ist bei der Wahrnehmung dieser Aufgabe immer in Gefahr, die Demokratie zu beschädigen, statt sie zu schützen. Denn sieht man von

---

[22] Vgl. zu diesen Wirkungen unten C.II.1.

[23] Vgl. *Streinz* (Fn. 16), Art. 21 Abs. 2 Rn. 217.

[24] *Murswiek* (Fn. 9); *Murswiek* (Fn. 13), S. 128.

[25] Daß die Einstufung als extremistisch durch den Verfassungsschutz einschneidende Wirkungen auf das Wahlverhalten haben kann, bestätigt eine Umfrage, nach der schon die (rechtswidrige, siehe *VG Köln*, Beschl. v. 26.2.2019 – 13 L 202/19) öffentliche Bekanntgabe der Einstufung der AfD als „Prüffall" die Bereitschaft, diese Partei zu wählen, um 15 % gesenkt hat. 27 % der potentiellen AfD-Wähler gaben an, im Falle der Beobachtung durch den Verfassungsschutz diese Partei nicht zu wählen, FAZ 7.5.2019, https://www.faz.net/aktuell/politik/inland/beobachtung-durch-verfassungsschutz-schreckt-afd-waehler-ab-16175190.html (abgerufen am 19.7.2019).

der Möglichkeit des bewußten Einsatzes des Verfassungsschutzes zur Diskreditierung politischer Gegner ab, gibt es zwei naheliegende Möglichkeiten, aus denen es zu einer unzutreffenden Erhebung des Extremismus-Vorwurfes kommen kann:

- Zum einen erlauben die Verfassungsschutzgesetze des Bundes und mancher Bundesländer die Berichterstattung im Verfassungsschutzbericht bereits in Verdachtsfällen. Es ist also möglich, daß eine Partei dort als extremistisch angeprangert wird, obwohl der Verdacht sich später als unbegründet herausstellt.
- Zum anderen ist die Frage, ob eine Partei gegen die freiheitliche demokratische Grundordnung gerichtete Bestrebungen verfolgt, nicht immer einfach zu entscheiden. Wenn eine Partei sich nicht offen zu verfassungsfeindlichen Zielen bekennt, ist eine schwierige Beweisführung notwendig, die sich vor allem auf Äußerungen von Funktionären und Mitgliedern stützt. Hierbei kann es leicht zu Fehlbewertungen kommen – insbesondere dann, wenn schon über die rechtlichen Maßstäbe keine Klarheit besteht.

Aber auch dort, wo der Verfassungsschutz eine Organisation noch nicht bekämpft, sondern „nur" beobachtet, bestehen ähnliche Gefahren, auch wenn der mögliche Schaden erheblich geringer ist, wenn die Beobachtung nicht öffentlich bekanntgegeben wird.

## III. Notwendigkeit der rechtsstaatlichen Einbindung und Kontrolle des Verfassungsschutzes

Da der Verfassungsschutz immer auf der Kippe zwischen Verteidigung und Schädigung der Demokratie operiert, wenn er nicht von sich aus sozusagen einen Sicherheitsabstand zur Grenze der Rechtswidrigkeit einhält, ist eine strikte rechtsstaatliche Einbindung und Kontrolle seiner Tätigkeit ein zwingendes Erfordernis der Demokratie.

Die Verdachtsberichterstattung halte ich für grundsätzlich verfassungswidrig. Rechtsstaatlicher Verfassungsschutz darf nicht zu einer Diskreditierung politischer Konkurrenz auf Verdachtsbasis führen. Politische Opposition mit einer Herrschaft des Verdachts niederzuhalten, ist mit dem Demokratieprinzip unvereinbar, wie ich im Kapitel C. ausführlich zeigen werde.

Mit den rechtlichen Maßstäben für die Bewertung einer Organisation als extremistisch befaßt sich Kapitel B. Wenn die Verfassungsfeindlichkeit aus Meinungsäußerungen erschlossen werden muß, weil es an Bekundungen verfassungsfeindlicher Ziele seitens der Organisation fehlt, kann der Verfassungsschutz in die Versuchung geraten, bloße Meinungen statt politischer Ziele zu bewerten, Gesinnungskontrolle zu betreiben und politische Unkorrektheit zu sanktionieren. Wenn dem nicht durch klare rechtliche Maßstäbe und durch ihre strikte Beachtung begegnet wird, kann der Verfassungsschutz sich zu einem Instrument ideologisch begründeter Ausgrenzung politisch unerwünschter Kräfte entwickeln. Er würde dann nicht die Verfassung, sondern die etablierten Parteien schützen und damit selbst zum Problem für die freiheitliche demokratische Grundordnung werden.

Umso erstaunlicher ist es, daß über die Bedeutung eines der Zentralbegriffe der Vorschriften, die zur Beobachtung durch den Verfassungsschutz und zur öffentlichen Berichterstattung ermächtigen (§ 4 Abs. 1 Satz 3 und § 16 Abs. 1 und 2 BVerfSchG), über die Bedeutung des Begriffs der „tatsächlichen Anhaltspunkte" für verfassungsfeindliche Bestrebungen, bei den Verfassungsschutzbehörden und in der verwaltungsgerichtlichen Rechtsprechung keine Klarheit besteht, sondern eine eher intuitive und schlampige Anwendungspraxis vorherrscht, die nicht einmal zwischen Äußerungen, die das Ziel der Beseitigung eines Grundsatzes der freiheitlichen demokratischen Grundordnung zum Ausdruck bringen, und solchen Äußerungen unterscheidet, die lediglich eine Maßnahme fordern, welche im Falle ihrer Verwirklichung gegen einen der Grundsätze der freiheitlichen demokratischen Grundordnung verstieße[26]. Auch daß „tatsächliche Anhaltspunkte" Tatsachen sind (die als Indiz für die Verfassungsfeindlichkeit der betreffenden Organisation dienen und ein Baustein für einen entsprechenden Verdacht sein können) und nicht bloße Vermutungen oder Unterstellungen, wird in der Praxis oft schon deshalb nicht beachtet, weil man dies gar nicht reflektiert. Das Gesetz verlangt als Beobachtungsvoraussetzung einen Verdacht, der auf Tatsachen gestützt ist und nicht lediglich auf den Verdacht, daß solche Tatsachen vorliegen könnten[27].

Auch wird in der Praxis nicht hinreichend bedacht, daß und in welcher Weise entlastende Umstände in die Bewertung einbezogen werden müssen. Wenn die Verfassungsschutzbehörden nur nach belastendem Material suchen, arbeiten sie nicht als objektive Behörden zum Schutz der Verfassung, sondern können von vornherein nur die Wirklichkeit verzerrende Ergebnisse erzielen[28].

Außerdem ist zu fordern, daß die „Gesamtschau", in welcher die Verfassungsschutzbehörde die Anhaltspunkte bewertet, um zu einer Entscheidung über die Einstufung einer Organisation als Verdachtsfall, als Fall erwiesener Verfassungsfeindlichkeit oder als Fall, der in den Verfassungsschutzbericht aufgenommen wird, zu entscheiden, rational strukturiert und das Ergebnis nicht bloß intuitiv über den Daumen gepeilt wird. Nur auf diese Weise ist die Nachvollziehbarkeit der Bewertung gewährleistet[29].

Das vorliegende Buch will einen Beitrag zu Rationalität und Nachvollziehbarkeit in der Argumentation des Verfassungsschutzes liefern und Kriterien herausarbeiten,

---

[26] Daß nur Äußerungen der erstgenannten Art ohne weiteres als tatsächliche Anhaltspunkte gewertet werden können, habe ich in Kapitel B.III.2.d) eingehend dargelegt.

[27] Kapitel B.III.1.

[28] Kapitel B.III.3.b), c); C.III.4.a)bb)(3).

[29] Dazu eingehend Kapitel B.III.3.c).

anhand derer eine effektive gerichtliche Kontrolle des Verfassungsschutzes möglich ist.

Nicht alle für Demokratie und Rechtsstaat relevanten Verfassungsschutzthemen werden in diesem Buch aufgegriffen. So werden die Probleme des Einsatzes nachrichtendienstlicher Mittel, insbesondere der Telekommunikationsüberwachung und des Einsatzes von V-Leuten und verdeckten Ermittlern, hier nicht behandelt. Auch auf Rechtsschutzfragen gehe ich hier nicht ein. Und wie schon erwähnt, ist die verfassungspolitische Frage, ob die nachrichtendienstliche Beobachtung und die staatliche Bekämpfung nicht gewaltgeneigter Organisationen überhaupt sinnvolle Instrumente zur Sicherung der Grundlagen einer freiheitlichen Demokratie sind, oder ob die Auseinandersetzung über extremistische Ziele nicht besser den Bürgern, gesellschaftlichen Kräften und Medien überlassen werden sollte, nicht Thema dieses Buches.

Die Verfassungsschutzbehörden täten gut daran, die sich aus Gesetz und Verfassung ergebenden Kriterien für die Berichterstattung im Verfassungsschutzbericht nicht als unziemliche Einengung ihrer Aktivitäten zu begreifen. Sie können ihre Aufgabe nur dann richtig erfüllen, wenn sie selbst die Grundsätze von Demokratie und Rechtsstaat achten, die zu schützen sie berufen sind[30]. Das ist leider häufig nicht der Fall. Insbesondere kommt es immer wieder zu unzutreffenden Bewertungen von Meinungsäußerungen und anderen Verhaltensweisen als Anhaltspunkte für extremistische Bestrebungen[31]. Dieses Buch möge als Wegweiser zu einer rechtsstaatlichen Verfassungsschutzpraxis dienen.

---

[30] Auch das *BVerfG* betont, daß die Entscheidung des Grundgesetzes für die „wehrhafte Demokratie" selbstverständlich nicht von der Beachtung rechtsstaatlicher Anforderungen dispensiert, wo es um die Verteidigung der freiheitlichen demokratischen Grundordnung geht, vgl. *BVerfG*, Beschl. v. 18. 8. 2000 – 1 BvQ 23/00, NJW 2000, 3054 (3056): „Das Grundgesetz verwirklicht zwar eine auf die Abwehr von Gefahren für den Rechtsstaat und die Demokratie gerichtete Ordnung; es besteht aber auf der Einhaltung der Regeln des Rechtsstaats, den es zu verteidigen gilt." Ähnlich *BVerfGE* 111, 147 (158): Das Grundgesetz enthalte einen Auftrag zur Abwehr extremistischer Bestrebungen, aber mit den Mitteln des Rechtsstaats.

[31] Beispiele dafür in Annex 1, 2 und 3.

# B. Rechtliche Voraussetzungen für die Beobachtung einer Organisation durch den Verfassungsschutz

Die Rechtsgrundlagen für die Beobachtung einer Organisation durch den Verfassungsschutz[32] finden sich in den Verfassungsschutzgesetzen des Bundes und der Länder. Die Landesverfassungsschutzgesetze orientieren sich im wesentlichen an der Vorgabe des Bundesverfassungsschutzgesetzes. Sie enthalten teilweise Präzisierungen, Erweiterungen oder Einschränkungen[33]. Ich gehe auf landesrechtliche Besonderheiten im folgenden nicht ein, sondern stelle die Rechtslage anhand des Bundesverfassungsschutzgesetzes dar.

## I. Aufgaben und Befugnisse der Verfassungsschutzbehörden

### 1. Aufgaben

Schutzgüter des Verfassungsschutzes im organisatorischen Sinne, also der Verfassungsschutzbehörden, sind neben den Verfassungsgrundlagen – nämlich der freiheitlichen demokratischen Grundordnung – der Bestand und die Sicherheit des Bundes und der Länder.

Zum Schutz dieser Güter ist es Aufgabe der Verfassungsschutzbehörden, Informationen zu sammeln und auszuwerten, um die Regierung und die anderen zuständigen staatlichen Stellen sowie die Öffentlichkeit über Bestrebungen gegen die Schutzgüter zu unterrichten. Die Verfassungsschutzbehörden haben keine operativen Schutzaufgaben; sie sind weder für die Strafverfolgung noch für die präventive Abwehr von Straftaten oder von Gefahren zuständig. Das ist vielmehr Sache der Staatsanwaltschaften und der Polizei. Die Verfassungsschutzbehörden wirken am Schutz der Verfassung allein dadurch mit, daß sie die dafür benötigten Informationen sammeln, auswerten und den zuständigen Stellen zur Verfügung stellen. Darüber hinaus sind sie aber nach vorherrschender Auffassung befugt, zum Schutz der ver-

---

[32] „Verfassungsschutz“ bedeutet hier der Verfassungsschutz im organisatorischen Sinne, also die Verfassungsschutzbehörden.

[33] Vgl. *Gunter Warg*, Der gesetzliche Auftrag der deutschen Nachrichtendienste, in: Jan-Hendrik Dietrich/Sven-R. Eiffler, Handbuch des Rechts der Nachrichtendienste, 2017, Teil V § 1 Rn. 10.

fassungsschutzrechtlichen Schutzgüter tätig zu werden, indem sie das Mittel der Öffentlichkeitsarbeit einsetzen[34].

§ 3 Abs. 1 BVerfSchG beschreibt die Aufgaben des Verfassungsschutzes wie folgt:

> Aufgabe der Verfassungsschutzbehörden des Bundes und der Länder ist die Sammlung und Auswertung von Informationen, insbesondere von sach- und personenbezogenen Auskünften, Nachrichten und Unterlagen, über
>
> 1. Bestrebungen, die gegen die freiheitliche demokratische Grundordnung, den Bestand oder die Sicherheit des Bundes oder eines Landes gerichtet sind oder eine ungesetzliche Beeinträchtigung der Amtsführung der Verfassungsorgane des Bundes oder eines Landes oder ihrer Mitglieder zum Ziele haben,
> 2. sicherheitsgefährdende oder geheimdienstliche Tätigkeiten im Geltungsbereich dieses Gesetzes für eine fremde Macht,
> 3. Bestrebungen im Geltungsbereich dieses Gesetzes, die durch Anwendung von Gewalt oder darauf gerichtete Vorbereitungshandlungen auswärtige Belange der Bundesrepublik Deutschland gefährden,
> 4. Bestrebungen im Geltungsbereich dieses Gesetzes, die gegen den Gedanken der Völkerverständigung (Artikel 9 Abs. 2 des Grundgesetzes), insbesondere gegen das friedliche Zusammenleben der Völker (Artikel 26 Abs. 1 des Grundgesetzes) gerichtet sind.

Die folgende Darstellung beschränkt sich auf den Schutz der Verfassung vor Bestrebungen, die gegen die freiheitliche demokratische Grundordnung gerichtet sind.

Bestrebungen im Sinne von § 3 Abs. 1 BVerfSchG werden oft als „verfassungsfeindliche Bestrebungen" oder als „extremistische Bestrebungen" bezeichnet. Ich verwende die Begriffe „verfassungsfeindlichen Bestrebungen" beziehungsweise „extremistische Bestrebungen" im folgenden nur zur Bezeichnung von gegen die freiheitliche demokratische Grundordnung gerichteten Bestrebungen.

### 2. Beobachtungsbefugnisse der Verfassungsschutzbehörden

Die rechtlichen Voraussetzungen für die Beobachtungstätigkeit der Verfassungsschutzbehörden ergeben sich aus der Aufgabennorm des § 3 Abs. 1 BVerfSchG in Verbindung mit der Definitionsnorm des § 4 Abs. 1 BVerfSchG, die in Satz 3 zugleich der Sache nach als Ermächtigungsgrundlage, also als Befugnisnorm, für die Sammlung und Auswertung von Informationen fungiert. Die Befugnis zur Verarbeitung der zur Aufgabenerfüllung erforderlichen Informationen ergibt sich aus § 8 Abs. 1 BVerfSchG, die Befugnis zum Einsatz nachrichtendienstlicher Mittel der

[34] Allerdings darf dieses nicht zur Abwehr konkreter Gefahren – beispielsweise mittels Desinformation oder zwecks Zersetzung extremistischer Gruppen oder Beeinflussung von Radikalisierungsprozessen – eingesetzt werden, vgl. *Ralf Poscher*, Der begrenzte Auftrag des Verfassungsschutzes, FAZ Einspruch Magazin, 19. 9. 2018.

Informationsbeschaffung aus Absatz 2 dieser Vorschrift. Sowohl § 4 Abs. 1 Satz 3 als auch § 8 Abs. 1 BVerfSchG beziehen sich zur Beschreibung der Befugnisse des Verfassungsschutzes auf seine Aufgaben gemäß § 3 Abs. 1 BVerfSchG, die wiederum durch die Begriffsdefinitionen in § 4 Abs. 1 BVerfSchG konkretisiert werden.

Eine Organisation darf, wie im folgenden näher erläutert wird, nach diesen Vorschriften durch den Verfassungsschutz beobachtet werden, wenn hinreichend gewichtige tatsächliche Anhaltspunkte dafür vorliegen, daß sie verfassungsfeindliche – also gegen die freiheitliche demokratische Grundordnung gerichtete – Bestrebungen verfolgt.

Voraussetzungen für die materielle Rechtmäßigkeit der Beobachtung sind demgemäß:

Die Beobachtung muß sich auf Bestrebungen beziehen, die gegen die freiheitliche demokratische Grundordnung gerichtet sind (II.). Voraussetzung für die Beobachtung ist nicht, daß bei ihrem Beginn bereits feststeht, daß die zu beobachtende Organisation verfassungsfeindliche Bestrebungen verfolgt; es reicht aus, wenn es hierfür hinreichende tatsächliche Anhaltspunkte gibt (III.).

### 3. Mittel der Beobachtung

Von der Frage nach den rechtlichen Voraussetzungen der Beobachtung einer Organisation ist die Frage zu unterscheiden, welche spezifischen Mittel zur Informationserhebung eingesetzt werden dürfen. Man unterscheidet insofern zwischen Informationsbeschaffung aus allgemein zugänglichen Quellen (etwa Auswertung von Parteiprogrammen, Internetpräsentationen, öffentlichen Reden, Presseberichten) und Informationsbeschaffung mit nachrichtendienstlichen Mitteln (beispielsweise Einsatz von Vertrauensleuten und Gewährspersonen, Observationen, Bild- und Tonaufzeichnungen, Abhören von Telefongesprächen). Nachrichtendienstliche Mittel dürfen nur dann eingesetzt werden, wenn die rechtlichen Voraussetzungen für die Beobachtung vorliegen – also noch nicht während der Vorprüfung[35]. Zusätzlich sind besondere Anforderungen an die Verhältnismäßigkeit zu stellen (§ 8 Abs. 2 Satz 3 BVerfSchG). Eingriffe in Individualrechte bedürfen einer speziellen Ermächtigungsgrundlage (vgl. § 8 Abs. 2 Satz 2 BVerfSchG).

Die Anforderungen an die Rechtmäßigkeit des Einsatzes nachrichtendienstlicher Mittel sind gesetzlich näher geregelt (z.B. §§ 9–9b BVerfSchG); sie sind nicht Gegenstand dieses Buches[36]. Das gilt auch für die Voraussetzungen von Eingriffen

---

[35] Zur Vorprüfung unten B.III.4.

[36] Deshalb bleiben auch die besonderen Probleme der Beobachtung politischer Parteien mit nachrichtendienstlichen Mitteln hier ausgeklammert, die in der Lit. zum Teil sehr kritisch gesehen wird, vgl. z. B. *Ulrich K. Preuß*, in: AK-GG I, 2. Aufl. 1989, Art. 21 Abs. 1, 3 Rn. 38; *Rudolf Streinz*, in: von Mangoldt/Klein/Starck II, 7. Aufl. 2018, Art. 21 Abs. 1 Rn. 115 m.w.N.; *Jörn Ipsen*, in: Sachs (Hg.), Grundgesetz, 8. Aufl. 2018, Art. 21 Rn. 204 f.; vgl. auch *BVerwG*, Urt. v. 7.12.1999 – 1 C 30/97, juris Rn. 33 ff. = BVerwGE 110, 126 (137 ff.).

des Verfassungsschutzes in das informationelle Selbstbestimmungsrecht (z. B. § 10 ff. BVerfSchG).

## II. Verfassungsfeindliche Bestrebungen als Beobachtungsobjekte

### 1. Der Begriff der Bestrebungen

Der Verfassungsschutz beobachtet verfassungsfeindliche „Bestrebungen". Das Gesetz definiert „Bestrebungen" als „politisch bestimmte, ziel- und zweckgerichtete Verhaltensweisen in einem oder für einen Personenzusammenschluß" (§ 4 BVerfSchG).

#### *a) Organisationen als Beobachtungsobjekte*

Statt „Personenzusammenschluß" kann man auch „Organisation" sagen, so daß sich sprachlich vereinfachend formulieren läßt: Beobachtungsobjekte des Verfassungsschutzes sind grundsätzlich Organisationen. Sie werden daraufhin beobachtet, ob und welche Verhaltensweisen es in ihnen gibt, die sich gegen ein verfassungsschutzrechtliches Schutzgut richten.

Der Gesetzeswortlaut ist freilich verwirrend. Nach § 3 Abs. 1 BVerfSchG hat der Verfassungsschutz die Aufgabe, „Bestrebungen" zu beobachten, also „ziel- und zweckgerichtete Verhaltensweisen in einem oder für einen Personenzusammenschluß". Das klingt so, als seien diese Verhaltensweisen einzelner Menschen Objekte der Beobachtung, sofern sie die weiteren Voraussetzungen erfüllen, die sich aus der gesetzlichen Definition der Bestrebungen ergeben – wenn sie sich also gegen ein verfassungsschutzrechtliches Schutzgut (wie die freiheitliche demokratische Grundordnung) richten und in einer oder für eine Organisation stattfinden. Aus dem Zusammenhang zwischen den Sätzen 1 und 3 von § 4 Abs. 1 BVerfSchG ergibt sich aber eindeutig, daß Beobachtungsobjekte grundsätzlich nur Organisationen sind und nicht die Verhaltensweisen einzelner Menschen. Da aber Organisationen nur durch die Menschen handeln können, die in ihnen organisiert sind, erfordert die Beobachtung einer Organisation die Beobachtung von Menschen. Wird eine Organisation beobachtet, dann werden die Verhaltensweisen derjenigen Menschen beobachtet, die in der Organisation oder für die Organisation handeln. „In" der Organisation handeln die Funktionsträger, aber auch die Mitglieder, soweit sie ihre Mitgliedsrechte wahrnehmen. „Für" die Organisation handelt im Sinne des Gesetzes, wer sie in ihren Bestrebungen „nachdrücklich unterstützt" (§ 4 Abs. 1 Satz 2 BVerfSchG).

Beobachtungsobjekt ist hierbei aber immer die Organisation, während die in der oder für die Organisation handelnden Menschen nicht eigenständige Beobachtungsobjekte sind, sondern nur deshalb beobachtet werden, weil (und soweit) ihr

Handeln der Organisation zugerechnet werden kann[37]. Das Verhalten des Einzelnen ist dabei verfassungsschutzrechtlich nur insoweit relevant als es – im Zusammenspiel mit dem Verhalten anderer Organisationsmitglieder – Aufschlüsse über das Verhalten der Organisation als solcher gibt. Nur die Organisation selbst ist Gegenstand der Informationssammlung und Informationsauswertung der Verfassungsschutzbehörden, auch wenn die Informationen über das Verhalten der Organisation sich weitgehend aus Informationen über das Verhalten ihrer Funktionsträger und Mitglieder ergibt. Das wird auch deutlich aus dem Relativsatz, der in der Legaldefinition des § 4 Abs. 1 BVerfSchG den Personenzusammenschluß näher beschreibt, um dessen Bestrebungen es geht: Es ist der Personenzusammenschluß, der darauf gerichtet sein muß, ein verfassungsschutzrechtliches Schutzgut zu beseitigen oder zu beeinträchtigen. Der Versuch des Gesetzgebers, die Vorschrift möglichst knapp zu fassen, hat dazu geführt, die Definition der „Bestrebungen" des Personenzusammenschlusses mit den Verhaltensweisen seiner Mitglieder, die man zur Beurteilung des Personenzusammenschlusses kennen muß, sprachlich in mißlungener Weise zu verzwirbeln: Die Definition beginnt mit Verhaltensweisen von einzelnen Menschen, die in oder für eine Organisation handeln, und setzt sich dann fort mit der Ausrichtung (der handlungsbezogenen Zielsetzung) der Organisation. Beide Teile passen sprachlich nicht zusammen, weil im ersten Teil, der das Verhalten einzelner Menschen betrifft, von „*solche(n)* politisch bestimmten, ziel- und zweckgerichteten Verhaltensweisen" die Rede ist, aber dann der sprachliche Anschluß fehlt, der „solche" erläutert. Es heißt nicht „Verhaltensweisen [...], die darauf gerichtet sind", ein verfassungsschutzrechtliches Schutzgut zu beseitigen, sondern es heißt, bezogen auf den Personenzusammenschluß: „der darauf gerichtet ist". Es geht also grundsätzlich nicht um Bestrebungen von Einzelpersonen, sondern um Bestrebungen von Organisationen, um Gruppenaktivitäten[38].

Nur unter besonderen Voraussetzungen können Einzelpersonen unabhängig davon, ob sie in oder für eine Organisation handeln, zu Beobachtungsobjekten gemacht werden – nämlich dann, wenn ihre Verhaltensweisen „auf Anwendung von Gewalt gerichtet sind oder aufgrund ihrer Wirkungsweise geeignet sind, ein Schutzgut" des Verfassungsschutzgesetzes „erheblich zu beschädigen" (§ 4 Abs. 1 Satz 4 BVerfSchG). Dann sind diese Verhaltensweisen Einzelner „Bestrebungen im Sinne dieses Gesetzes".

Im Normalfall hingegen sind Bestrebungen im Sinne des Bundesverfassungsschutzgesetzes Verhaltensweisen einer Organisation, die in den Verhaltensweisen der in oder für diese Organisation tätigen Menschen zum Ausdruck kommen. Diese Unterscheidung ist von großer rechtlicher Bedeutung. Das Verhalten einzelner Menschen kann mit dem Verhalten der Organisation in der Regel nicht gleichgesetzt werden. Was Wille, Zielsetzung, Bestrebung der Organisation ist, ergibt sich aus den Beschlüssen ihrer Organe oder indirekt aus dem Verhalten ihrer Funktionäre und

---

[37] Vgl. *Warg* (Fn. 33), Rn. 29.

[38] Vgl. *Bernadette Droste*, Handbuch des Verfassungsschutzrechts, 2007, S. 169.

Mitglieder insgesamt. Auch hängt es von dieser Unterscheidung ab, was unter „tatsächlichen Anhaltspunkten“ verstanden werden muß, deren Vorliegen Voraussetzung für die Beobachtung ist (dazu unten III.1.).

Meine Darstellung konzentriert sich auf den Normalfall, in dem eine Organisation Beobachtungsobjekt ist.

#### *b) Ziel- und Zweckgerichtetheit*

Verhaltensweisen einer Organisation sind dann „Bestrebungen“ im verfassungsschutzrechtlichen Sinne, wenn sie „politisch bestimmt“ sowie „ziel- und zweckgerichtet“ sind. Die Ziel- und Zweckrichtung bezieht sich auf die verfassungsschutzrechtlichen Schutzgüter: Bestrebungen gegen die freiheitliche demokratische Grundordnung sind Verhaltensweisen, die auf die Beseitigung eines der Grundsätze der freiheitlichen demokratischen Grundordnung gerichtet sind.

„Bestrebungen“ dienen also der Verwirklichung politischer Ziele. Beispielsweise sind deshalb philosophische oder historische Überlegungen oder Wertungen verfassungsschutzrechtlich irrelevant, solange sie nicht zu politischen Konsequenzen führen. Nur letztere können „Bestrebungen“ sein. Eine politische Philosophie oder Theorie wird dann verfassungsschutzrechtlich relevant, wenn eine zum politischen Handeln entschlossene Gruppe – insbesondere eine politische Partei – aus ihr Handlungsmaximen gewinnt und sie zu Bestimmungsgründen ihres politischen Handelns macht[39].

Das Kriterium der Ziel- und Zweckgerichtetheit der Verhaltensweisen als Element der Definition der Bestrebungen dient ebenso wie das Kriterium, daß die Bestrebungen gegen ein verfassungsschutzrechtliches Schutzgut *gerichtet* sein müssen (§ 3 Abs. 1 und § 4 Abs. 1 BVerfSchG) dazu, verfassungsschutzrechtlich relevante Verhaltensweisen von bloßen Meinungsäußerungen abzugrenzen. Der Verfassungsschutz soll die freiheitliche demokratische Grundordnung und die anderen verfassungsschutzrechtlich Schutzgüter schützen, aber nicht Meinungspolizei sein. Die Beobachtung dient nicht der Abwehr undemokratischer Meinungen, sondern der Abwehr von Aktivitäten, die die freiheitliche demokratische Grundordnung bekämpfen (näher unten 3.).

### 2. Die freiheitliche demokratische Grundordnung als Schutzgut

Die Verfassungsschutzgesetze – z. B. § 4 Abs. 2 BVerfSchG – beschreiben die freiheitliche demokratische Grundordnung in Anlehnung an die ältere Rechtsprechung des Bundesverfassungsgerichts[40] wie folgt:

Zur freiheitlichen demokratischen Grundordnung im Sinne dieses Gesetzes zählen:

---

[39] Vgl. *BVerfGE* 5, 85 (147) – KPD.

[40] *BVerfGE* 2, 1 (12 f.) – SRP; 5, 85 (140) – KPD.

a) das Recht des Volkes, die Staatsgewalt in Wahlen und Abstimmungen und durch besondere Organe der Gesetzgebung, der vollziehenden Gewalt und der Rechtsprechung auszuüben und die Volksvertretung in allgemeiner, unmittelbarer, freier, gleicher und geheimer Wahl zu wählen,

b) die Bindung der Gesetzgebung an die verfassungsmäßige Ordnung und die Bindung der vollziehenden Gewalt und der Rechtsprechung an Gesetz und Recht,

c) das Recht auf Bildung und Ausübung einer parlamentarischen Opposition,

d) die Ablösbarkeit der Regierung und ihre Verantwortlichkeit gegenüber der Volksvertretung,

e) die Unabhängigkeit der Gerichte,

f) der Ausschluß jeder Gewalt- und Willkürherrschaft und

g) die im Grundgesetz konkretisierten Menschenrechte.

Diese Aufzählung kann nicht als vollständige Definition der freiheitlichen demokratischen Grundordnung verstanden werden. Einige wichtige Elemente sind in ihr nicht aufgeführt, während andere Elemente nicht uneingeschränkt zur freiheitlichen demokratischen Grundordnung gehören. Die Verantwortlichkeit der Regierung gegenüber der Volksvertretung ist zwar zwingender Bestandteil des parlamentarischen Regierungssystems. Das Grundgesetz läßt es aber zu, durch Verfassungsänderung das parlamentarische Regierungssystem durch ein Präsidialsystem – etwa nach französischem oder amerikanischem Vorbild – zu ersetzen. Und die „im Grundgesetz konkretisierten Menschenrechte“ sind einer Verfassungsänderung nur insoweit entzogen, als sie notwendiger Bestandteil des Rechtsstaatsprinzips sind oder als ohne ihre verfassungsrechtliche Garantie Achtung und Schutz der Menschenwürde nicht mehr gewährleistet wären.

In den der oben zitierten Aufzählung zugrunde liegenden Entscheidungen des Bundesverfassungsgerichts[41] heißt es:

> „Die freiheitliche demokratische Grundordnung ist eine Ordnung, „die unter Ausschluß jeglicher Gewalt- und Willkürherrschaft eine rechtsstaatliche Herrschaftsordnung auf der Grundlage der Selbstbestimmung des Volkes nach dem Willen der jeweiligen Mehrheit und der Freiheit und Gleichheit darstellt. Zu den grundlegenden Prinzipien dieser Ordnung sind mindestens zu rechnen: die Achtung vor den im Grundgesetz konkretisierten Menschenrechten, vor allem vor dem Recht der Persönlichkeit auf Leben und freie Entfaltung, die Volkssouveränität, die Gewaltenteilung, die Verantwortlichkeit der Regierung, die Gesetzmäßigkeit der Verwaltung, die Unabhängigkeit der Gerichte, das Mehrparteienprinzip und die Chancengleichheit der politischen Parteien mit dem Recht auf verfassungsmäßige Bildung und Ausübung einer Opposition.“

Die Formulierung des Bundesverfassungsgerichts macht deutlich, daß die Aufzählung nicht abschließend gemeint ist. Sie charakterisiert die freiheitliche demokratische Grundordnung als eine rechtsstaatliche Ordnung (im Unterschied zu einem Willkürsystem) als eine demokratische, auf die Volkssouveränität gegründete Ord-

---

[41] *BVerfGE* 2, 1 (12 f.) – SRP; 5, 85 (140) – KPD; std. Rspr.

nung und als eine freiheitliche, die fundamentale Freiheit und rechtliche Gleichheit der Menschen respektierende und schützende Ordnung. Demokratieprinzip, Rechtsstaatsprinzip und grundrechtlicher Schutz von Freiheit und Gleichheit sind hiernach die Kernelemente der freiheitlichen demokratischen Grundordnung, die im einzelnen noch näher konkretisiert werden müssen, wie es mit der Aufzählung einzelner konkretisierender Elemente geschieht.

Warum die Chancengleichheit der politischen Parteien zwar in der Aufzählung des Bundesverfassungsgerichts, nicht aber in der Aufzählung in § 4 Abs. 2 BVerfSchG genannt ist, ist mir nicht bekannt. Selbstverständlich gehört die Chancengleichheit der politischen Parteien zu den unerläßlichen Kernelementen des Demokratieprinzips und damit auch der freiheitlichen demokratischen Grundordnung. Und selbstverständlich sind die Verfassungsschutzbehörden verpflichtet, mit ihrer Tätigkeit die Verfassung auch vor Bestrebungen zu schützen, die sich gegen die Chancengleichheit der politischen Parteien richten.

Zum Verständnis dessen, was mit der freiheitlichen demokratischen Grundordnung gemeint ist, muß man sich klar machen, daß das Grundgesetz durch verfassungsändernde Gesetze geändert werden kann. Es ist also grundsätzlich nicht verfassungswidrig oder verfassungsfeindlich, Änderungen des Grundgesetzes im Wege der verfassungsändernden Gesetzgebung anzustreben. Die Fundamentalprinzipien des Grundgesetzes sind jedoch nach Art. 79 Abs. 3 GG von jeder Verfassungsänderung ausgeschlossen. Zu diesen Fundamentalprinzipien gehören Demokratie, Rechtsstaat und die Menschenwürdegarantie, aber auch das Bundesstaatsprinzip, das Sozialstaatsprinzip, das Republikprinzip und das Prinzip der souveränen Staatlichkeit[42]. Die durch das Verfassungsschutzrecht geschützte freiheitliche demokratische Grundordnung kann deshalb nur solche Verfassungsprinzipien umfassen, die zu den in Art. 79 Abs. 3 GG für unabänderlich erklärten Fundamentalprinzipien gehören.

Umgekehrt gehört aber nicht alles, was Art. 79 Abs. 3 GG für unabänderlich erklärt, auch zur freiheitlichen demokratischen Grundordnung. In seiner neuesten Grundsatzentscheidung zum Parteiverbot – im NPD-Urteil – hat das Bundesverfassungsgericht klargestellt, daß es das von der Unabänderlichkeitsklausel ebenfalls umfaßte Bundesstaatsprinzip oder das Republikprinzip nicht zur freiheitlichen demokratischen Grundordnung rechnet[43]. Sein Verständnis der freiheitlichen demokratischen Grundordnung faßt das Bundesverfassungsgericht dort in Leitsatz 3 wie folgt zusammen[44]:

> „Der Begriff der freiheitlichen demokratischen Grundordnung im Sinne von Art. 21 Abs. 2 GG umfasst nur jene zentralen Grundprinzipien, die für den freiheitlichen Verfassungsstaat schlechthin unentbehrlich sind.

---

[42] Zu letzterem *BVerfG*, Urt. v. 30. 6. 2009 – 2 BvE 2/08 u. a., Rn. 178–180 = *BVerfGE* 123, 267 (331 f.) – Lissabon.

[43] Vgl. *BVerfG*, Urt. v. 17. 1. 2017 – 2 BvB 1/13 = BVerfGE 144, 20 (Rn. 529, 536 f.) – NPD.

[44] *BVerfG*, Urt. v. 17. 1. 2017 – 2 BvB 1/13 = BVerfGE 144, 20 – NPD.

a) Ihren Ausgangspunkt findet die freiheitliche demokratische Grundordnung in der Würde des Menschen (Art. 1 Abs. 1 GG). Die Garantie der Menschenwürde umfasst insbesondere die Wahrung personaler Individualität, Identität und Integrität sowie die elementare Rechtsgleichheit.

b) Ferner ist das Demokratieprinzip konstitutiver Bestandteil der freiheitlichen demokratischen Grundordnung. Unverzichtbar für ein demokratisches System sind die Möglichkeit gleichberechtigter Teilnahme aller Bürgerinnen und Bürger am Prozeß der politischen Willensbildung und die Rückbindung der Ausübung der Staatsgewalt an das Volk (Art. 20 Abs. 1 und 2 GG).

c) Für den Begriff der freiheitlichen demokratischen Grundordnung sind schließlich die im Rechtsstaatsprinzip wurzelnde Rechtsbindung der öffentlichen Gewalt (Art. 20 Abs. 3 GG) und die Kontrolle dieser Bindung durch unabhängige Gerichte bestimmend. Zugleich erfordert die verfassungsrechtlich garantierte Freiheit des Einzelnen, dass die Anwendung physischer Gewalt den gebundenen und gerichtlicher Kontrolle unterliegenden staatlichen Organen vorbehalten ist."

Der Dreiklang des Bundesverfassungsgerichts zur Konkretisierung der freiheitlichen demokratischen Grundordnung lautet also: Menschenwürde – Demokratie – Rechtsstaat. Damit grenzt das Bundesverfassungsgericht die Inhalte des Begriffs der freiheitlichen demokratischen Grundordnung auf diejenigen unabänderlichen Fundamentalprinzipien ein, die für die freiheitliche Demokratie unerläßlich sind, und trägt zugleich dem Umstand Rechnung, daß diejenigen Grundgesetznormen, die den Schutz der Verfassung durch Partei- und Vereinsverbote betreffen, mit ihrem Wortlaut nur auf die freiheitliche und demokratische Ordnung Bezug nehmen und nicht auch die anderen durch Art. 79 Abs. 3 GG geschützten Prinzipien als Schutzgüter dieser Instrumente des Verfassungsschutzes ausweisen.

Damit ist auf abstrakter Ebene klar, was zur freiheitlichen demokratischen Grundordnung gehört und was nicht. Verständnisprobleme und schwierige Abgrenzungsfragen können sich aber ergeben, wenn man näher betrachtet, welche konkreten Verhaltensweisen mit den Schutzgütern der freiheitlichen demokratischen Grundordnung kollidieren. Während das Bundesverfassungsgericht in seiner Rechtsprechung weitgehend geklärt hat, was zu den unerläßlichen Bestandteilen des Demokratieprinzips und des Rechtsstaatsprinzips gehört, wirft der Begriff der Menschenwürde vielfältige Fragen und Probleme hinsichtlich verfassungsrechtlicher Konzeption, Interpretation und Anwendung auf konkrete Sachverhalte auf[45].

Im übrigen stellen sich praktische Konkretisierungsprobleme vor allem hinsichtlich der Frage, welche Äußerungen und sonstigen Verhaltensweisen als Anhaltspunkte für gegen die Schutzgüter der freiheitlichen demokratischen Grundordnung gerichtete Bestrebungen gewertet werden können (dazu unten III. und Annex 1–3).

---

[45] Eine Übersicht über die vielfältigen Interpretationsansätze und Konzeptionen zur Menschenwürdegarantie gibt *Manfred Baldus*, Kämpfe um die Menschenwürde. Die Debatten seit 1949, 2016.

### 3. Aktivität gegen die freiheitliche demokratische Grundordnung

Voraussetzung der Beobachtung einer Organisation durch den Verfassungsschutz ist, daß die beobachteten „Bestrebungen“ gegen die freiheitliche demokratische Grundordnung „*gerichtet* sind“ (§ 3 Abs. 1 Nr. 1, § 4 Abs. 1 lit. c BVerfSchG). Dieses Kriterium macht zur Voraussetzung der Beobachtung, daß die betreffende Organisation darauf abzielt, einen der Grundsätze der freiheitlichen demokratischen Grundordnung zu beseitigen. Voraussetzung ist nicht, daß Menschenwürdegarantie, Demokratie und Rechtsstaat insgesamt beseitigt werden sollen, z. B. durch Schaffung einer kommunistischen oder islamistischen Diktatur. Es reicht aus, wenn die Organisation darauf abzielt, ein notwendiges Teilelement eines dieser Prinzipien zu beseitigen, z. B. die Chancengleichheit der politischen Parteien oder die Unabhängigkeit der Gerichte.

Das Kriterium des Abzielens auf die Beseitigung ergibt sich außerdem aus der Definition der „Bestrebungen“ als „politisch bestimmter, ziel- und zweckgerichteter Verhaltensweisen“[46] [s. o. 1.b)]. Die bloße Inkaufnahme von Beeinträchtigungen der freiheitlichen demokratischen Grundordnung durch Dritte, die Inkaufnahme der Gefährdung dieses Schutzguts oder der mangelnde Wille, die freiheitliche demokratische Grundordnung zu verteidigen, erfüllen dieses Kriterium nicht[47]. Wie das Bundesverwaltungsgericht festgestellt hat[48], müssen die verantwortlich Handelnden „auf den Erfolg der Rechtsgüterbeeinträchtigung hinarbeiten. Die bloße Übereinstimmung oder Sympathie mit den Zielen einer verfassungsfeindlichen Organisation reicht ebenso wie die wissenschaftliche Beschäftigung mit einer extremistischen Theorie nicht aus[49]. Die eindeutig bestimmbare Grenze zwischen wissenschaftlicher Theorie und politischem Ziel liegt dort, wo die betrachtend gewonnenen Erkenntnisse von einer politischen Partei, also einer ihrem Wesen nach zu aktivem Handeln im staatlichen Leben entschlossenen Gruppe, in ihren Willen aufgenommen, zu Bestimmungsgründen ihres politischen Handelns gemacht werden.“[50]

Das Kriterium des Abzielens beziehungsweise Gerichtetseins ist auch dann nicht erfüllt, wenn lediglich Meinungen vertreten werden, die inhaltlich mit dem unvereinbar sind, was man als die „Werte“ der freiheitlichen demokratischen Grundordnung bezeichnet. Es reicht auch nicht aus, wenn eine Person oder eine Organisation lediglich die Meinung vertritt, es wäre gut, wenn es einen der Grundsätze der freiheitlichen demokratischen Grundordnung nicht gäbe. Das bloße Haben (und Äußern) von Meinungen als solches ist verfassungsschutzrechtlich irrelevant, weil es ungeeignet ist, die freiheitliche demokratische Grundordnung zu gefährden. Das Bundesverfassungsgericht betont sogar, daß man Elemente der freiheitlichen demo-

---

[46] *BVerwG*, Urt. v. 21.7.2010 – 6 C 22/09 = BVerwGE 137, 275 (Rn. 59) – Ramelow.

[47] *BVerwG*, Urt. v. 21.7.2010 – 6 C 22/09 = BVerwGE 137, 275 (Rn. 60) – Ramelow.

[48] Ebd.

[49] Mit Bezug auf *Droste* (Fn. 38), S. 167 f.

[50] Mit Bezug auf *BVerfGE* 5, 85 (147) – KPD.

kratischen Grundordnung kritisieren darf, ohne daß dies den Verfassungsschutz etwas angeht[51]. Relevant ist nicht die Meinung als solche, sondern allein die politische Zielsetzung, die auf Änderung der Verfassungsgrundlagen gerichtet ist, der Wille, solche Vorstellungen in die Tat umzusetzen[52].

Nach Ansicht des Bundesverfassungsgerichts reicht auch dieser politische Wille noch nicht aus. Das Gericht fordert zusätzlich ein Element politischer Aktivität[53]. Das Bundesverfassungsgericht begründet dies damit, daß selbst „Kritik an Verfassungswerten und Verfassungsgrundsätzen" als solche noch nicht als Gefahr für die freiheitliche demokratische Grundordnung einzuschätzen sei, „wohl aber darüber hinausgehende Aktivitäten zu deren Beseitigung". Diese Auslegung des Gesetzes ist nach Ansicht des Bundesverfassungsgerichts verfassungsrechtlich geboten. Nur in dieser Auslegung entspricht die gesetzliche Ermächtigung dem Verhältnismäßigkeitsgrundsatz, aus dem das Gericht folgert, daß Art und Schwere der Sanktion auf das konkrete Gefahrenpotential abgestimmt sein müssen[54]. In einer anderen Entscheidung hatte der Senat bereits formuliert: „Ermächtigungen zur Beschränkung grundrechtlicher Freiheiten knüpfen nicht an die Gesinnung, sondern an Gefahren für Rechtsgüter an, die aus konkreten Handlungen folgen."[55] Verfassungsschutzrechtlich relevant ist hiernach erst die Entwicklung von Aktivitäten, die auf die Beseitigung der Prinzipien der freiheitlichen demokratischen Grundordnung abzielen[56].

Allerdings stehen Meinungsäußerungen oft im Zusammenhang mit politischen Aktivitäten. Das gilt ganz besonders dann, wenn Meinungen innerhalb einer politischen Partei geäußert werden. Denn der Zweck einer politischen Partei besteht

---

[51] *BVerfG*, Beschl. v. 24.5.2005 – 1 BvR 1072/01 = BVerfGE 113, 63 (82) – JF; dazu *Dietrich Murswiek*, Verfassungsschutz durch Information der Öffentlichkeit – Zur Entwicklung der Verfassungsschutzberichte seit dem JF-Beschluss, Informationsfreiheit und Informationsrecht. Jahrbuch 2009, S. 57 (70 f.).

[52] Vgl. *H. Joachim Schwagerl*, Verfassungsschutz in der Bundesrepublik Deutschland, 1985, S. 60 f.; *Walter Ganßer*, „Verfassungswidrig" – „Verfassungsfeindlich" – „Extremistisch", BayVBl. 1980, S. 545 (549); *Hermann Borgs-Maciejewski*, in: Borgs-Maciejewski/Ebert, Das Recht der Geheimdienste, 1986, § 3 A Rn. 62 m.w.N. „Ideen, Ideologien, Weltanschauungen, Überzeugungen und politische Denkweisen [sind] noch keine politischen Ziele, unterliegen daher nicht der Bewertung als mit der Verfassungsordnung vereinbar oder unvereinbar. Erst die daraus möglicherweise hergeleiteten konkreten politischen Ziele können Gegenstand einer solchen Bewertung sein.", *BVerwGE* 61, 194 (197). Ebenso bereits *BVerfGE* 5, 85 (146) für wissenschaftliche Theorien.

[53] *BVerfGE* 113, 63 (81 f.) – JF; dazu *Dietrich Murswiek*, Neue Maßstäbe für den Verfassungsschutzbericht. Konsequenzen aus dem JF-Beschluss des BVerfG, NVwZ 2006, S. 121 (124).

[54] *BVerfGE* 113, 63 (82).

[55] *BVerfGE* 111, 147 (159) m. Hinw. auf *BVerfGE* 25, 44 (58).

[56] Vgl. z. B. *BVerfGE* 113, 63 (82) – JF; *BVerwGE* 61, 194 (197); *BVerwG*, Urt. v. 21.7.2010 – 6 C 22/09 = BVerwGE 137, 275 (Rn. 59 ff.) – Ramelow; *Dietrich Murswiek*, Meinungsäußerungen als Belege für eine verfassungsfeindliche Zielsetzung. Zu den rechtlichen Anforderungen und zur Praxis der Verfassungsschutzberichte, in: FS Hans Herbert von Arnim, 2004, S. 481 (487 f.) m.w.N.; *Warg* (Fn. 33), Rn. 32.

darin, die politischen Verhältnisse zu gestalten. Wenn eine politische Partei in ihr Programm schriebe, sie wolle dafür sorgen, daß Oppositionsparteien von der Parteienfinanzierung ausgeschlossen werden, dann wäre das nicht eine bloße Meinungsäußerung, sondern eine Aktivität, die auf die Verletzung des Demokratieprinzips gerichtet ist. Wenn ein Parteifunktionär eine solche Meinung äußert, wird man davon ausgehen können, daß er sich politisch für die Verwirklichung dieser Meinung einsetzen will; seine Meinungsäußerung hat jedenfalls dann ein Aktivitätselement, wenn er sie in den innerparteilichen Willensbildungsprozeß einbringt[57].

Umgekehrt ist nicht jede Meinungsäußerung eines Parteimitglieds oder Parteifunktionärs verfassungsschutzrechtlich relevant. Wer sich für eine sozialrevolutionäre Bewegung in Südamerika begeistert zeigt oder Verständnis für Putin äußert, bringt damit nicht zum Ausdruck, daß er in Deutschland eine gewaltsame Revolution initiieren oder autoritäre Strukturen nach russischem Vorbild einführen will. Auch bei Äußerungen innerhalb einer politischen Partei muß immer darauf geachtet werden, ob sie auf politische Aktivität, auf Änderung der politischen Verhältnisse, gerichtet sind. Nur dann können sie Ausdruck von „Bestrebungen" im Sinne der Verfassungsschutzgesetze sein.

## III. Tatsächliche Anhaltspunkte für verfassungsfeindliche Bestrebungen

Der Verfassungsschutz darf nicht nur Bestrebungen beobachten, die sich nachweislich gegen die freiheitliche demokratische Grundordnung richten. Vielmehr darf der Verfassungsschutz auch solche Organisationen beobachten, die er einer verfassungsfeindlichen Zielsetzung verdächtigt. Die Beobachtungsobjekte werden dann als „Verdachtsfälle" eingestuft. Ihre Beobachtung dient dem Zweck herauszufinden, ob der Verdacht zutrifft, ob also die betreffende Organisation tatsächlich verfassungsfeindlich ist. Rechtliche Voraussetzung hierfür ist gemäß § 4 Abs. 1 Satz 3 BVerfSchG, daß tatsächliche Anhaltspunkte (1.) dafür vorliegen, daß die betreffende Organisation verfassungsfeindliche Bestrebungen verfolgt (2.). Diese Anhaltspunkte müssen nach Quantität und Qualität ausreichend sein, um den Verdacht als durch Tatsachen fundiert erscheinen zu lassen (3.).

Wie erkennt man die Ziele einer Organisation? Unproblematisch als verfassungsfeindlich erkennbar ist die Zielsetzung einer Organisation dann, wenn verfassungsfeindliche Ziele in offiziellen Stellungnahmen und Dokumenten, in Satzung, Programm, aber auch in programmatischen Reden oder Veröffentlichungen führender Funktionäre formuliert werden. Wenn beispielsweise eine Partei erklärt, sie strebe an, in Deutschland wieder eine Führerdiktatur zu errichten, ist diese Zielsetzung klar verfassungsfeindlich. Klar verfassungsfeindliche Programme oder

---

[57] Vgl. *BVerwG*, Urt. v. 21.7.2010 – 6 C 22/09 = BVerwGE 137, 275 (Rn. 61 f.) – Ramelow; *Murswiek* (Fn. 53), S. 128.

programmatische Äußerungen sind freilich selten. Man muß aber damit rechnen, daß eine Organisation ihre verfassungsfeindlichen Ziele zunächst verheimlicht, um einem Verbotsverfahren zu entgehen und zunächst als Wolf im demokratischen Schafspelz Vertrauen und Einfluß zu gewinnen und erst nach der Machtergreifung ihr wahres Gesicht zu zeigen. Gerade nach solchen Wölfen im Schafspelz wittern die Spürnasen des Verfassungsschutzes. Die Frage ist also: Wie erkennt man den Wolf, der demokratische Kreide gefressen hat, unter dem Deckmantel seiner vorsichtigen Rhetorik?

Diese Problematik ist wichtig und äußerst heikel zugleich. Es geht um die mittelbare Gewinnung von Belegen für eine verfassungsfeindliche Zielsetzung aus Verhaltensweisen, die nicht unmittelbar eine solche Zielsetzung des Beobachtungsobjekts zum Ausdruck bringen. Bei diesen Verhaltensweisen handelt es sich in der Praxis der Verfassungsschutzberichte meist entweder um Meinungsäußerungen von Funktionären oder Mitgliedern oder um die Zusammenarbeit mit anderen Gruppen, die der Verfassungsschutz als extremistisch eingestuft hat. Heikel ist die mittelbare Ableitung verfassungsfeindlicher Bestrebungen deshalb, weil einerseits das „Wolf-im-Schafsfell-Problem" ernst genommen werden muß, andererseits aber stets die Gefahr besteht, daß der Verdacht verfassungsfeindlicher Bestrebungen nicht auf Tatsachen, sondern auf Gesinnungen gestützt und ein verfassungsfeindlicher Inhalt von Äußerungen nicht belegt, sondern unterstellt wird. Wo das geschieht, schlägt der Schutz der Demokratie in ihre Gefährdung um. Deshalb muß mit den rechtsstaatlichen Kriterien für die Begründung des Verdachts verfassungsfeindlicher Bestrebungen sehr sorgfältig umgegangen werden.

### 1. Tatsächliche Anhaltspunkte

Tatsächliche Anhaltspunkte sind empirisch beobachtbare, konkrete Tatsachen[58]. Als Tatsachen kommen zum Beispiel programmatische Beschlüsse einer politischen Partei und vor allem auch Meinungsäußerungen ihrer Funktionäre und Mitglieder in Betracht. Auch die Durchführung von Veranstaltungen, die Teilnahme an Demonstrationen, die Beteiligung an Gewalttaten oder die Begehung anderer Straftaten sind Tatsachen, die als Anhaltspunkte dienen können.

Anhaltspunkte für verfassungsfeindliche Bestrebungen sind solche Tatsachen dann, wenn sie Indizien – also Beweiselemente – dafür sind, daß das Beobachtungsobjekt aktiv auf die Beseitigung eines Elements der freiheitlichen demokratischen Grundordnung hinarbeitet. Wenn mit Hilfe der Indizien der Beweis geführt werden kann, daß das Beobachtungsobjekt verfassungsfeindliche Bestrebungen verfolgt, liegt ein Fall erwiesener Verfassungsfeindlichkeit vor. Voraussetzung dafür, daß eine Organisation beobachtet werden darf, ist aber nur, daß die Indizien einen hinreichenden Verdacht (dazu unten 3.) begründen.

---

[58] Vgl. *Warg* (Fn. 33), Rn. 13.

Dieser Verdacht muß sich darauf beziehen, daß das Beobachtungsobjekt, also die zu beobachtende Organisation, verfassungsfeindliche Bestrebungen verfolgt. Ein Anhaltspunkt ist somit eine Tatsache, die – gegebenenfalls zusammen mit anderen Tatsachen (siehe unten 3.) – den Verdacht begründet, daß die Organisation verfassungsfeindlich ist[59].

Tatsachen sind tatsächliche Verhaltensweisen (Handlungen und Unterlassungen). Zu unterscheiden sind Handlungen der Organisation als solcher (Beschlüsse, Programme, Durchführung von Veranstaltungen usw.) von Handlungen ihrer Funktionäre, Mitglieder oder außenstehender Unterstützer. In der Praxis werden meist Verhaltensweisen von Funktionären und Mitgliedern als Anhaltspunkte für die Verfassungsfeindlichkeit der Organisation herangezogen.

Die Verhaltensweisen von Mitgliedern, von Außenstehenden sowie von Funktionären, die nicht unmittelbar den Willen der Organisation als solcher zum Ausdruck bringen (etwa als Alleinvorstand), sind nur dann Tatsachen, die indiziell auf verfassungsfeindliche Bestrebungen der Organisation schließen lassen, wenn sich die verfassungsfeindliche Zielsetzung der betreffenden Personen aus diesen Verhaltensweisen ergibt. Wenn beispielsweise ein Funktionär äußerte, die Menschenwürde solle nur Deutschen zuerkannt werden, wäre das eine verfassungsfeindliche – weil gegen die Menschenwürdegarantie gerichtete – Forderung. Das wäre ein Anhaltspunkt für verfassungsfeindliche Bestrebungen seiner Organisation. Demgegenüber reicht es nicht aus, wenn die Verhaltensweise der betreffenden Person lediglich den Verdacht begründet, sie strebe ein verfassungsfeindliches Ziel an. Wenn beispielsweise ein Funktionär die „Überfremdung“ Deutschlands beklagte und die Verfassungsschutzbehörde ihn deshalb verdächtigte, er wolle alle Migranten einschließlich derjenigen mit deutscher Staatsangehörigkeit ausweisen, dann wäre dieser Verdacht verfassungsschutzrechtlich irrelevant. Die Äußerung des Funktionärs wäre kein tatsächlicher Anhaltspunkt für verfassungsfeindliche Bestrebungen seiner Organisation. Sie könnte allenfalls ein Anhaltspunkt für den Verdacht sein, daß er selbst ein verfassungsfeindliches Ziel verfolgt. Der Verdacht, daß ein Funktionär oder Mitglied ein verfassungsfeindliches Ziel verfolgt, ist aber keine Tatsache. Er kann deshalb nicht als tatsächlicher Anhaltspunkt für verfassungsfeindliche Bestrebungen der Organisation gelten. Ein bloßer Anhaltspunkt dafür, daß ein Anhaltspunkt für verfassungsfeindliche Bestrebungen der Organisation gegeben sein könnte, ist kein tatsächlicher Anhaltspunkt im Sinne von § 4 Abs. 1 Satz 3 BVerfSchG.

[59] Aus diesem Grunde bezeichnet *Warg* (Fn. 33), Rn. 14, tatsächliche Anhaltspunkte als „Synonym für Verdacht“. Das ist sprachlich unzutreffend ausgedrückt: Tatsächliche Anhaltspunkte sind nicht ein Verdacht, sondern Tatsachen, die einen Verdacht begründen.

## 2. Inhaltliche Kriterien für tatsächliche Anhaltspunkte

Unter welchen Voraussetzungen läßt ein tatsächliches Verhalten auf eine verfassungsfeindliche Zielsetzung schließen? Unter welchen Voraussetzungen läßt es sich also als tatsächlicher Anhaltspunkt für eine verfassungsfeindliche Bestrebung werten? Unter Berücksichtigung der Verfassungsschutzpraxis habe ich acht Kategorien von Verhaltensweisen [Abschnitte a) – h)] gebildet, die als Anhaltspunkte in Betracht kommen.

### *a) Gewaltanwendung, Aufrufe zur oder Billigung von Gewaltanwendung*

Selbstverständlich ist jeder Aufruf zu politischer Gewaltanwendung verfassungsfeindlich, ebenso tatsächliche Gewaltanwendung aus politischen Motiven, die Ankündigung politisch motivierter Gewalttaten oder ihre Billigung. Das staatliche Gewaltmonopol ist Bestandteil des Rechtsstaatsprinzips. Daß politische Ziele nur in einem freien Willensbildungsprozeß ohne Anwendung von Zwang und Gewalt durchgesetzt werden, gehört zum Kern des Demokratieprinzips.

### *b) Forderung, ein Element der freiheitlichen demokratischen Grundordnung zu beseitigen*

Ein eindeutiger Anhaltspunkt für verfassungsfeindliche Bestrebungen[60] liegt außerdem dann vor, wenn die Forderung erhoben wird, ein notwendiges Element der freiheitlichen demokratischen Grundordnung zu beseitigen[61].

### *c) Kritik an einem Element der freiheitlichen demokratischen Grundordnung*

Kritik an einem Element der freiheitlichen demokratischen Grundordnung kann als Anhaltspunkt für verfassungsfeindliche Bestrebungen gewertet werden, wenn sie nach ihrem Kontext als Ausdruck einer auf Abschaffung dieses Elements gerichteten politischen Zielsetzung zu verstehen ist, was bei Kritik an einem konkreten Verfassungsgrundsatz des Grundgesetzes (im Unterschied z. B. zu historischen oder philosophischen Betrachtungen) jedenfalls dann vermutet werden kann, wenn sie in einem politischen Aktivitätskontext – etwa in einer politischen Partei – erfolgt[62].

---

[60] Wenn im folgenden abgekürzt von „Anhaltspunkten" die Rede ist, sind immer Anhaltspunkte für verfassungsfeindliche Bestrebungen gemeint.

[61] Hierzu und zu weiteren Kategorien von Meinungsäußerungen, die als Anhaltspunkte in Betracht kommen: *Murswiek* (Fn. 53), S. 124 f.

[62] Näher dazu *Murswiek* (Fn. 53), S. 124 f. i.V.m. S. 128. – Das BVerfG hat zwar gesagt, daß „bloße" Kritik an der freiheitlichen demokratischen Grundordnung verfassungsschutzrechtlich irrelevant sei, wohl aber darüber hinausgehende Aktivitäten zu deren Beseitigung, *BVerfG*, Beschl. v. 24. 5. 2005 – 1 BvR 1072/01 = BVerfGE 113, 63 (81 f.) – JF.

### *d) Inhaltlich mit einem Element der freiheitlichen demokratischen Grundordnung unvereinbare Äußerungen*

Die Verfassungsschutzbehörden werten oft auch solche Meinungsäußerungen als Anhaltspunkte für verfassungsfeindliche Bestrebungen, mit denen eine Forderung erhoben wird, deren Verwirklichung gegen das Demokratieprinzip, gegen das Rechtsstaatsprinzip oder gegen die Menschenwürdegarantie verstieße. So schreibt das BfV, Meinungsäußerungen, die den Erlaß von Gesetzen oder die Ergreifung behördlicher Maßnahmen fordern, die gegen einen Grundsatz der freiheitlichen demokratischen Grundordnung verstoßen, bekundeten damit „eine handlungsorientierte Ablehnung der freiheitlichen demokratischen Grundordnung“[63].

Was das Schutzgut Menschenwürde angeht, so ist es – im Unterschied zu allen anderen verfassungsschutzrechtlichen Schutzgütern – möglich, daß dieses Gut unmittelbar durch eine Meinungsäußerung verletzt wird. Auch solche Meinungsäußerungen (insbesondere die Menschenwürde bestimmter Personengruppen verletzende Diffamierungen) werden vom Verfassungsschutz als Anhaltspunkte betrachtet.

Beide Arten von Äußerungen – also die Forderung von Maßnahmen, deren Verwirklichung gegen ein Schutzgut der freiheitlichen demokratischen Grundordnung verstieße, sowie Äußerungen, die als solche bereits ein Schutzgut verletzen – bezeichne ich als „ihrem Inhalt nach mit einem Element der freiheitlichen demokratischen Grundordnung unvereinbare“ Äußerungen beziehungsweise „inhaltlich mit einem verfassungsschutzrechtlichen Schutzgut unvereinbare“ Äußerungen oder kurz „inhaltlich verfassungsfeindliche Äußerungen“.

Äußerungen dieser Art können meines Erachtens nicht ohne weiteres als Anhaltspunkte für verfassungsfeindliche Bestrebungen angesehen werden. Vielmehr sind solche Äußerungen nur dann Anhaltspunkte, wenn zusätzlich ein weiteres Kriterium erfüllt ist. Das möchte ich im folgenden begründen.

#### aa) Nicht auf die Beseitigung eines Schutzguts gerichtete Äußerungen

Wenn jemand eine mit einem Element der freiheitlichen demokratischen Grundordnung unvereinbare Maßnahme fordert, kann es zwar sein, daß er dieses Element der freiheitlichen demokratischen Grundordnung nicht anerkennt und letztlich beseitigen will. Es ist aber ebenso möglich, daß er sich lediglich über Inhalt und Reichweite dieses Elements nicht im klaren ist und bereit ist, sich gegebenenfalls durch die Rechtsprechung korrigieren zu lassen. Ist eine Äußerung inhaltlich mit

[63] So z. B. *BfV*, Gutachten zu tatsächlichen Anhaltspunkten für Bestrebungen gegen die freiheitliche demokratische Grundordnung in der „Alternative für Deutschland“ (AfD) und ihren Teilorganisationen, 2019, B.II.3.2.1, https://netzpolitik.org/2019/wir-veroeffentlichen-das-verfassungsschutz-gutachten-zur-afd/#2019-01-15_BfV-AfD-Gutachten (abgerufen am 28. 1. 2019), S. 33.

einem Element der freiheitlichen demokratischen Grundordnung unvereinbar, dann kann daraus somit nicht ohne weiteres auf das Vorliegen einer verfassungsfeindlichen Zielsetzung geschlossen werden, sondern nur dann, wenn sich nachweisen läßt, daß der Betreffende nicht nur ein verfassungswidriges Handeln im Einzelfall fordert, sondern das seiner Äußerung zugrunde liegende Prinzip generell und unter Mißachtung entgegenstehender Gerichtsurteile in die Praxis umsetzen will[64].

Wenn die Ansicht des BfV richtig wäre, daß die Forderung, eine mit der freiheitlichen demokratischen Grundordnung unvereinbare gesetzliche Regelung zu erlassen, als Anhaltspunkt für verfassungsfeindliche Bestrebungen zu werten ist, dann hätten etliche Bundesregierungen und Bundestagsmehrheiten oder Landesregierungen und Landtagsmehrheiten mit den von ihnen beschlossenen Gesetzen beziehungsweise Gesetzesvorlagen, die mit dem Rechtsstaatsprinzip[65], mit dem Demokratieprinzip[66] oder mit der Menschenwürdegarantie[67] unvereinbar waren, tatsächliche Anhaltspunkte für verfassungsfeindliche Bestrebungen geliefert. Und diese Anhaltspunkte wögen sehr viel schwerer als bloße Meinungsäußerungen von Oppositionspolitikern, weil es bei ihnen ja nicht nur um Meinungen geht, sondern um tatsächliches Staatshandeln und tatsächliche Verfassungsverletzungen. Und außerdem werden Gesetzentwürfe nicht von einer einzelnen Person verantwortet, sondern regelmäßig in der Ministerialbürokratie von Fachleuten ausgearbeitet, von Rechtsabteilungen überprüft, dann im Parlament beraten und von der Parlamentsmehrheit verabschiedet. Wenn die Vielzahl der daran beteiligten Amtswalter und Mandats-

---

[64] Näher dazu *Dietrich Murswiek*, Meinungsäußerungen als Belege für eine verfassungsfeindliche Zielsetzung. Zu den rechtlichen Anforderungen und zur Praxis der Verfassungsschutzberichte, in: FS Hans Herbert von Arnim, 2004, S. 481 (490 f.) = in diesem Band Annex 1, S. 121 (130); ähnlich *VG Berlin*, Urt. v. 31. 8. 1998, NJW 1999, 806 (809) = juris S. 8.

[65] Beispiele: *BVerfGE* 72, 200 – Rückwirkung einkommensteuerrechtlicher Vorschriften; *BVerfGE* 127, 1 – Spekulationsfrist. Gegen das Rechtsstaatsprinzip verstoßen auch alle Gesetze, die gegen Grundrechte verstoßen, da die grundrechtliche Sicherung der Freiheitssphäre zum Rechtsstaatsprinzip gehört. Auch der Verhältnismäßigkeitsgrundsatz ist Bestandteil des Rechtsstaatsprinzips, so daß ein Gesetz, das die grundrechtlich geschützte Freiheit unverhältnismäßig einschränkt, gegen das Rechtsstaatsprinzip verstößt.

[66] Beispiele: *BVerfGE* 44, 125 – Öffentlichkeitsarbeit I; *BVerfGE* 83, 37 – Ausländerwahlrecht Schleswig-Holstein; *BVerfGE* 83, 60 – Ausländerwahlrecht Bezirksversammlungen Hamburg; *BVerfGE* 120, 82 (109 ff.) – 5 %-Sperrklausel im Kommunalwahlrecht; *BVerfGE* 85, 264 – Parteienfinanzierung; *BVerfGE* 129, 300 (317 ff., 324 ff.) – 5 %-Sperrklausel für Europawahlen; *BVerfGE* 135, 259 – 3 %-Sperrklausel für Europawahlen. – Die Anzahl der Exekutiventscheidungen, durch die gegen die Chancengleichheit der politischen Parteien und damit gegen das Demokratieprinzip verstoßen wurde, ist unüberschaubar. Meistens handelt es sich dabei um „Stadthallenfälle", um die gleichheitswidrige Vorenthaltung öffentlicher Einrichtungen für bestimmte politische Parteien, überwiegend durch Kommunalbehörden. In diesen Fällen kann man bei hartnäckigen Verstößen angesichts einer durch die ständige Rechtsprechung völlig eindeutig geklärten Rechtslage das Verhalten der Kommunalbehörden allerdings durchaus als Negierung des Verfassungsprinzips – im Unterschied zu einem bloßen Verstoß im Einzelfall – werten.

[67] Vgl. *BVerfGE* 115, 118 (153 ff.) – Luftsicherheitsgesetz.

inhaber politisch gleichsinnig ein verfassungswidriges Vorhaben durchsetzt, könnte daraus viel eher die Bereitschaft der beteiligten Personen und der politischen Parteien, denen sie angehören, abgeleitet werden, den Verfassungsgrundsatz zu beseitigen, gegen den das Gesetz verstößt, als dies bei einer bloßen Meinungsäußerung eines Oppositionspolitikers der Fall wäre, der ein solches Gesetz fordert.

Wie gesagt, hat das Bundesverfassungsgericht schon in einer Vielzahl von Fällen festgestellt, daß Gesetze mit einem Element der freiheitlichen demokratischen Grundordnung unvereinbar waren. Die meisten Fälle betreffen wohl das Rechtsstaatsprinzip, zu dem auch der Verhältnismäßigkeitsgrundsatz gehört[68]. Behördenentscheidungen, die gegen das Verhältnismäßigkeitsprinzip verstoßen, gibt es zu Tausenden. Nach der Logik des BfV müßten all diese verfassungswidrigen Gesetze und Verwaltungsakte als Anhaltspunkte für verfassungsfeindliche Bestrebungen gewertet werden. Das geschieht aber, soweit ersichtlich, nicht – meines Erachtens völlig zu Recht. Denn aus einem rechtswidrigen Handeln läßt sich nicht ohne weiteres schließen, daß der Handelnde die Norm, gegen die er verstoßen hat, generell beseitigen will; in der Regel ist dies nicht der Fall[69]. Auch wenn der Gesetzgeber oder eine Verwaltungsbehörde im Einzelfall gegen das Demokratieprinzip, das Rechtsstaatsprinzip oder die Menschenwürdegarantie verstößt, bedeutet dies nicht, daß er oder sie diese Prinzipien oder eines ihrer notwendigen Elemente abschaffen will. Daß dies nicht der Fall ist, ergibt sich regelmäßig daraus, daß die betreffenden Gesetzgebungs- und Exekutivorgane den Gerichtsurteilen Folge leisten, die die Verfassungswidrigkeit feststellen.

Wenn somit etablierten Parteien und Politikern Entscheidungen, durch die sie gegen Elemente der freiheitlichen demokratischen Grundordnung verstoßen, nicht als Anhaltspunkte für verfassungsfeindliche Bestrebungen angekreidet werden, dann dürfen Meinungsäußerungen von Oppositionspolitikern nicht anders behandelt werden. Die Forderung, ein Gesetz zu erlassen, das gegen ein Element der freiheitlichen demokratischen Grundordnung verstößt, kann daher nur dann als Anhaltspunkt gewertet werden,

– wenn ausdrücklich geäußert wird oder sich aus dem Kontext der Äußerung ergibt, daß derjenige, der die Forderung erhebt, sein Ziel auch dann durchsetzen will, wenn gerichtlich die Verfassungswidrigkeit des vorgeschlagenen Gesetzes festgestellt wird[70],

[68] Vgl. z. B. zuletzt *BVerfG*, Beschl. v. 18. 12. 2018 – 1 BvR 2795/09 – Kfz-Kennzeichenkontrollen.

[69] Vgl. im Hinblick auf Grundrechtsverletzungen *Droste* (Fn. 38), S. 181.

[70] Aus dem Kontext kann sich dieser Wille auch dann ergeben, wenn ein Gesetz gefordert wird, das völlig eindeutig und klar erkennbar gegen ein Prinzip der freiheitlichen demokratischen Grundordnung verstößt, so daß es keine vernünftigen Zweifel an der Verfassungswidrigkeit geben kann, vgl. *VG Berlin*, Urt. v. 38. 8. 1998 – 26 A 623/97 – REP, NJW 1999, 806 (809).

– oder wenn deutlich wird, daß der Betreffende nicht im Einzelfall vielleicht versehentlich eine verfassungswidrige Forderung erhebt, sondern systematisch gegen den betreffenden Verfassungsgrundsatz vorgehen will, indem er (im Laufe der Zeit) eine Vielzahl von Regelungen propagiert, die mit diesem Grundsatz unvereinbar sind.

Unter diesem letzten Gesichtspunkt kann sich aus einer Mehrzahl von Äußerungen, die jede für sich noch keinen Anhaltspunkt darstellen, bei einer Gesamtbetrachtung ein Anhaltspunkt ergeben, weil nur aus der Gesamtbetrachtung die systematische, auf die permanente Mißachtung des Verfassungsgrundsatzes gerichtete, Zielsetzung ersichtlich ist. Das heißt, daß meines Erachtens der Verfassungsschutz inhaltlich mit einem Element der freiheitlichen demokratischen Grundordnung unvereinbare Äußerungen im Sinne der zweiten oben genannten Alternative, die regelmäßig vorliegen wird, zunächst als „Verdachtssplitter" (um einen von Verfassungsschützern verwendeten Ausdruck[71] aufzugreifen) sammeln kann. Diese Äußerungen sind als solche noch nicht Anhaltspunkte für verfassungsfeindliche Bestrebungen, aber wenn sie sich häufen, kann das auf eine systematische Bekämpfung eines Verfassungsgrundsatzes hindeuten.

Was ich hier für die Forderung nach einem Gesetz oder einer Exekutivmaßnahme gesagt habe, muß entsprechend auch für Äußerungen gelten, die inhaltlich als solche bereits die Menschenwürde verletzen.

#### bb) Inhaltlich mit einem Element der freiheitlichen demokratischen Grundordnung unvereinbare Äußerungen als Anhaltspunkte in der Rechtsprechung

Entgegen der oben [d)aa)] dargelegten Auffassung werten nicht nur die Verfassungsschutzbehörden, sondern auch die Verwaltungsgerichte Äußerungen, die inhaltlich nicht mit einem Element der freiheitlichen demokratischen Grundordnung vereinbar sind, oft ohne weiteres als Anhaltspunkte für verfassungsfeindliche Bestrebungen. Diese Rechtsprechung stellt nur auf die Unvereinbarkeit mit der Menschenwürde, mit dem Demokratieprinzip oder mit dem Rechtsstaatsprinzip ab und prüft gar nicht, ob auch zum Ausdruck kommt, daß das jeweilige Prinzip beseitigt (oder als Prinzip dauerhaft beeinträchtigt) werden soll und nicht lediglich ein Verstoß im Einzelfall vorliegt beziehungsweise (z.B. in Form eines Vorschlags für eine bestimmte gesetzliche Regelung) gefordert wird[72]. Das ist, wie gezeigt, unzutreffend und insbesondere auch im Hinblick darauf problematisch, daß diese Wertung nur bei

---

[71] Vgl. z.B. *BfV* (Fn. 63), B.II.4.2.

[72] Vgl. z.B. *BayVGH*, Beschl. v. 7.10.1993 – 5 CE 93.2327 – REP, juris Rn. 25ff., 41; *BayVGH*, Urt. v. 22.10.2015 – 10 B 15.1320 – „Die Freiheit", juris Rn. 91ff.; *OVG Lüneburg*, Urt. v. 19.10.2000 – 11 L 87/00 – REP, juris Rn. 27ff.; *OVG NRW*, Beschl. v. 21.12.2000 – 5 A 2256/94 – REP, juris Rn. 31ff.; *OVG NRW*, Beschl. v. 13.1.1994 – 5 B 1236/93 – REP, juris Rn. 48ff.

Oppositionsparteien an den Rändern des politischen Spektrums, nicht aber bei Regierungsparteien oder Parteien der „Mitte“ vorgenommen wird.

Es gibt aber auch verwaltungsgerichtliche Entscheidungen, die der von mir vertretenen Auffassung [s. o. d)aa)] im Ergebnis nahekommen, indem sie nicht eine einzelne mit der Menschenwürde unvereinbare Äußerung als Anhaltspunkt werten, sondern darauf abstellen, ob sich in der „Gesamtschau“ aus einer Vielzahl solcher Äußerungen eine Gesamttendenz der beobachteten Organisation ergibt[73]. Nur aus der Summe der inhaltlich menschenwürdewidrigen Äußerungen ergibt sich dann ein Anhaltspunkt für menschenwürdewidrige Bestrebungen der Organisation. Für das Bundesverwaltungsgericht kommt es darauf an, ob Funktionäre, Mitglieder und Anhänger einer Organisation die Menschenwürde „nicht nur vereinzelt beeinträchtigen, sondern systematisch verletzen und mißachten“[74]. – Auch diese Entscheidungen reflektieren allerdings nicht ausdrücklich den Unterschied zwischen *inhaltlich* mit einem verfassungsschutzrechtlichen Schutzgut *unvereinbaren* und *gegen* das Schutzgut *gerichteten* Äußerungen[75].

### cc) Bewertung von Äußerungen bei unterschiedlichen vertretbaren Interpretationen eines verfassungsschutzrechtlichen Schutzguts

Ein weiterer Aspekt ist in diesem Zusammenhang zu beachten: Ob ein Vorhaben oder eine Äußerung inhaltlich mit einem Element der freiheitlichen demokratischen Grundordnung unvereinbar ist, läßt sich nicht immer eindeutig entscheiden. In manchen Fällen gibt es unterschiedliche vertretbare Interpretationen. Wenn etwa die Forderung nach einer bestimmten gesetzlichen Regelung am Maßstab einer vertretbaren Grundgesetzinterpretation mit der freiheitlichen demokratischen Grundordnung vereinbar ist, am Maßstab einer anderen Interpretation hingegen nicht, dann ist diese Forderung kein Indiz dafür, daß ihr Autor ein Element der freiheitlichen demokratischen Grundordnung beseitigen will. Beispiel: Die Bundesregierung hatte 1999 eine Verordnung erlassen, die den Einsatz von Wahlcomputern zur Auszählung

---

[73] Vgl. *BVerwG*, Urt. v. 18.5.2001 – 2 WD 42.00, 43.00 – BVerwGE 114, 258 (278, 279) = Juris Rn. 48, 50; *BayVGH*, Beschl. v. 7.10.1993 – 5 CE 93.2327 – REP, juris Rn. 24 f.; *VGH BW*, Beschl. v. 11.3.1994 – 10 S 2386/93 – REP, Juris Rn. 5; *VG Berlin*, Urt. v. 31.1.1998 – 26 A 623/97 – REP, NJW 1999, 806 (810).

[74] *BVerwG*, Urt. v. 18.5.2001 – 2 WD 42.00, 43.00 – BVerwGE 114, 258 (278) = Juris Rn. 48. In dieser Entscheidung ging es aber nicht um die Konkretisierung des Begriffs „Anhaltspunkte“, sondern um den *Nachweis* einer verfassungsfeindlichen Bestrebung. M. E. läßt sich die Formulierung des BVerwG aber auf die Bestimmung von Anhaltspunkten übertragen. Um *Anhaltspunkte* zu begründen, reicht eine geringere Zahl von inhaltlich menschenwürdewidrigen Äußerungen aus als für den *Nachweis* solcher Bestrebungen der Partei. Was diesen angeht, sagt das BVerwG, selbst wenn „deutlich mehr als vereinzelte ‚Sumpfblüten‘ oder ‚Entgleisungen‘“ vorlägen, folge noch nicht automatisch die Feststellung einer „in ihrer Grundtendenz verfassungsfeindlichen Zielsetzung der Partei“, ebd. S. 279/Rn. 50.

[75] Eine Ausnahme macht das *VG Berlin*, Urt. v. 31.1.1998 – 26 A 623/97 – REP, NJW 1999, 806 (810), das zwar nicht expressis verbis die genannte Unterscheidung trifft, aber sie der Sache nach in dem von mir vertretenen Sinne vornimmt.

der Stimmen ermöglichte. Das Bundesverfassungsgericht hat entschieden, daß diese Verordnung gegen den Grundsatz der Öffentlichkeit von Wahlen verstößt, der sich aus Art. 38 GG in Verbindung mit dem Demokratieprinzip ergibt. Dieser Grundsatz gebiete, daß alle wesentlichen Schritte der Wahl öffentlicher Überprüfung unterliegen. Jeder Bürger müsse die zentralen Schritte der Wahl ohne besondere technische Vorkenntnisse zuverlässig nachvollziehen und verstehen können. Dies sei bei den in Rede stehenden Wahlcomputern nicht der Fall[76]. Hat deshalb die Bundesregierung mit der Verabschiedung dieser Verordnung einen Anhaltspunkt beziehungsweise einen „Verdachtssplitter" für Bestrebungen gegen das Demokratieprinzip geliefert? Meines Erachtens nein. Denn eine Interpretation des Demokratieprinzips, nach der es ausreichte, wenn unabhängige Experten die richtige Funktionsweise des Wahlcomputers kontrollieren könnten, wäre vertretbar gewesen. Ein Irrtum darüber, was die „richtige" Verfassungsinterpretation ist, läßt keinen Schluß darauf zu, daß der Irrende den betreffenden Verfassungsgrundsatz beseitigen will.

#### *e) Zweideutige Meinungsäußerungen*

Das BfV will außerdem auch „auf den ersten Blick zweideutige Meinungsäußerungen grundsätzlich in die Gesamtschau" miteinbeziehen[77].

##### aa) Auslegung aus dem Kontext, aber keine Unterstellungen

Juristisch kommt es freilich auf den „ersten Blick" nicht an. Auf den ersten Blick kann eine Äußerung verfassungsfeindlich aussehen, auf den zweiten Blick aber wird sie zum Beispiel als Ironie erkannt. Es kommt immer darauf an, wie die Äußerung unter Berücksichtigung des gesamten Kontextes, in dem sie gemacht wurde, bei objektiver Betrachtung zu verstehen ist. Wenn also eine Äußerung „auf den ersten Blick zweideutig", auf den zweiten Blick – also nach gründlicherer Betrachtung – jedoch eindeutig ist, dann gilt der eindeutige Inhalt. Ist dieser verfassungsfeindlich, liegt ein Anhaltspunkt vor, ist er nicht verfassungsfeindlich, dann eben nicht. Wenn die Äußerung nicht eindeutig ist, sondern mehrere Auslegungen zuläßt, und wenn sie in einer Auslegungsvariante einen verfassungsfeindlichen Inhalt hat, in einer anderen Auslegungsvariante einen verfassungsmäßigen, dann darf nicht grundsätzlich unterstellt werden, daß der Sprecher den verfassungsfeindlichen Inhalt gemeint hat[78].

Das BfV scheint aber zu solchen Unterstellungen bereit zu sein und sie nur unter dem Aspekt des Verhältnismäßigkeitsgrundsatzes begrenzen zu wollen[79]. Das reicht jedoch nicht aus. Die Unterstellung verfassungsfeindlicher Inhalte nach dem Motto „Er hat es zwar nicht gesagt, aber ihm wäre es zuzutrauen" verkennt nicht nur die

---

[76] *BVerfG*, Urt. v. 3.3.2009 – 2 BvC 3, 4/07 = BVerfGE 123, 39 (68 ff.).

[77] *BfV* (Fn. 63), B.II.3.2.1.

[78] Vgl. *Murswiek* (Fn. 64), S. 499 f. = in diesem Band Annex 1, S. 121 (137 f.).

[79] *BfV* (Fn. 63), B.II.3.2.1.

Aufgabe des Verfassungsschutzes, sondern greift in jedem Fall – nicht nur bei übermäßiger Anwendung dieses Vorgehens – in nicht zu rechtfertigender Weise in die Freiheit der politischen Parteien und die Meinungsfreiheit ein.

Richtig ist, daß mehrdeutige Äußerungen, die unter Einbeziehung ihres Kontextes einen eindeutig verfassungsfeindlichen Inhalt haben, als verfassungsschutzrechtlich relevant notiert werden können. Problematisch ist es aber, daß das BfV mehrdeutige Äußerungen durch „Einbeziehung nachrichtendienstlichen Hintergrundwissens über den in Rede stehenden Phänomenbereich doch noch eindeutig" auslegen will. In manchen Fällen ist so etwas möglich, beispielsweise wenn es um Angehörige einer Gruppe geht, in der bestimmte Sprachcodes oder Symbole verwendet werden, die in der allgemeinen Bevölkerung nach allgemeinem Sprachverständnis keine politische, jedenfalls keine verfassungsfeindliche Bedeutung haben, in dieser Gruppe jedoch in einem spezifisch verfassungsfeindlichen Sinne verwendet werden – wie beispielsweise die 88 in Neonazigruppen. Wenn ein Angehöriger einer solchen Gruppe die 88 auf dem T-Shirt trägt, ist das eine neonazistische Aussage[80], wenn ein Marathonläufer die Startnummer 88 trägt, ist es das nicht.

Unzulässig wäre es jedoch, nach folgendem Muster vorzugehen: 1. Der Verfassungsschutz prüft, ob die Partei P hinreichende Anhaltspunkte für rechtsextremistische Bestrebungen bietet. 2. Im „Phänomenbereich" Rechtsextremismus wird der Begriff „Überfremdung" (von manchen Politikern, Gruppen, Parteien) in dem Kontext verwendet, daß die Forderung zum Ausdruck gebracht wird, alle ethnisch Nichtdeutschen aus Deutschland zu entfernen. 3. Wenn ein P-Politiker von „Überfremdung" spricht, folgert der Verfassungsschutz, er bringe damit zum Ausdruck, daß er alle ethnisch Nichtdeutschen aus Deutschland entfernen will. Eine solche Folgerung wäre klar rechtswidrig. Sie ist aus verschiedenen Gründen rechtlich nicht möglich.

Zum einen unterstellt diese Folgerung, daß die Partei, die gerade daraufhin geprüft wird, ob sie rechtsextremistisch ist, rechtsextremistisch sei. Solange die Frage, ob die zu prüfende Partei verfassungsfeindliche – hier: rechtsextremistische – Ziele verfolgt, noch offen ist und der Verfassungsschutz nicht belegen kann, daß sie verfassungsfeindliche Ziele verfolgt, kann sie nicht bereits dem Phänomenbereich Rechtsextremismus zugeordnet werden, um dann typische Verhaltensweisen, Sprachcodes oder Bedeutungsgehalte, die in diesem Phänomenbereich üblich sind, der zu prüfenden Partei zuzuordnen.

Zum anderen ist der Begriff „Phänomenbereich" so weit gefaßt, daß es äußerst problematisch ist, aus ihm Konkretisierungsgesichtspunkte für mehrdeutige Äußerungen zu gewinnen. Der Verfassungsschutz unterscheidet üblicherweise folgende „Phänomenbereiche": Rechtsextremismus, Linksextremismus, Islamismus/islami-

---

[80] Vgl. *BfV*, Rechtsextremismus: Symbole, Zeichen und verbotene Organisationen, 2018, S. 67.

scher Terrorismus, Ausländerextremismus[81]. Der Phänomenbereich „Rechtsextremismus" ist äußerst vielfältig. Man kann nicht unterstellen, daß alle Rechtsextremisten und erst recht nicht alle Personen, die verdächtigt werden, Rechtsextremisten zu sein, dieselben Ziele verfolgen, dieselben Sprachcodes benutzen und vor allem nicht, daß sie mit der Verwendung eines bestimmten Vokabulars die politischen Inhalte teilen, die andere Personen in diesem Phänomenbereich mit diesem Vokabular verbinden. Solche Schlußfolgerungen können nur dort zulässig sein, wo bereits feststeht, daß der Sprecher einer enger definierten Gruppe angehört, die sich mit einem spezifischen Vokabular verständigt, und sich aus den konkreten Umständen ergibt, daß er die mit diesem Vokabular in dieser Gruppe verbundenen Inhalte zum Ausdruck bringen will.

Die Formulierung des BfV, besondere Terminologien, Signalwörter und Vorverständnisse des jeweiligen Phänomenbereichs seien zu berücksichtigen, ist also viel zu weit gefaßt. Wenn der Verfassungsschutz die P-Partei prüft, ist er verpflichtet, dies ergebnisoffen zu tun. Wenn er bei dieser Prüfung und Bewertung aber Vorverständnisse des Phänomenbereichs Rechtsextremismus einfach den Sprechern der P-Partei überstülpt und ihren Reden die Bedeutungen zuschreibt, die beispielsweise NPD-Redner mit bestimmten Begriffen verbinden, dann ist das keine ergebnisoffene Prüfung mehr, sondern dann steht – jedenfalls hinsichtlich der Zitate, in denen Begriffe verwendet werden, die von (manchen) Rechtsextremisten üblicherweise in einem verfassungsfeindlichen Kontext verwendet werden – das Ergebnis von vornherein fest. Solche Zuschreibungen sind nichts als Unterstellungen und keine „tatsächlichen Anhaltspunkte".

Richtig ist dagegen, daß – wie das BfV ebenfalls meint – „vorherige Positionierungen" des jeweiligen Sprechers bei der Auslegung mehrdeutiger Aussagen zu berücksichtigen sind[82]. Richtig ist selbstverständlich auch, daß der Verfassungsschutz nicht gehalten ist, „extremistische Äußerungen gegen jede Logik als noch verfassungskonform auszulegen"[83]. Aber daraus ergibt sich nicht umgekehrt, daß der Verfassungsschutz bei mehrdeutigen Äußerungen, bei denen die eine Deutungsmöglichkeit zu einem verfassungsfeindlichen Inhalt, die andere Deutungsmöglichkeit zu einem verfassungskonformen Inhalt führt, die verfassungsfeindliche Variante als vom Sprecher gemeint unterstellen darf. Die Logik läßt einen solchen Schluß nicht zu, und das Recht verlangt durch Tatsachen begründete Anhaltspunkte, während auf Spekulationen, Vermutungen und Unterstellungen gestützte Anhaltspunkte nicht zur Grundlage des Handelns der Verfassungsschutzbehörden gemacht werden dürfen.

Dieses Ergebnis folgt schon aus dem einfachen Gesetz. Im übrigen wäre eine Auslegung von § 4 Abs. 1 Satz 3 BVerfSchG in dem Sinne, daß als tatsächliche

---

81 Außerdem Scientology; neuerdings sind noch die „Reichsbürger" und „Selbstverwalter" hinzugekommen, vgl. VSB 2017, insb. S. 322 ff.

82 *BfV* (Fn. 63), B.II.3.2.1.

83 *BfV* (Fn. 63), B.II.3.2.1.

Anhaltspunkte auch solche Äußerungen gewertet werden dürfen, die sowohl in einem verfassungsfeindlichen als auch in einem verfassungskonformen Sinne ausgelegt werden können, mit der Meinungsfreiheit der Betroffenen nicht vereinbar. Die Bewertung einer Äußerung durch den Verfassungsschutz als inhaltlich verfassungsfeindlich beziehungsweise als Anhaltspunkt für verfassungsfeindliche Bestrebungen greift nicht nur in die Freiheit der Organisation ein, für deren Zielsetzung die Äußerung als Anhaltspunkt herangezogen wird, sondern auch in die Meinungsfreiheit der Person, um deren Äußerung es geht. Denn die hoheitliche Bewertung von Meinungsäußerungen als verfassungsfeindlich wirkt für künftige Äußerungen abschreckend und übt einen starken Druck aus, derartige Äußerungen zu unterlassen[84]. Deshalb ist die Bewertung einer Äußerung als Anhaltspunkt für verfassungsfeindliche Bestrebungen einer Organisation nicht nur im Hinblick auf die Grundrechte dieser Organisation, sondern auch im Hinblick auf die Meinungsfreiheit der sich äußernden Person rechtfertigungsbedürftig. Ein mittelbar ausgeübter hoheitlicher Zwang, sich immer eindeutig auszudrücken, wenn anders die Äußerung auch in einem verfassungsfeindlichen Sinne verstanden werden könnte, würde die Meinungsfreiheit unverhältnismäßig beschränken, wenn nicht sogar in manchen Bereichen ihre Ausübung praktisch unmöglich machen. Abgesehen hiervon dürfte es schon an der Erforderlichkeit einer solchen Beeinträchtigung fehlen. Es ist nämlich nicht ersichtlich, daß der Verfassungsschutz seine gesetzlichen Aufgaben – auch seine „Frühwarnfunktion" – nicht erfüllen kann, wenn nur solche Äußerungen als tatsächliche Anhaltspunkte gewertet werden dürfen, die eindeutig verfassungsfeindlich sind.

In diesem Sinne ist auch die in der Literatur vertretene Auffassung zu verstehen, es sei mit dem verfassungsrechtlichen Grundsatz „in dubio pro libertate"[85] beziehungsweise mit der vom Bundesverfassungsgericht anerkannten „grundsätzlichen Freiheitsvermutung"[86] unvereinbar, bei mehrdeutigen Äußerungen die verfassungsfeindliche Auslegung als die vom Sprecher gemeinte zu unterstellen und als Anhaltspunkt zu werten[87].

---

[84] Zum Eingriffscharakter solcher Wertungen *Dietrich Murswiek*, Warnungen, Wertungen, Kritik als Grundrechtseingriffe. Zur Wirtschafts- und Meinungslenkung durch staatliches Informationshandeln, in: DVBl. 1997, S. 1021–1030. Die neuere Rechtsprechung verwendet für solche „faktischen" Grundrechtseingriffe oft den Begriff der Grundrechtsbeeinträchtigung, ohne daß dies an der materiellen Maßstäblichkeit der Grundrechte etwas ändert, vgl. z.B. BVerfG 105, 252 (273) – Glykol; 105, 279 (300f.); dazu *Dietrich Murswiek*, Das Bundesverfassungsgericht und die Dogmatik mittelbarer Grundrechtseingriffe. Zu der Glykol- und der Osho-Entscheidung vom 26.6.2002, in: NVwZ 2003, S.1 ff., insb. S. 6.

[85] Vgl. z.B. *Peter Schneider*, Prinzipien der Verfassungsinterpretation, VVDStRL 20 (1963), S. 1 (31 ff.) m.w.N.; *Eike. v. Hippel*, Grenzen und Wesensgehalt der Grundrechte, 1965, S. 18; *Robert Alexy*, Theorie der Grundrechte, 2. Aufl. 1994, S. 517f.

[86] *BVerfGE* 6, 32 (42); 13, 97 (105); 17, 306 (313f.); 32, 54 (72).

[87] So z.B. *Warg* (Fn. 33), Rn. 17 mit ausführlicher Argumentation und weiteren Literaturnachweisen, auch der Gegenmeinung.

#### bb) Die Intentionalität von Meinungsäußerungen

Auf den vom Sprecher gemeinten Inhalt der Meinungsäußerung kommt es an. Wenn Meinungsäußerungen Belege für eine verfassungsfeindliche Zielsetzung des Beobachtungsobjekts sein sollen, dann setzt dies voraus, daß sie einen auf ein verfassungsfeindliches Ziel gerichteten politischen Willen zum Ausdruck bringen. Deshalb ist bei der Auslegung mehrdeutiger Meinungsäußerungen die Intention des sich Äußernden maßgeblich. Es kommt darauf an, was er mit seiner Äußerung sagen wollte, nicht darauf, wie ein anderer es möglicherweise auffassen könnte oder wie es sich „bei vernünftiger Betrachtung" verstehen ließe[88].

Freilich darf der sich Äußernde sich nicht nachträglich hinter Schutzbehauptungen über den angeblich gemeinten Inhalt seiner Äußerung verstecken. Aber Ziel der Auslegung einer Meinungsäußerung, die als Anhaltspunkt herangezogen werden soll, ist es, objektiv zu ermitteln, was der subjektiv gemeinte Aussagegehalt war. Das im vorigen und im nächsten Abschnitt erörterte Problem der Mehrdeutigkeit von Meinungsäußerungen stellt sich deshalb von vornherein nur in bezug auf die Mehrdeutigkeit des vom Sprecher subjektiv Gemeinten. Stattdessen auf einen vom Sprecher nicht gemeinten „objektiven" Aussagegehalt abzustellen, ist verfassungsschutzrechtlich rechtswidrig und mit der Meinungsfreiheit des Betreffenden unvereinbar. Diese schützt – als negative Meinungsfreiheit – auch vor der Zurechnung von Meinungen, die man nicht vertritt.

#### cc) Zweideutige Meinungsäußerungen als ergänzende Anhaltspunkte?

Das BfV will solche zweideutigen Äußerungen, die auch bei Auslegung im Kontext zweideutig bleiben, jedenfalls als ergänzende Anhaltspunkte mit in die Gesamtbetrachtung einbeziehen[89]. Das ist aber rechtlich grundsätzlich unzulässig; sofern es im Kontext mit eindeutigen Äußerungen zulässig ist, trägt es im Regelfall zur Erkenntnisgewinnung nichts bei.

Logisch ist es ausgeschlossen, aus einer Vielzahl für sich genommen inhaltlich unproblematischer (weil keine verfassungsfeindliche Zielsetzung zum Ausdruck bringender) Äußerungen in einer „Gesamtschau" eine inhaltlich verfassungsfeindliche Position zu entwickeln. Aus nichts folgt nichts. Wenn jemand viele mehrdeutige Äußerungen macht, bei denen eine von mehreren Auslegungsmöglichkeiten zu einem verfassungsfeindlichen Inhalt führt, ergibt sich allein daraus, daß es viele sind, nicht, daß die verfassungsfeindliche Auslegungsvariante die richtige ist. Auch die „Gesamtschau" dieser Äußerungen ergibt dann kein anderes Bild als die Betrachtung jeder einzelnen Äußerung. Entsprechendes gilt, wenn nicht viele Äußerungen einer Person, sondern vieler Personen innerhalb einer Organisation betrachtet

---

[88] Vgl. *BVerfGE* 113, 63 (86 f.); dazu ausführlich *Murswiek* (Fn. 53), S. 126.

[89] *BfV* (Fn. 63), B.II.3.2.1, S. 34.

werden. Aus einer Vielzahl unproblematischer Äußerungen kann nicht durch eine „Gesamtbetrachtung“ eine verfassungsfeindliche Zielsetzung abgeleitet werden[90].

Anders sieht es aus, wenn für sich genommen unproblematische Äußerungen im Kontext mit Äußerungen stehen, die eindeutig eine verfassungsfeindliche Zielsetzung zum Ausdruck bringen. Wenn jemand viele verfassungsfeindliche Äußerungen macht und zusätzlich eine Äußerung, die sowohl verfassungsfeindlich als auch verfassungskonform interpretiert werden kann, dann kann unter Umständen die „Gesamtschau“ nahelegen, daß auch die mehrdeutige Äußerung verfassungsfeindlich gemeint ist. Nur was ist dadurch für die verfassungsschutzrechtliche Bewertung gewonnen? Das mehrdeutige Zitat bringt in solchen Fällen keinen zusätzlichen Erkenntnisgewinn. Es bestätigt dann lediglich den Eindruck, den man aus den anderen Zitaten bereits geschöpft hat.

Bezieht man die „Gesamtschau“ nicht auf Aussagen einer einzelnen Person, sondern auf eine politische Partei im ganzen (oder auf eine ihrer Teilorganisationen), wird es noch problematischer, eine Vielzahl für sich genommen „unverdächtiger“[91] Aussagen in der Gesamtschau als Anhaltspunkte zu bewerten. Wird aus einer Vielzahl „unverdächtiger“ Aussagen einer Vielzahl von Personen in der „Gesamtschau“ eine verfassungsfeindliche Zielsetzung konstruiert, dann wird der Verfassungsschutz zum Instrument einer Herrschaft des Verdachts. Die Qualifizierung einer Partei als verfassungsfeindlich beruht dann nicht auf Tatsachen, sondern auf Unterstellungen. Das ist mit der Parteienfreiheit, der Chancengleichheit der Parteien und dem Demokratieprinzip nicht vereinbar.

Hinzu kommt, daß es methodisch nicht vertretbar wäre, mehrdeutige Äußerungen allein im Lichte verfassungsfeindlicher anderer Äußerungen zu beurteilen. Wenn man andere Äußerungen derselben Person oder andere Äußerungen, die in derselben Partei zu demselben Thema gemacht werden, zur Einschätzung des Inhalts einer mehrdeutigen Äußerung heranziehen will, dann muß man – gegebenenfalls – dazu auch die Vielzahl derjenigen Äußerungen mit heranziehen, die eindeutig einen

---

[90] Bei einigen Verwaltungsgerichten gibt es aber die Tendenz, dies zu tun. Ein Beispiel ist *VG Düsseldorf*, Urt. v. 21.10.2005 – 1 K 3189/03 – Pro Köln, juris Rn. 88: Das Gericht sagt zunächst, bei der Würdigung komme es nicht darauf an, „ob einzelne Äußerungen für sich genommen auch dahin interpretierbar sein können, daß sie keine Bestrebungen gegen die freiheitlich demokratische Grundordnung darstellen“, und fügt hinzu, der Kontext sei maßgeblich. Das stimmt mit der hier vertretenen Auffassung überein. Aber dann betrachtet das Gericht nicht die einzelnen Äußerungen in ihrem jeweiligen Kontext, sondern macht Pauschalbehauptungen für ein Sammelsurium von Äußerungen. In der „Gesamtbetrachtung“ des Gerichts werden aus Äußerungen über Folgen der Einwanderung („Zuwanderung steigert Gewalt und Kriminalität“, „Zuwanderung senkt Bildungsniveau“ usw.) Äußerungen, die sich pauschal auf alle Ausländer beziehen. Die „Gesamtbetrachtung“ besteht hier weniger in einer kontextbezogenen Argumentation, als vielmehr darin, daß das Gericht in die Zitate Inhalte hineinlegt, die sich aus ihnen auch im Kontext nicht ergeben. – Ähnlich problematisch etwa *VG München*, Urt. v. 27.7.2017 – M 22 E 17.1861 – Bystron, juris Rn. 68.

[91] Formulierung des BfV (Fn. 63), B.II.3.2.1, S. 34.

verfassungskonformen Inhalt haben[92]. Wenn das BfV hingegen „unverdächtige“ Aussagen nur im Lichte verfassungsfeindlicher Aussagen lesen will, verkennt es seine Aufgabe, eine objektive, unvoreingenommene und ergebnisoffene Prüfung vorzunehmen.

Das bedeutet nicht, daß eine „Gesamtschau“ bei der Bewertung von Erkenntnissen, die der Verfassungsschutz über ein Beobachtungs- oder Prüfobjekt gewonnen hat, keine Rolle spielt. Sie ist vielmehr notwendig, um beurteilen zu können, ob die Gesamtheit der Anhaltspunkte hinreichend ist, um eine Beobachtung zu rechtfertigen – also die Einstufung als Verdachtsfall vorzunehmen – oder um zu beurteilen, ob ein Fall erwiesener Verfassungsfeindlichkeit vorliegt[93]. Hierbei sind die einzelnen Anhaltspunkte ihrer Zahl und ihrem Gewicht nach mit den Erkenntnissen abzuwägen, die dafür sprechen, daß das – potentielle – Beobachtungsobjekt auf dem Boden der freiheitlichen demokratischen Grundordnung steht[94]. Die Gesamtschau kann jedoch nicht aus inhaltlich „unverdächtigen“ Aussagen plötzlich verfassungsfeindliche Aussagen machen[95].

Für seine gegenteilige Auffassung beruft sich das BfV auf die Rechtsprechung. Die von ihm zitierten Urteile[96] vermögen die Rechtsauffassung des BfV jedoch nicht zu stützen. Das Urteil des Bundesverwaltungsgerichts vom 17. 10. 1990 betrifft einen völlig anderen Sachverhalt; dort geht es nicht um das richtige Verständnis mehrdeutiger Meinungsäußerungen, sondern um die Bewertung von Indizien – von tatsächlichen Anhaltspunkten – für den Verdacht einer Straftat als Voraussetzung für

---

[92] Zur Vermeidung von Mißverständnissen: Es geht hier nicht darum, verfassungsfeindliche Äußerungen mit verfassungskonformen Äußerungen, die in der Partei zu anderen Themen gemacht werden, sozusagen aufzuwiegen. Anhaltspunkte für verfassungsfeindliche Bestrebungen werden nicht dadurch „neutralisiert“, daß es zu anderen Themen auch verfassungskonforme Äußerungen gibt. Vielmehr geht es allein darum, ob eine mehrdeutige Aussage vor dem Hintergrund anderer – verfassungsfeindlicher und/oder verfassungskonformer – Aussagen zu demselben Thema in einem bestimmten (verfassungsfeindlichen) Sinne verstanden werden kann.

[93] Vgl. z. B. *OVG Berlin-Brandenburg*, Urt. v. 6. 4. 2006 – 3 B 3.99 – REP, NVwZ 2006, 838 (840) = Juris Rn. 47 m. Hinw. auf *OVG Münster*, Beschl. v. 21. 12. 2000, NWVBl 2001, 178 (179); *OVG Lüneburg*, Urt. v. 19. 10. 2000, NVwZ-RR 2002, 242 (243); *OVG Koblenz*, Urt. v. 10. 9. 1999, AS 28, 46 (49); *VGH Mannheim*, Beschl. v. 11. 3. 1994, DÖV 1994, 917 (918); *VGH München*, Beschl. v. 7. 10. 1993, NJW 1994, 748 (749).

[94] Vgl. z. B. *OVG Berlin-Brandenburg*, Urt. v. 6. 4. 2006 – 3 B 3.99 – REP, NVwZ 2006, 838 (841) = Juris Rn. 145; näher hierzu unten im Abschnitt 3.

[95] Von diesem Grundsatz lassen sich zwei scheinbare Ausnahmen begründen: 1. Eine Vielzahl inhaltlich verfassungsfeindlicher Aussagen kann unter Umständen in der Gesamtbetrachtung den Schluß zulassen, daß auf die Beseitigung des verfassungsschutzrechtlichen Schutzguts abgezielt wird, s. o. d)aa) am Ende. In diesem Fall sind freilich schon die einzelnen Äußerungen nicht „unverdächtig“, sondern ihrem Inhalt nach verfassungsschutzrechtlich relevant. 2. Eine Vielzahl polemischer Einzeläußerungen kann in der Gesamtschau unter Umständen den Schluß auf einen Inhalt zulassen, der sich aus jeder Einzeläußerung noch nicht ergibt, dazu unten f).

[96] *BfV* (Fn. 63), Fn. 34.

eine Maßnahme der Telekommunikationsüberwachung. Vor allem aber bezieht sich das, was das Bundesverwaltungsgericht dort zur „Gesamtschau" sagt, auf die Feststellung eines aus der Gesamtheit der vorhandenen Anhaltspunkte gewonnenen, die Überwachung rechtfertigenden hinreichenden Verdachts, nicht hingegen darauf, ob die einzelnen Umstände, die als Anhaltspunkte herangezogen werden, überhaupt taugliche Anhaltspunkte sind. Dies entspricht dem, was ich zur Berechtigung einer Gesamtschau im Verfassungsschutzrecht gesagt habe: Ein einzelner tatsächlicher Anhaltspunkt begründet regelmäßig noch keinen (hinreichenden) Verdacht, daß eine politische Partei verfassungsfeindliche Bestrebungen verfolgt. Ein solcher Verdacht läßt sich in der Regel nur auf die Gesamtschau einer Vielzahl von tatsächlichen Anhaltspunkten stützen. Aber aus einer Vielzahl untauglicher Anhaltspunkte kann sich in der Gesamtschau nicht ein begründeter Verdacht ergeben. Das Bundesverwaltungsgericht sagt ausdrücklich, die Einbeziehung nachrichtendienstlicher und kriminalistischer Erfahrungen in die Gesamtschau sei zwar bei der Bewertung von Indizien erlaubt; sie könne allerdings nicht die nach dem Gesetz unentbehrlichen tatsächlichen Anhaltspunkte ersetzen[97].

Entsprechendes ist zum Urteil des Bundesverwaltungsgerichts vom 21.7.2010 zu sagen. Dort heißt es in der Tat: „Zur Annahme eines Verdachts kann ferner die Gesamtschau aller vorhandenen tatsächlichen Anhaltspunkte führen, wenn jeder für sich genommen einen solchen Verdacht noch nicht zu begründen vermag."[98] Aber das kann nichts anderes bedeuten, als das, was ich gerade ausgeführt habe: In der Regel führt ein einzelner tatsächlicher Anhaltspunkt – eine einzelne Äußerung eines Parteifunktionärs mit gegen die freiheitliche demokratische Grundordnung gerichtetem Inhalt – nicht zum Verdacht, daß die Partei verfassungsfeindliche Bestrebungen verfolgt. Ein solcher Verdacht ergibt sich meist erst aus der Gesamtschau aller tatsächlichen Anhaltspunkte. Er kann sich dagegen nicht aus der Gesamtschau von Äußerungen ergeben, die keinen verfassungsfeindlichen Inhalt haben und deshalb nicht als tatsächliche Anhaltspunkte für den Verdacht verfassungsfeindlicher Bestrebungen herangezogen werden dürfen.

---

[97] *BVerwG*, Urt. v. 17.10.1990 – 1 C 12.88, juris Rn. 28.

[98] *BVerwG*, Urt. v. 21.7.2010 – 6 C 22.09 – Ramelow, Rn. 30; ebenso *OVG Berlin-Brandenburg*, Urt. v. 23.11.2011 – OVG 1 B 111.10 – pro Köln, juris Rn. 44; *OVG Nordrhein-Westfalen*, Urt. v. 13.2.2009 – 16 A 845/08 – Ramelow, Rn. 45 m.w.N. – Unklar auf den ersten Blick *BVerwG*, Urt. v. 7.12.1999 – 1 C 30/97 = BVerwGE 110, 126 (136), wo zuerst gesagt wird, es komme nicht darauf an, ob die Äußerungen abstrakt betrachtet eine andere (verfassungskonforme) Interpretation zulassen; maßgeblich sei die konkrete Verwendung. Das stimmt mit der hier vertretenen Auffassung überein. Wenn es dann aber heißt: „Als Elemente einer politischen Zielsetzung, die mit der Verfassung nicht zu vereinbaren ist [...], geben sie jedenfalls hinreichenden Anlaß zur Beobachtung", dann könnte das so verstanden werden, als ob abstrakt verfassungsfeindlich interpretierbare Äußerungen auch unabhängig von ihrer konkreten Verwendung als „Elemente einer verfassungsfeindlichen Zielsetzung" zu verstehen seien. Nach dem Kontext hält das BVerwG aber auch hier für maßgeblich, ob die Äußerungen im konkreten Verwendungszusammenhang in einem verfassungsfeindlichen Sinne zu interpretieren sind. Nur dann können sie als Elemente einer verfassungsfeindlichen Zielsetzung gewertet werden.

### *f) Berücksichtigung des „Tons" einer Meinungsäußerung?*

Problematisch ist es auch, der Verfassungsschutzbehörde die Befugnis einzuräumen, inhaltlich für sich betrachtet nicht verfassungsfeindliche Äußerungen als verfassungsfeindlich zu bewerten, wenn ihr „Ton" oder von der Verfassungsschutzbehörde herausgehörte „Zwischentöne" für „weitaus radikalere Zielsetzungen als die vordergründig herausgestellten" sprechen könnten, wie das OVG Berlin-Brandenburg dies in einer Entscheidung für richtig gehalten hat[99]. Zwar ist es denkbar, daß der Inhalt einer Äußerung anhand der Form ihrer Darstellung konkretisiert werden kann. Wer aber aus „Tönen" oder „Zwischentönen" verfassungsfeindliche Inhalte heraushören will, überschreitet schnell die Grenze zu rechtlich unzulässigen Unterstellungen. Auch Polemik ist in der Demokratie erlaubt und macht verfassungskonforme nicht zu verfassungsfeindlichen, weil „radikalen" Äußerungen.

Denkbar ist allerdings, daß die Gesamtbetrachtung einer Vielzahl polemischer Äußerungen ergibt, daß die Polemik sich nicht nur gegen die jeweilige politische Position des Gegners richtet, sondern dem Gegner die politische Existenzberechtigung abspricht. Das ist dann ein Anhaltspunkt für verfassungsfeindliche Bestrebungen[100]. Dies müßte aber sorgfältig begründet und dürfte nicht einfach unterstellt werden. Bezieht sich Polemik auf politische *Inhalte*, dient sie also der Kritik dessen, was der politische Gegner tut oder fordert, dann läßt sie einen solchen Schluß nicht zu. Die Verneinung der politischen Existenzberechtigung kann nur in solchen Äußerungen zum Ausdruck kommen, die Polemik gegen (natürliche oder juristische) Personen enthalten, also in *personenbezogenen* Invektiven („Schwachsinnige", „Dumpfbacken", „korrupt" [ohne Bezug auf einen konkreten Korruptionsfall] usw.), mit denen der Sache nach die Fähigkeit des Gegners zu einer sinnvollen Mitwirkung an der demokratischen Willensbildung infrage gestellt wird. Eine *einzelne* in diesem Sinne verletzende Äußerung läßt für sich noch nicht erkennen, daß dem Gegner *generell* die Berechtigung zu politischer Mitwirkung abgesprochen wird. Es kann sich um eine überzogene, emotional aufgeladene Äußerung im Einzelfall handeln. Die ständige – nicht auf konkrete Äußerungen der Gegenseite inhaltlich bezogene – Wiederholung derselben oder ähnlicher Invektiven hingegen läßt den Schluß auf die Verneinung der politischen Existenzberechtigung dann zu, wenn weitere Umstände – etwa die Behauptung, allein die Wahrheit oder den wahren Willen des Volkes zu vertreten – dies bestätigen[101].

---

99 Vgl. *OVG Berlin-Brandenburg*, Urt. v. 23.11.2011 – OVG 1 B 111.10 – pro Köln, juris Rn. 48.

100 So ist wohl *BayVGH*, Beschl. v. 7.10.1993 – 5 CE 93.2327 – REP, juris Rn. 24 f., zu verstehen.

101 Vgl. *BVerwG*, Urt. v. 18.5.2001 – 2 WD 42.00, 43.00 – BVerwGE 114, 258 (283 f.) = juris Rn. 60: Beschimpfung der anderen Parteien lasse den Schluß auf eine feindselige Haltung gegenüber dem Verfassungssystem dann zu, wenn sie „qualitativ mit demokratiefeindlichen Forderungen […] sowie quantitativ mit einer Häufung und Intensität derartiger Forderungen verbunden" ist.

### *g) Kontakte zu extremistischen Organisationen*

Kontakte zu extremistischen Organisationen können dann als Anhaltspunkte für verfassungsfeindliche Bestrebungen gewertet werden, wenn in diesen Kontakten zum Ausdruck kommt, daß die betreffenden Funktionäre oder Mitglieder dieser Vereinigung die verfassungsfeindlichen Ziele der extremistischen Organisation unterstützen beziehungsweise teilen[102]. Die Verfassungsschutzbehörden machen es sich in der Praxis aber viel zu leicht, indem sie grundsätzlich alle Kontakte zu extremistischen Organisationen als Indizien für eigene verfassungsfeindliche Bestrebungen werten. Diese Praxis ist, wie ich an anderer Stelle gezeigt habe, rechtswidrig[103].

### *h) „Vorlauf" in extremistischen Organisationen*

Die Verfassungsschutzbehörden untersuchen auch, ob Funktionäre, Mitglieder und Mitarbeiter der von ihnen zu prüfenden Organisation einen „Vorlauf" in extremistischen Organisationen gehabt haben, ob sie also dort vor ihrer Mitgliedschaft oder Mitarbeit in der zu prüfenden Organisation Mitglied gewesen sind oder in anderer Weise sich dort betätigt haben.

Es ist naheliegend, die frühere Betätigung in extremistischen Organisationen in die Untersuchung einzubeziehen. Denn darin kommen die politische Einstellung und Zielsetzung zum Ausdruck, die die Betreffenden jedenfalls im Zeitpunkt ihres Engagements in der extremistischen Organisation gehabt beziehungsweise verfolgt haben.

Die Bewertung dieses „Vorlaufs" ist freilich nicht immer einfach. Wenn etwa eine neu gegründete politische Partei sich früheren Mitgliedern extremistischer Parteien öffnete und massenhaft Mitglieder solcher Parteien der neuen Partei beiträten, wäre das ein Anhaltspunkt für verfassungsfeindliche Bestrebungen der neuen Partei. Andererseits kann die frühere Betätigung vereinzelter Mitglieder der neuen Partei in einer extremistischen Organisation nicht ohne weiteres als Anhaltspunkt gewertet werden.

Wenn die neue Partei ehemaligen Mitgliedern extremistischer Organisationen grundsätzlich die Aufnahme versagt und einen entsprechenden Unvereinbarkeitsbeschluß gefaßt hat, und wenn dennoch einzelne ehemalige Mitglieder extremistischer Organisationen aufgenommen worden sind, kann dies daran liegen, daß diese entweder bei der Aufnahme ihre frühere Mitgliedschaft verschwiegen haben, oder daß in einem Aufnahmegespräch ein glaubhafter Gesinnungswandel festgestellt wurde. Eine weitere Möglichkeit ist, daß bei der Aufnahme gar nicht geprüft wurde,

---

[102] Dazu ausführlich *Dietrich Murswiek*, Verfassungsschutz-Mitarbeit als staatsbürgerliche Obliegenheit?, in: Gilbert H. Gornig u. a. (Hg.), Iustitia et Pax. Gedächtnisschrift für Dieter Blumenwitz, 2008, S. 901 (910 ff.) = in diesem Band Annex 2, S. 142 (150 ff.).

[103] *Murswiek* (Fn. 102), S. 905 ff. = in diesem Band Annex 2, S. 142 (145 ff.).

ob eine Unvereinbarkeit vorliegt, oder daß sogar bewußt dem Unvereinbarkeitsbeschluß zuwidergehandelt wurde.

Für die Bewertung kommt es deshalb darauf an, welche Alternative im konkreten Fall gegeben ist. Außerdem ist es ein wesentlicher Unterschied, ob die „Vorlauf"-Organisation erwiesenermaßen extremistisch war, oder vom Verfassungsschutz als Verdachtsfall geführt wurde. Auch kann es eine Rolle spielen, ob in der betreffenden Organisation praktisch ausschließlich extremistische Mitglieder tätig waren, oder ob es auch einen erheblichen Anteil an verfassungstreuen Mitgliedern gegeben hat, so daß das betreffende Mitglied nicht automatisch dem extremistischen Teil der Organisation zugerechnet werden kann. Und schließlich ist ein Gesichtspunkt für die Glaubwürdigkeit einer Änderung der politischen Einstellung auch der zeitliche Abstand zu dem Engagement in der extremistischen Organisation.

Während also ein extremistischer „Vorlauf" einzelner Mitglieder kein Anhaltspunkt für verfassungsfeindliche Bestrebungen ist, können sich unter Umständen aus der Häufung solcher Fälle (bei gleichzeitiger Untätigkeit der zu prüfenden Organisation im Hinblick auf diese Fälle) Anhaltspunkte ergeben. Ob und unter welchen Voraussetzungen dies der Fall ist, läßt sich schwer abstrakt beschreiben. Es kommt hier auf die Gesamtbetrachtung aller relevanten Umstände an.

Ein zu berücksichtigender Umstand müßte auch sein, ob die frühere extremistische Ausrichtung eines Mitglieds sich auch gegenwärtig innerhalb der zu prüfenden Organisation in irgendeiner Weise zeigt. Wenn das der Fall ist, bestätigt sich, was sich aufgrund eines extremistischen „Vorlaufs" nur vermuten läßt. Wenn nicht, kann der „Vorlauf" grundsätzlich nur ein Hilfskriterium sein, das zu erhöhter Aufmerksamkeit im Hinblick auf die gegenwärtige Betätigung auffordert.

So etwa scheint der Verfassungsschutz jedenfalls in manchen Fällen den „Vorlauf" bisher behandelt zu haben. Einerseits ist der „Vorlauf" bei Verfassungsschützern beliebt, weil er sich gut dokumentieren und zahlenmäßig erfassen läßt. Andererseits hat man jedenfalls im Hinblick auf die GRÜNEN seine beschränkte Aussagekraft richtig erkannt. Nach Gründung der GRÜNEN und ihren ersten parlamentarischen Erfolgen hatten verschiedene marxistisch-leninistische Kleinparteien ihren Mitgliedern die Parole ausgegeben, den GRÜNEN beizutreten[104]. In einem Bericht des BfV vom 8. 1. 1985 „Zu linksextremistischen Einflüssen innerhalb der Partei Die Grünen" wurde dargelegt, daß knapp ein Zehntel der 94 Vorstandsmitglieder der damaligen zehn Landesvorstände und „mindestens fünf, also fast die Hälfte der elf Mitglieder des Bundesvorstands, darunter zwei der drei Sprecher" zuvor linksextremistischen Gruppen angehört hätten, ebenso „knapp ein Achtel der insgesamt 35 Landtagsabgeordneten und mehr als die Hälfte, nämlich vier der sieben

---

[104] Vgl. *Joachim Wagner*, Verkappte Staatsfeinde oder unbequeme Demokraten?, Die Zeit Nr. 52/1985 v. 20.12.1985, https://www.zeit.de/1985/52/verkappte-staatsfeinde-oder-unbequeme-demokraten (abgerufen am 6.4.2019), der folgende Parteien nennt: die Marxistisch-Leninistische Partei Deutschlands, den Kommunistischen Bund Westdeutschlands (KBW), den Kommunistischen Bund (KB) und die vom KB abgespaltene Z-Fraktion.

Mitglieder des Europaparlaments"[105]. Es gab sogar GRÜNEN-Abgeordnete, die wegen Verstoßes gegen das Kriegswaffenkontrollgesetz und gegen das Sprengstoffgesetz zu einer Freiheitsstrafe verurteilt worden waren oder wegen Werbens für eine terroristische Vereinigung vor Gericht gestanden hatten. All diese Informationen ließen jedoch auch nach Meinung des Verfassungsschutzes „nur sehr begrenzte Rückschlüsse auf Umfang und Einfluß des gegenwärtigen extremistischen Potentials innerhalb der Grünen zu", wie es in dem damaligen BfV-Bericht hieß[106]. Und dies, obwohl zu Beginn des Jahres 1985 die Mitgliedschaft in extremistischen Parteien nur wenige Jahre zurücklag.

Kurz gesagt: Der „Vorlauf" ist nicht bedeutungslos, aber seine Bedeutung für die Beurteilung der gegenwärtig zu beurteilenden Organisation ist sehr begrenzt.

### 3. Hinreichendes Gewicht und hinreichende Zahl

Als Voraussetzung für die Beobachtung einer Organisation durch den Verfassungsschutz formuliert § 4 Abs. 1 Satz 3 BVerfSchG lediglich, daß tatsächliche Anhaltspunkte für verfassungsfeindliche Bestrebungen vorliegen müssen. Allerdings reicht das Vorhandensein irgendwelcher Anhaltspunkte nicht aus. Einzelne verfassungsfeindliche Äußerungen von Funktionären oder Mitgliedern, die für die Organisation völlig untypisch sind und deshalb als „Ausreißer" oder „Entgleisungen" zu betrachten sind, können den Verdacht der Verfassungsfeindlichkeit der Organisation von vornherein nicht begründen[107]. Im übrigen müssen die Anhaltspunkte nach Quantität und Qualität einen hinreichenden Verdacht begründen, daß die Organisation verfassungsfeindliche Bestrebungen verfolgt.

Die Beobachtung einer Organisation durch den Verfassungsschutz ist ein gravierender Eingriff in ihre Grundrechte (Vereinigungsfreiheit, Meinungsfreiheit, allgemeine Handlungsfreiheit), bei politischen Parteien in die politische Betätigungsfreiheit und die Chancengleichheit gemäß Art. 21 Abs. 1 GG. Dieser Eingriff läßt sich nur rechtfertigen, wenn er mit dem Verhältnismäßigkeitsgrundsatz vereinbar ist. Deshalb ist Voraussetzung für die Beobachtung das Vorliegen einer hinreichenden Zahl von Anhaltspunkten mit insgesamt hinreichendem Gewicht[108]. Diese Voraussetzung ist relativ unbestimmt gefaßt, läßt sich aber auf abstrakter Ebene kaum präziser formulieren. Sie muß im Hinblick auf den gesetzlichen Zweck des Verfassungsschutzes einerseits und im Hinblick auf die tangierten Rechte der Betroffenen – die Freiheit und Chancengleichheit der politischen Parteien bezie-

---

[105] Zitiert nach *Wagner* (Fn. 104).

[106] Zitiert nach *Wagner* (Fn. 104), der hinzufügt, manche Verfassungsschutzkollegen hätten solche Zahlenanalysen als nutzlose Erbsenzählerei abgetan.

[107] Vgl. z.B. *BVerwG*, Urt. v. 21.7.2010 – 6 C 22/09 = BVerwGE 137, 275 (Rn. 54) – Ramelow; *Warg* (Fn. 33), Rn. 13.

[108] So auch *BfV* (Fn. 63), B.II.3.3.

hungsweise Grundrechte der Organisation und die Grundrechte ihrer Mitglieder, vor allem die Meinungsfreiheit – konkretisiert werden.

### *a) Notwendigkeit einer „Gesamtschau"*

Nur in Ausnahmefällen läßt sich die Beobachtung einer Organisation schon durch einzelne Tatsachen rechtfertigen – so insbesondere, wenn die Organisation sich offiziellen Dokumenten offen zu verfassungsfeindlichen Zielen bekennt, also beispielsweise in ihrem Programm die Errichtung einer Rätediktatur fordert. In einem solchen Fall ist sie klar verfassungsfeindlich, ohne daß es sonstiger Anhaltspunkte bedarf. In der Praxis nehmen jedenfalls politische Parteien regelmäßig keine verfassungsfeindlichen Ziele in ihre Programmatik auf. Wenn eine verfassungsfeindliche Zielsetzung deshalb nur aus Äußerungen (und anderen Verhaltensweisen) von Funktionären und Mitgliedern erschlossen werden kann, dann läßt sich die Frage, ob verfassungsfeindliche Äußerungen dieser Funktionäre und Mitglieder einen hinreichenden Verdacht für die Verfassungsfeindlichkeit ihrer Organisationen begründen, nur auf der Basis einer „Gesamtschau" aller Anhaltspunkte und anderen relevanten Umstände begründen[109].

### *b) In der „Gesamtschau" zu berücksichtigende Umstände*

Die „Gesamtschau" verlangt keine quantitative Betrachtung in der Weise, daß die Zahl der verfassungsschutzrechtlich relevanten Tatsachen in ein Verhältnis zu den nicht verfassungsschutzrechtlich relevanten Äußerungen zu setzen sind[110]. Die Beobachtung einer Organisation kann auch dann gerechtfertigt sein kann, wenn nur für einen Teilbereich ihrer Zielsetzungen, Verlautbarungen und Aktivitäten tatsächliche Anhaltspunkte vorliegen. Einer Beobachtung kann daher – wie das Bundesverwaltungsgericht festgestellt hat – nicht entgegengehalten werden, daß es in der Organisation auch eine Vielzahl von Äußerungen gibt, die der freiheitlichen demokratischen Grundordnung neutral oder positiv gegenüberstehen[111].

Diese Aussage bedarf allerdings einer präzisierenden Ergänzung: Wenn beispielsweise in Teilbereichen, wie etwa in der Wirtschaftspolitik, der Innenpolitik, der Sozialpolitik oder der Verteidigungspolitik keine Anhaltspunkte vorliegen, aber im Teilbereich Ausländerpolitik hinreichend viele und gewichtige Anhaltspunkte vorhanden sind, dann kann die Verfassungskonformität der Politik in den erstgenannten Teilbereichen die Verfassungsfeindlichkeit der Politik in dem letztgenannten Teilbereich nicht sozusagen neutralisieren. Aber innerhalb des problematischen Teilbereichs – in diesem Beispiel im Bereich Ausländerpolitik – dürfen dezidiert ver-

---

[109] Vgl. Vgl. *Warg* (Fn. 33), Rn. 17.

[110] *BfV* (Fn. 63), B.II.3.3.

[111] Vgl. z.B. *BVerwG*, Urt. v. 21.7.2010 – 6 C 22/09 = BVerwGE 137, 275 (Rn. 49) – Ramelow; *BfV* (Fn. 63), B.II.3.3.

fassungskonforme Äußerungen und klar auf dem Boden des Grundgesetzes stehende Verhaltensweisen, wie z. B. verfassungskonforme parlamentarische Anträge, nicht unberücksichtigt bleiben. Das gilt ganz besonders dann, wenn die zuständigen Parteigremien einzelnen verfassungsschutzrechtlich problematischen Äußerungen entgegentreten. Auch wenn Ordnungsmaßnahmen gegen Mitglieder ergriffen werden, die sich verfassungsfeindlich geäußert haben, muß der Verfassungsschutz dies bei seiner „Gesamtschau" selbstverständlich berücksichtigen. Ob hinreichende tatsächliche Anhaltspunkte vorliegen, läßt sich nicht ermitteln, wenn man nur die Äußerungen und Verhaltensweisen anschaut, die für den Verdacht einer verfassungsfeindlichen Ausrichtung sprechen, sondern nur dann, wenn man in die „Gesamtschau" ebenso diejenigen Äußerungen und sonstigen Verhaltensweisen einbezieht, die für eine verfassungskonforme Ausrichtung sprechen[112]. Dies bedeutet für die Prüf- und Beobachtungstätigkeit, daß der Verfassungsschutz nicht einseitig nur nach verfassungsschutzrechtlich problematischen Äußerungen suchen darf, sondern daß er verpflichtet ist, zur Gewinnung eines objektiven Bildes ebenso diejenigen Äußerungen und Verhaltensweisen zu registrieren und in die „Gesamtschau" einzubeziehen, die auf einen verfassungskonformen Kurs der geprüften Partei hindeuten. Es ist rechtlich falsch, die Beurteilung, ob die Voraussetzungen für die Beobachtung gemäß § 4 Abs. 1 Satz 3 BVerfSchG erfüllt sind, nur auf eine „Gesamtschau" aller Anhaltspunkte für verfassungsfeindliche Bestrebungen zu stützen; vielmehr kommt es auf eine „Gesamtschau" aller relevanten Umstände an, in die auch diejenigen Umstände einbezogen werden, die gegen eine verfassungsfeindliche Zielsetzung der Organisation sprechen.

Was die Quantität der Anhaltspunkte angeht, ist auch die Größe der Organisation zu berücksichtigen. Wenn zehn Mitglieder einer Organisation, die hundert Mitglieder hat, durch verfassungsfeindliche Äußerungen auffallen, ist das eine relevante Größenordnung. Wenn in einer politischen Partei mit 50.000 Mitgliedern verfassungsfeindliche Äußerungen von zehn Mitgliedern festgestellt werden, sagt das über die Zielsetzung der Partei praktisch nichts aus – es sei denn, es handele sich bei diesen Mitgliedern um führende Funktionäre. Deren Aussagen haben ein ganz anderes Gewicht als die Aussagen einfacher Mitglieder.

---

[112] Ebenso *OVG Berlin-Brandenburg*, Urt. v. 6. 4. 2006 – 3 B 3.99 – REP, NVwZ 2006, 838 (841) = Juris Rn. 145; ein Teil der Rechtsprechung sieht dies anders, vgl. z. B. *OVG NRW*, Beschl. v. 21. 12. 2000 – 5 A 2256/94 – REP, juris Rn. 43; *OVG Lüneburg*, Urt. v. 19. 10. 2000 – 11 L 87/00 – REP, juris Rn. 24. Danach kommt es nur darauf an, ob die Verfassungsschutzbehörde hinreichende Anhaltspunkte nachgewiesen hat. Dem ist aber entgegenzuhalten: Was „hinreichend" ist oder was für die Partei untypische „Ausreißer" sind, läßt sich nur beurteilen, wenn man nicht ausschließlich die problematischen Äußerungen betrachtet.

### *c) Notwendigkeit einer Strukturierung der Gesamtschau*

Die Beurteilung, ob die tatsächlichen Anhaltspunkte quantitativ und qualitativ hinreichend sind, um eine Beobachtung zu rechtfertigen, ist nur möglich auf der Basis

- einer auf alle relevanten tatsächlichen Umstände bezogenen Ermittlung,
- der Berücksichtigung aller relevanten Umstände in der Gesamtschau
- und einer strukturierten Aufgliederung dieser Umstände sowie einer strukturierten Gegenüberstellung der Anhaltspunkte und der gegenläufigen tatsächlichen Umstände.

Ohne Anspruch auf Vollständigkeit zu erheben, meine ich, daß jedenfalls folgende Gesichtspunkte zu einer strukturierten Gesamtschau gehören:

- Äußerungen und andere verfassungsschutzrechtlich relevante Verhaltensweisen sind zunächst danach zu sortieren, ob sie je für sich Anhaltspunkte für verfassungsfeindliche Bestrebungen der betreffenden Organisation sind, oder ob sie allenfalls zusammen mit anderen verfassungsschutzrechtlich relevanten Verhaltensweisen als Anhaltspunkte für verfassungsfeindliche Bestrebungen gewertet werden können. Im ersten Fall gehen sie ohne weiteres in die Gesamtschau ein. Im zweiten Fall muß zunächst geprüft werden, ob die Äußerungen oder anderen Verhaltensweisen, die für sich genommen keine Anhaltspunkte im Sinne von § 4 Abs. 1 Satz 3 BVerfSchG sind, sondern vorläufig lediglich als „Verdachtssplitter" festgehalten werden, in ihrer Gesamtheit als Anhaltspunkt herangezogen werden können.
- Dies gilt insbesondere für Äußerungen, die nicht den Willen zur Beseitigung eines Verfassungsprinzips zum Ausdruck bringen, sondern lediglich ihrem Inhalt nach mit einem Schutzgut der freiheitlichen demokratischen Grundordnung unvereinbar sind. Solche Äußerungen dürfen ja nicht ohne weiteres als Anhaltspunkte gewertet werden (s. o. III.2.[4]). Sie müssen im ersten Schritt – bezogen auf jedes Schutzgut beziehungsweise auf jeden konkreten Teilaspekt eines Schutzguts (beispielsweise auf die Chancengleichheit der politischen Parteien als Teilaspekt des Demokratieprinzips) und auf jede Person, die solche Äußerungen gemacht hat – quantifiziert werden. Im nächsten Schritt ist wertend festzustellen, ob diese Äußerungen in ihrer Gesamtheit als Ausdruck des Willens zu verstehen sind, das betreffende Verfassungsprinzip zu beseitigen. Nur wenn dies bejaht werden kann, liegt ein Anhaltspunkt vor, der in die Gesamtschau eingeht. – Wenn nicht eine Vielzahl von Äußerungen einer einzelnen Person, sondern eine Vielzahl ähnlicher Äußerungen verschiedener Personen in Betracht gezogen wird, kann daraus in der Gesamtbetrachtung nur ein Anhaltspunkt werden, wenn aus ihnen ein gleichgerichteter Veränderungswille erkennbar wird. Dies wird nur bei Vorliegen besonderer Umstände (etwa sehr große Zahl gleichgerichteter und/oder sehr aggressiver Äußerungen) der Fall sein.

- Falls Kontakte zu extremistischen Organisationen oder „Vorlauf“ in extremistischen Organisationen in die Gesamtschau eingehen sollen, müssen die betreffenden Informationen ebenfalls quantitativ und qualitativ vorstrukturiert werden [dazu s. o. III.2.g) und h)].
- Die vorhandenen Anhaltspunkte müssen – separat für jedes Schutzgut der freiheitlichen demokratischen Grundordnung beziehungsweise für jeden Teilaspekt des jeweiligen Schutzguts – quantitativ und qualitativ gegliedert werden, etwa nach folgenden Gesichtspunkten:
  - Beschlüsse und Programme der Organisation;
  - Bei Äußerungen und anderen Verhaltensweisen einzelner Personen: Aufgliederung nach Funktionären und Mitgliedern; bei Funktionären Aufgliederung nach Organisationsebenen (weil Äußerungen von Funktionären größeres Gewicht haben als Äußerungen von Mitgliedern und Äußerungen von Funktionären höherer Organisationsebenen mehr Gewicht haben als Äußerungen auf unteren Ebenen);
  - Unterscheidung ob bei den einzelnen Personen vereinzelte Äußerungen vorliegen oder ständige Wiederholungen;
  - Quantifizierung der Äußerungen und In-Beziehung-Setzung zur jeweiligen Gesamtheit (Beispiel: 10 von 100 Mitgliedern einer Organisation oder 10 von 50.000 Mitgliedern einer Organisation haben verfassungsfeindliche Äußerungen gemacht).
- Gegenläufige, das heißt für eine verfassungskonforme Ausrichtung der betreffenden Organisation sprechende Äußerungen und sonstige Verhaltensweisen müssen in die Gesamtschau einbezogen werden. In Betracht kommen insbesondere
  - Bekenntnisse zur freiheitlichen demokratischen Grundordnung und Verteidigung der freiheitlichen demokratischen Grundordnung gegen verfassungsfeindliches Verhalten Dritter (Dabei sind zu unterscheiden abstrakte Bekenntnisse zur freiheitlichen demokratischen Grundordnung und konkrete Äußerungen zu einzelnen Elementen der freiheitlichen demokratischen Grundordnung, beispielsweise zur Unabhängigkeit der Gerichte. Ein Gesichtspunkt zur Unterscheidung ernsthafter Bejahung der Prinzipien der freiheitlichen demokratischen Grundordnung von bloßen Lippenbekenntnissen kann dabei sein, ob jeweils eine Begründung für die Bejahung abgegeben wird und wie diese lautet.);
  - Widerspruch zu verfassungsfeindlichen Äußerungen von Mitgliedern der eigenen Organisation;
  - Distanzierung von verfassungsfeindlichen Äußerungen durch den Vorstand der Organisation;

- Abmahnungen, Parteiausschlußverfahren oder andere Ordnungsmaßnahmen gegen Mitglieder, die sich verfassungsschutzrechtlich relevant geäußert haben;
- Unvereinbarkeitsbeschlüsse bezüglich der Mitgliedschaft in extremistischen Organisationen; praktischer Vollzug dieser Beschlüsse.

- Erst nach vollständiger Erfassung und Strukturierung der relevanten Umstände kann eine Gesamtbewertung erfolgen, bei der die belastenden und entlastenden Umstände abzuwägen sind.

Eine derartige Strukturierung der Gesamtschau findet, soweit für mich erkennbar, in der Praxis bisher nicht statt. Wenn die Verfassungsschutzbehörde nach Darlegung der von ihr als verfassungsfeindlich angesehenen Äußerungen und anderen Verhaltensweisen einfach behauptet, die tatsächlichen Anhaltspunkte rechtfertigten in der Gesamtschau die Einstufung der Organisation als Beobachtungsobjekt[113], dann ist nicht nachvollziehbar, wie sie zu dieser Behauptung kommt. Wenn eine Gesamtschau nicht strukturiert ist, sondern nur pauschal und intuitiv mit Blick auf die Gesamtheit der als relevant angesehenen Verhaltensweisen die Erfüllung der Tatbestandsvoraussetzungen von § 4 Abs. 1 Satz 3 BVerfSchG bejaht, ist das Ergebnis nicht juristisch begründet. Und wenn entlastende Umstände nicht ermittelt oder jedenfalls nicht in die Gesamtschau einbezogen werden, ist diese von vornherein rechtswidrig.

### *d) Hinreichend gewichtiger Verdacht*

Voraussetzung für die Beobachtung einer Organisation ist nicht, daß ihre verfassungsfeindliche Zielsetzung erwiesen ist. Ein durch tatsächliche Anhaltspunkte in ausreicher Zahl und von ausreichendem Gewicht begründeter Verdacht reicht aus. Zweck der Beobachtung ist es ja aufzuklären, ob dieser Verdacht zutrifft.

Das BfV meint nun, der Grad der Wahrscheinlichkeit, daß die Organisation verfassungsfeindliche Bestrebungen verfolgt, sei bei der Bestimmung der Schwelle, ab der beobachtet werden darf, niedrig anzusetzen[114]. Das halte ich so nicht für ganz richtig. Richtig ist, daß die Verfassungsschutzbehörden „schon im Vorfeld einer polizeilich relevanten, konkreten Gefahr oder eines strafprozessualen Anfangsverdachts" tätig werden dürfen. Dies bedeutet, daß die Wahrscheinlichkeit, daß die betreffende Organisation tatsächlich ein Schutzgut der freiheitlichen demokratischen Grundordnung beseitigt oder beschädigt, sehr gering sein kann. Die Beobachtung darf auch dann stattfinden, wenn die Organisation weit davon entfernt ist, die freiheitliche demokratische Grundordnung zu gefährden, weil sie einerseits gewaltfrei arbeitet und andererseits in absehbarer Zeit keine Chance hat, Parlamentsmehrheiten und Regierungsmacht zu gewinnen, um ihre Ziele durchzusetzen.

---

[113] So z. B. *BfV* (Fn. 63), C.III.9.

[114] *BfV* (Fn. 63), B.II.3.3.

Diese auf die Gefährdung der verfassungsschutzrechtlichen Schutzgüter bezogene Wahrscheinlichkeit ist aber etwas ganz anderes als die Wahrscheinlichkeit, die sich auf die Frage bezieht, ob die Organisation tatsächlich verfassungsfeindliche Ziele verfolgt. Soweit es um *diese* Wahrscheinlichkeit geht, darf die Schwelle der Beobachtungsvoraussetzungen nicht so niedrig angesetzt werden, wie das BfV dies offenbar tun will. Die systematische Beobachtung durch den Verfassungsschutz ist ein sehr schwerwiegender Eingriff in die verfassungsmäßigen Rechte einer Organisation, insbesondere einer politischen Partei. Das muß bei der Konkretisierung der Beobachtungsschwelle berücksichtigt werden. Der Schutz der Verfassung im Vorfeld konkreter Gefahren rechtfertigt Eingriffe in die Rechte politischer Parteien noch nicht bei jedem Verdacht, für den nur eine sehr geringe Wahrscheinlichkeit spricht.

### 4. Vorprüfung der Beobachtungsvoraussetzungen – der „Prüffall“

Bevor die Verfassungsschutzbehörde entscheidet, eine Organisation zu beobachten (sie zum Beobachtungsobjekt zu machen), muß sie Erkenntnisse darüber gewinnen, ob hinreichende tatsächliche Anhaltspunkte für verfassungsfeindliche Bestrebungen vorliegen. Hierzu ist eine Vorprüfung erforderlich. Im Bundesverfassungsschutzgesetz und in den meisten Landesverfassungsschutzgesetzen ist die Vorprüfung nicht geregelt. Daß sie erlaubt ist und daß zu diesem Zweck Informationen gesammelt werden dürfen, ergibt sich daraus, daß sie denknotwendige Voraussetzung für die Entscheidung über die Beobachtung ist.

In vier Bundesländern gibt es eine explizite Regelung der Vorprüfung. Im Thüringischen Verfassungsschutzgesetz (§ 4 Abs. 1 Satz 5) heißt es: „Zur Prüfung, ob tatsächliche Anhaltspunkte vorliegen, darf das Amt für Verfassungsschutz aus allgemein zugänglichen Quellen Informationen einschließlich personenbezogener Daten erheben.“ Ähnliche Vorschriften gelten in Hessen (§ 4 Abs. 2 HessVSG) und in Berlin (§ 7 Abs. 2 VSG Bln). Diese Gesetze ermächtigen also zur Informationserhebung aus allgemein zugänglichen Quellen – ohne Einsatz nachrichtendienstlicher Mittel – zum Zwecke der Vorprüfung, ohne die Voraussetzungen näher zu normieren.

Dies tut das niedersächsische Verfassungsschutzgesetz, indem es in § 8 Abs. 1 bestimmt, wo die Prüfphase als „Verdachtsgewinnungsphase“ bezeichnet wird:

> „In einer Verdachtsgewinnungsphase wird geprüft, ob die Voraussetzung des § 7 Abs. 1 Satz 2 [hinreichende tatsächliche Anhaltspunkte für den Verdacht einer verfassungsfeindlichen Bestrebung, D.M.] erfüllt ist. Voraussetzung für den Beginn der Verdachtsgewinnungsphase sind tatsächliche Anhaltspunkte, die, insgesamt betrachtet und unter Einbeziehung nachrichtendienstlicher Erfahrungen aus vergleichbaren Fällen, den Anfangsverdacht einer Bestrebung […] begründen.“[115]

---

[115] § 8 Abs. 2 NVerfSchG begrenzt die Verdachtsgewinnungsphase auf 1 Jahr. Eine entsprechende Regelung gibt es in anderen Bundesländern nicht.

Die in Satz 2 des zitierten Absatzes formulierte Voraussetzung dürfte der Sache nach auch für den Bund und für die übrigen Bundesländer gelten, wo es an einer ausdrücklichen Regelung fehlt.

## IV. Zeitliche Grenzen der Beobachtung

Eine Organisation, die nachweislich verfassungsfeindliche Bestrebungen verfolgt, darf zeitlich uneingeschränkt beobachtet werden, solange sie ihre verfassungsfeindliche Zielsetzung nicht aufgibt. Wird aber eine Organisation aufgrund tatsächlicher Anhaltspunkte für verfassungsfeindliche Bestrebungen als Verdachtsfall beobachtet, ist eine zeitlich unbegrenzte Beobachtung mit dem Verhältnismäßigkeitsgrundsatz unvereinbar. Der Verfassungsschutz muß sich innerhalb angemessener Zeit Klarheit darüber verschaffen, ob das Beobachtungsobjekt verfassungsfeindliche Bestrebungen verfolgt oder nicht. Wenn es in angemessener Zeit nicht gelingt, den Nachweis verfassungsfeindlicher Bestrebungen zu führen, muß die Beobachtung eingestellt werden. Die Verfassungsschutzbehörde muß sich also nach einiger Zeit entscheiden, ob die Anhaltspunkte sich so verdichtet haben, daß sie das Beobachtungsobjekt vom Verdachtsfall zum Fall erwiesener Verfassungsfeindlichkeit hochstufen kann, oder ob sie die Beobachtung beendet. Entsprechendes gilt für die Prüfphase (oben III.4.); auch sie muß beendet werden, wenn innerhalb angemessener Zeit nicht hinreichende Anhaltspunkte festgestellt worden sind, die es erlauben, den Prüffall zum Verdachtsfall hochzustufen[116].

In Niedersachsen ist die Verdachtsphase auf zwei Jahre begrenzt und kann einmalig um maximal zwei Jahre verlängert werden, § 7 Abs. 2 Sätze 2 und 3 NVerfSchG. Die Prüfphase ist in Niedersachsen auf ein Jahr begrenzt, § 8 Abs. 2 Satz 1 NVerfSchG[117]. Wo eine gesetzliche Regelung fehlt, muß die Angemessenheit der Beobachtungsdauer unter Berücksichtigung aller relevanten Umstände fallbezogen konkretisiert werden. Das Bundesverwaltungsgericht hat gesagt, eine Dauerbeobachtung sei mit dem Verhältnismäßigkeitsgrundsatz nicht mehr vereinbar, wenn sich nach umfassender Aufklärung durch eine mehrjährige Beobachtung der Verdacht verfassungsfeindlicher Bestrebungen nicht bestätigt hat und die für die Beobachtung maßgeblichen tatsächlichen Umstände im wesentlichen unverändert geblieben sind[118].

---

[116] Vgl. *Warg* (Fn. 33), Rn. 19a.

[117] Vgl. auch § 7 Abs. 2 Sätze 3 und 4 VSG Bln.

[118] *BVerwG*, Urt. v. 21.7.2010 – 6 C 22/09 = BVerwGE 137, 275 (Rn. 85) – Ramelow; *BVerwG*, Urt. v. 7.12.1999 – 1 C 30.97 – REP Nds, juris Rn. 34 = BVerwGE 110, 126 (137 f.) = NJW 2000, 824 (827).

# C. Der Verfassungsschutzbericht als Instrument der Extremismusbekämpfung – rechtliche Voraussetzungen und Grenzen

## I. Verfassungsschutz im materiellen Sinne und Verfassungsschutzberichte

### 1. Schutz der Verfassung als Aufgabe

Die Verfassung eines freiheitlichen Gemeinwesens ist ständig Gefährdungen ausgesetzt. Gewaltbereite Revolutionäre, politische Extremisten, die die Gesetze missachten, vor allem aber Feinde der freiheitlichen Demokratie, die auf legalem Wege die Macht gewinnen wollen, um dann die freiheitliche Ordnung zu beseitigen oder an der Macht festzuhalten, auch wenn sie sich nicht mehr auf eine Mehrheit stützen können – das sind einige Typen möglicher Gefährdungen der Verfassung. Die Verfassung muß gegen solche Gefährdungen geschützt werden. Das ist eine notwendige, ständige Aufgabe. Diese Aufgabe können wir als Verfassungsschutz im materiellen Sinne bezeichnen[119].

Die Verfassung der Bundesrepublik Deutschland ist das Grundgesetz. Dieses kann freilich – mit den nötigen qualifizierten Mehrheiten in Bundestag und Bundesrat – geändert werden, und es kann nicht Aufgabe des Verfassungsschutzes sein, vor demokratisch legitimierten Änderungen des Grundgesetzes zu schützen. Der Verfassungsschutz im materiellen Sinne kann sich nur auf die fundamentalen Prinzipien der Verfassung beziehen, die ihre Identität ausmachen und die jeder Verfassungsänderung entzogen sind (Art. 79 Abs. 3 GG). Der Begriff der freiheitlichen demokratischen Grundordnung, den das Grundgesetz als Tatbestandsvoraussetzung für Partei- und Vereinsverbote verwendet und der zugleich das wichtigste Schutzgut der Verfassungsschutzbehörden beschreibt, wird vom Bundesverfassungsgericht sogar noch enger verstanden. Er umfaßt nicht sämtliche unabänderlichen Verfassungsprinzipien, sondern nur diejenigen, die für eine freiheitliche Demokratie unerläßlich sind, nämlich das Demokratieprinzip, das Rechtsstaatsprinzip und die Menschenwürdegarantie[120]. Es geht also nicht darum, alle Einzelheiten des bestehenden Verfassungssystems, so wie es jetzt ist, auf ewig zu bewahren und gegen auf Reformen drängende Kräfte zu verteidigen, sondern es geht allein darum, die-

---

[119] Verfassungsschutzrechtliche Schutzgüter sind neben der freiheitlichen demokratischen Grundordnung auch Bestand und Sicherheit des Bundes und der Länder (vgl. Art. 73 Nr. 10 b GG; Art. 21 Abs. 2 GG; § 3 Abs. 1 BVerfSchG); auf letztere wird hier nicht näher eingegangen.

[120] Dazu näher oben B.II.2.

jenigen fundamentalen Grundsätze zu schützen, ohne die die Verfassungsordnung nicht mehr freiheitlich wäre und ohne die die staatliche Herrschaft nicht mehr demokratisch legitimiert wäre.

Die freiheitliche demokratische Grundordnung ist der Zentralbegriff des Verfassungsschutzrechts[121]. Wer sich gegen mindestens einen der fundamentalen Grundsätze der freiheitlichen demokratischen Grundordnung wendet und ihn zu beseitigen strebt, kann als „Verfassungsfeind" bezeichnet werden. Eine Partei, die solche Ziele verfolgt, kann verboten werden, wenn sie eine „aktiv kämpferische, aggressive Haltung" gegenüber der freiheitlichen demokratischen Grundordnung einnimmt[122] und planvoll „im Sinne qualifizierter Vorbereitung" auf die Beeinträchtigung oder Beseitigung der freiheitlichen demokratischen Grundordnung ausgeht[123].

Die materielle Aufgabe, die Verfassung zu schützen, kann mit vielfältigen Mitteln wahrgenommen werden, mit strafrechtlichen Sanktionen beispielsweise, mit nachrichtendienstlichen Mitteln, wie sie die Verfassungsschutzbehörden – der Verfassungsschutz im organisatorischen Sinne – einsetzen, mit polizeilichen Mitteln gegenüber Gewalttätern oder mit administrativen Maßnahmen wie Vereinsverboten, nicht zuletzt durch Pflege des Verfassungsbewußtseins der Bürger. Die Einwirkung auf die Bewußtseinsbildung als Mittel des Verfassungsschutzes im materiellen Sinne kann positiv sein (Stärkung des Verfassungsbewußtseins) oder negativ (Bewußtmachung dessen, was mit der Verfassung unvereinbar ist).

### 2. „Positiver Verfassungsschutz" durch Erziehung und Vorbild

Das wichtigste Instrument des Verfassungsschutzes ist die Einwirkung auf die Bewußtseinsbildung: durch staatsbürgerlichen Unterricht, durch Öffentlichkeitsarbeit, durch alles, was dazu dient, ein positives Verfassungsbewußtsein zu wecken und wachzuhalten[124]. Verfassungsfeinde werden dann keine Chance haben, wenn die große Mehrheit des Volkes innerlich überzeugt ist, daß die freiheitliche und demokratische Ordnung eine Verfassungsordnung ist, die es wert ist, mit vollem Einsatz geschützt und bewahrt zu werden, weil es eine prinzipiell bessere Ordnung nicht gibt[125]. Und umgekehrt gilt: Wenn bei den Staatsbürgern die Überzeugung von

[121] Neben Art. 21 Abs. 2 und Art. 18 GG vgl. z. B. §§ 3 Abs. 1 Nr. 1; 4 Abs. 1 lit. c) BVerfSchG.

[122] *BVerfGE* 5, 85 (141) – KPD.

[123] *BVerfG*, Urt. v. 17.1.2017 – 2 BvB 1/13 = BVerfGE 144, 20 (Rn. 575 ff.) – NPD.

[124] Vgl. *Dietrich Murswiek*, Verfassungsfragen der staatlichen Selbstdarstellung. Anmerkungen zur Staatspflege und zur staatlichen Selbstdarstellung im demokratischen Verfassungsstaat, in: FS Quaritsch, 2000, S. 307 (315 ff.).

[125] Vgl. z. B. *Ulrich Scheuner*, Der Verfassungsschutz im Bonner Grundgesetz, in: Festgabe für Erich Kaufmann, 1950, S. 313 (330); *Simon*, Sondervotum zu *BVerfGE* 63, 266 (310); *Josef Isensee*, Verfassungsgarantie ethischer Grundwerte und gesellschaftlicher Konsens, NJW 1977, S. 545 (550).

der Legitimität der bestehenden Verfassungsordnung zerbröselt, werden auf Dauer Sanktionen und Polizeimaßnahmen die Verfassung nicht retten können. Es ist daher Aufgabe aller Staatsorgane, im Rahmen ihrer Kompetenzen, vor allem durch vorbildliche Aufgabenwahrnehmung, alles zu tun, was den Grundkonsens über die Fundamentalprinzipien der Verfassung aufrechterhält und stärkt. Dieser „positive Verfassungsschutz“[126] darf nicht erst dann einsetzen, wenn die Verfassungsordnung durch bestimmte Organisationen bereits konkret gefährdet wird. Dann könnte es bereits zu spät sein. Die Aufrechterhaltung des Verfassungsbewußtseins ist vielmehr eine ständige Aufgabe[127] und Voraussetzung dafür, daß in Krisenzeiten konkreten Gefahren wirksam begegnet werden kann[128].

### 3. „Negativer Verfassungsschutz“ durch Öffentlichkeitsarbeit

Ein spezifisches Mittel dazu, am Verfassungsgrundkonsens zu arbeiten, ist auch der Verfassungsschutzbericht. Verfassungsschutzberichte sind zu unterscheiden von Berichten über die Tätigkeit der Verfassungsschutzbehörde und über ihre dabei gewonnenen Erkenntnisse, wie sie die Verfassungsschutzbehörde gegenüber dem Innenministerium abgibt (Tätigkeitsberichte, vgl. § 16 Abs. 1 BVerfSchG a.F. oder z.B. § 3 Abs. 2 VSG NRW[129]). Verfassungsschutzberichte werden zwar auf der Basis der von der Verfassungsschutzbehörde gewonnenen Erkenntnisse angefertigt[130], dienen aber der Aufklärung der Öffentlichkeit über verfassungsfeindliche, d.h. gegen die freiheitliche demokratische Grundordnung gerichtete Bestrebungen[131].

---

[126] Früher auch „konstruktiver“, „pädagogischer“ oder „erzieherischer“ Verfassungsschutz genannt, vgl. z.B. *Scheuner* (Fn. 125), S. 326, 330; *Ulrich Scheuner*, Aufgaben und Probleme des Verfassungsschutzes, in: Hess. Hochschulwochen Bd. 31 (1961), S. 21 (34); *H. Joachim Schwagerl*, Verfassungsschutz in der Bundesrepublik Deutschland, 1985, S. 29.

[127] Vgl. z.B. *BVerfGE* 44, 125 (147); 63, 230 (242f.).

[128] Zum Zusammenhang von Verfassungsschutz und Verfassungspflege vgl. auch *Hans Hugo Klein*, Verfassungstreue und Schutz der Verfassung, VVDStRL 37 (1979), S. 53 (104ff.).

[129] Zur Unterscheidung von Tätigkeitsberichten und Ergebnisberichten vgl. *OVG Berlin-Brandenburg*, Urt. v. 6.4.2006 – 3 B 3.99 – NVwZ 2006, 838 = juris Rn. 41.

[130] Veröffentlicht werden sie entweder von der jeweiligen Verfassungsschutzbehörde (z.B. in Berlin, § 26 VSG Bln, in Brandenburg, § 5 BbgVSG oder in Hamburg, § 4 Abs. 1 S. 2, 4 HbgVSG) oder vom jeweiligen Innenministerium (z.B. im Bund, § 16 Abs. 2 S. 1 BVerfSchG, in Bayern, Art. 26 Abs. 2 BayVSG oder in Bremen, § 4 Abs. 1 S. 1 BremVSG), sofern nicht sowohl das Innenministerium als auch die Verfassungsschutzbehörde zuständig ist (so in Baden-Württemberg, § 12 S. 1 LVSG BW).

[131] § 16 Abs. 2 Satz 1 BVerfSchG. Darüber hinaus ist über die sonstigen in § 3 Abs. 1 BVerfSchG genannten Bestrebungen und Tätigkeiten zu berichten; auf diese wird – weil praktisch weniger bedeutsam und rechtlich weniger problematisch – hier nicht näher eingegangen. – Zum Verfassungsschutz durch Aufklärung der Öffentlichkeit vgl. z.B. VSB 2017, S. 19; VSB 2002, S. 20; VSB BW 2002, S. 14.

Mit dieser Zwecksetzung sind die Verfassungsschutzberichte dem „Verfassungsschutz durch Aufklärung"[132] bzw. „durch Öffentlichkeitsarbeit" zuzurechnen. Auch sie sollen dazu beitragen, das Verfassungsbewußtsein des Volkes, den Grundkonsens über die Grundlagen des Gemeinwesens zu festigen. Dies geschieht hier nicht durch positive Vergewisserung der zu bewahrenden Verfassungsgrundsätze, sondern sozusagen „ex negativo", nämlich durch Verdeutlichung dessen, was jenseits der Grenzen der freiheitlichen demokratischen Grundordnung liegt, was also verfassungsfeindlich oder – wie es in der Sprache der Verfassungsschutzberichte heißt – „extremistisch" ist. Dies ist ein durchaus sinnvoller Ansatz der Öffentlichkeitsarbeit. Denn der anzustrebende Grundkonsens läßt sich sowohl positiv als auch negativ definieren, einerseits durch Darstellung der Grundlagen der Verfassungsordnung, andererseits durch Darstellung dessen, was mit diesen Grundlagen unvereinbar ist. Einerseits läßt er sich festigen durch positive Überzeugungsarbeit hinsichtlich der Verfassungsgrundlagen, andererseits durch geistig-politische Auseinandersetzung[133] mit den Gegnern der Verfassung. Beide Ansätze der Öffentlichkeitsarbeit sollten sich sinnvollerweise ergänzen.

Der Verfassungsschutzbericht leistet diesen negativ-abgrenzenden Beitrag zur Bewußtseinsbildung nun nicht auf einer abstrakten Ebene, sondern dadurch, daß er über diejenigen konkreten politischen Bestrebungen berichtet, die aktuell sich mit ihrer Politik gegen die freiheitliche demokratische Grundordnung richten. Indem die Ziele, die Programmatik, die Tätigkeiten der betreffenden Organisationen dargestellt werden, wird die Öffentlichkeit nicht nur über die sich in Mitgliederzahl, Wahlerfolgen, Finanzkraft, Resonanz in der Bevölkerung usw. ausdrückende Gefährlichkeit solcher Gruppen unterrichtet, sondern vor allem über ihre politischen Programme und Ziele. Indem der Verfassungsschutzbericht diese Ziele darlegt, legt er zugleich dar, welche Ziele mit der freiheitlichen demokratischen Grundordnung unvereinbar sind und trägt auf diese Weise dazu bei, einen Grundkonsens darüber zu bilden, daß diese Ziele zu mißbilligen sind.

## II. Der Verfassungsschutzbericht als Kampfinstrument

### 1. Bekämpfung von Extremisten durch Information

Staatsbürgerliche Bewußtseinsbildung ist aber nicht die einzige Funktion des Verfassungsschutzberichts. Er ist zugleich ein äußerst wirksames Kampfinstrument.

---

[132] Die Verfassungsschutzbehörden verwenden diesen Begriff seit dem Beschluß der Innenministerkonferenz vom 9.12.1974, vgl. *Schwagerl* (Fn. 126), S. 243; zur Entwicklung dieser Konzeption eingehend *Klaus Riekenbrauk*, Die Verfassungsfeind-Bestimmungen in den veröffentlichten Verfassungsschutzberichten des Bundes und der Länder, Jur. Diss. Münster 1986, S. 76–116.

[133] Zu diesem Konzept *Christiane Hubo*, Verfassungsschutz des Staates durch geistig-politische Auseinandersetzung, 1998, S. 41 ff. m.w.N.

Er dient der Bekämpfung der von der Verfassungsschutzbehörde als Verfassungsfeinde identifizierten Organisationen, über die er berichtet[134]. Indem die im Verfassungsschutzbericht erwähnten Organisationen und Personen als „Extremisten“ ausgewiesen werden, werden sie von Amts wegen zu Verfassungsfeinden erklärt[135]. Das ist mehr als die Information der Öffentlichkeit darüber, daß die betreffenden Organisationen nach den Feststellungen und Wertungen der Verfassungsschutzbehörde verfassungsfeindliche Ziele verfolgen. Es ist eine Kampfansage des Staates: Der Staat betrachtet die von ihm als Extremisten eingestuften Organisationen als seine Feinde. Soweit sie gegen Gesetze verstoßen, werden sie mit den Mitteln des Strafrechts und des Polizeirechts bekämpft. Soweit sie sich legal verhalten, werden sie ebenfalls nicht in Ruhe gelassen, sondern politisch bekämpft. Die Feinderklärung im Verfassungsschutzbericht durch Einstufung als „extremistisch“ ist der erste und entscheidende Schritt dieses Kampfes[136].

Das wird so klar in den Verfassungsschutzberichten nicht gesagt, schon gar nicht in den Verfassungsschutzgesetzen. Diese ermächtigen zur „Information“ beziehungsweise zur „Aufklärung der Öffentlichkeit“ über verfassungsschutzrelevante Bestrebungen und Tätigkeiten[137], nicht ausdrücklich jedoch zu Bekämpfungsmaßnahmen. Aber die „Information“ beziehungsweise „Aufklärung“ ist bereits Bekämpfung. Der Begriff des Feindes wird in den meisten Verfassungsschutzberichten nicht oder nur am Rande verwendet, selbst der Begriff des Verfassungsfeindes oder der Verfassungsfeindlichkeit wird in manchen Verfassungsschutzberichten vermieden und durch den wenig konturierten Begriff des Extremismus ersetzt[138]. An der Sache ändert sich dadurch nichts: Mit der Einstufung einer Organisation als „extremistisch“ im Verfassungsschutzbericht wird diese Organisation zum Feind der Verfassung erklärt[139]. Mit einem Feind diskutiert man nicht; man bekämpft ihn. Dies

---

[134] Ebenso z.B. *Lars Oliver Michaelis*, Politische Parteien unter der Beobachtung des Verfassungsschutzes, 2000, S. 187; *Walter Wiese*, Rechtsschutz gegenüber der Abstemplung als verfassungsfeindlich?, DVBl. 1976, S. 318 (320); *Eckhard Jesse*, Amtstexte als Zeichen des politischen Wandels, FAZ v. 9.4.1977, S. 13; vgl. bereits *Dietrich Murswiek*, Der Verfassungsschutzbericht – das scharfe Schwert der streitbaren Demokratie, NVwZ 2004, S. 769 ff., insb. S. 771 ff.

[135] Ebenso z.B. *Riekenbrauk* (Fn. 132), S. 157, 233 u. pass.; *Karsten Brandt*, Öffentlichkeitsarbeit durch Nachrichtendienste, in: Jan-Hendrik Dietrich/Sven-R. Eiffler, Handbuch des Rechts der Nachrichtendienste, 2017, Kap. VIII § 2 Rn. 10; *Christoph Gusy*, Anm. zu BVerwG, Urt. v. 26.6.2013, NVwZ 2014, S. 236 (237); vgl. auch *Jürgen Seifert*, Vereinigungsfreiheit und hoheitliche Verrufserklärungen, in: Joachim Perels (Hg.), Grundrechte als Fundament der Demokratie, 1979, S. 157 (170 f.); *Michaelis* (Fn. 134), S. 126, 194 f.

[136] *Murswiek* (Fn. 134), S. 771.

[137] Z.B. § 16 BVerfSchG, § 3 Abs. 3 VSG NRW.

[138] Das hängt vielleicht auch damit zusammen, daß man begriffliche Anklänge an ein „Freund-Feind-Denken“ vermeiden möchte, das man für extremistisch hält, vgl. VSB NW 1996, S. 41. Man meidet also den verpönten Begriff und tut genau das, was dieser Begriff ausdrückt.

[139] Ausdrücklich z. B. der nordrhein-westfälische Innenminister *Fritz Behrens*, in: VSB NW 2000, S. 1: Die Informationen des Verfassungsschutzes seien nötig, um im Interesse einer

ist nicht nur die faktische Wirkung der Erwähnung einer Organisation im Verfassungsschutzbericht; es ist ihre beabsichtigte Funktion. Der Verfassungsschutzbericht verbindet – ausdrücklich oder unausgesprochen – mit der Erwähnung von Personen und Organisationen als „extremistisch“ die Aufforderung[140] und Warnung[141] an die gesamte Bevölkerung: Laßt euch nicht mit diesen Feinden des Grundgesetzes ein! Wählt sie nicht! Unterstützt sie nicht! Lest ihre Schriften nicht![142]

Soweit das im Verfassungsschutzbericht nicht ausdrücklich formuliert wird, ergibt es sich aus seiner Funktion: Er berichtet ja seiner gesetzlichen Aufgabe gemäß über Verfassungsfeinde, nämlich über Organisationen, die sich ihrer Zielsetzung nach gegen die freiheitliche demokratische Grundordnung wenden und damit den unerläßlichen Grundkonsens verlassen, auf dem das Gemeinwesen beruht. Wer sich gegen diejenigen fundamentalen Verfassungsgrundsätze wendet, die dem politischen Streit entzogen sein sollen, die von keiner Mehrheit angetastet werden dürfen und die zu bekämpfen zum Verbot der betreffenden Organisation, sogar zur Aberkennung von Grundrechten der betreffenden Individuen führen kann (GG Art. 21 Abs. 2, 9

wehrhaften Demokratie angemessen und rechtzeitig auf verfassungsfeindliche Bestrebungen reagieren zu können. Entscheidend sei, daß durch die Aufklärungsarbeit der Verfassungsschutzbehörden die geistig-politische Auseinandersetzung mit den Feinden der Demokratie ermöglicht werde. „Denn nur dann, wenn die Bürgerinnen und Bürger erkennen, *wo die Feinde stehen* [Hervorhebung vom Verf.], wird unsere Demokratie weiter stabil bleiben.“ Ähnlich der baden-württembergische Innenminister *Thomas Schäuble*, in: VSB BW 2001, S. 2. – Kritisch gegen amtliche Feind-Erklärungen z. B. *Christoph Gusy*, Die „freiheitliche demokratische Grundordnung“ in der Rechtsprechung des Bundesverfassungsgerichts, AöR 105 (1980), S. 279 (302 ff.); *Ulrich K. Preuß*, in: AK-GG I, 2. Aufl. 1989, Art. 21 Abs. 1, 3 Rn. 38; *Helmut Ridder*, in: AK-GG I, 2. Aufl. 1989, Art. 21 Abs. 2 Rn. 43 ff.

[140] In den Vorworten vieler Verfassungsschutzberichte fordern die für den Verfassungsschutz zuständigen Innenminister die Bürger auf, den Schutz der Verfassung als ihre eigene Aufgabe zu begreifen und extremistischen Kräften aktiv entgegenzutreten, vgl. z. B. VSB 1997, S. 3; VSB 1998, S. 4; VSB 1999, S. 3; VSB 2000, S. 4; VSB 2001, S. 4; VSB 2002, S. 4; VSB BW 2001, S. 2; VSB Hbg 2002, S. 4.

[141] Ausdrückliche amtliche Bekenntnisse zur Warnfunktion z. B. in: *Innenministerium des Landes Nordrhein-Westfalen* (Hg.), 50 Jahre Verfassungsschutz und politischer Extremismus in Nordrhein-Westfalen, 1999, S. 56; VSB Hbg 2002, S. 13; VSB RP 2002, S. 2; VSB Sachsen 2002, S. 1. Die Warnfunktion betonen auch z. B. *OVG Berlin-Brandenburg*, Urt. v. 6. 4. 2006 – 3 B 3.99 – REP, NVwZ 2006, 838 = juris Rn. 44; *BayVGH*, Urt. v. 22. 10. 2015 – 10 B 15.1320 – juris Rn. 29; *VG München*, Urt. v. 16. 10. 2014 – M 22 K 14.1743 – juris Rn. 58; *VG München*, 9. 7. 1980, BayVBl. 1980, 696 (697), und *VG Düsseldorf*, Urt. v. 14. 2. 1997 – 1 K 9318/96 – UA S. 19 f.; *VG Hamburg*, Urt. v. 13. 12. 2007 – 8 K 3483/06 – juris Rn. 35; vgl. auch *BVerfGE* 113, 63 (77 f.) – JF; in der Lit. z. B. *Dietrich Murswiek*, Warnungen, Wertungen, Kritik als Grundrechtseingriffe. Zur Wirtschafts- und Meinungslenkung durch staatliches Informationshandeln, DVBl. 1997, S. 1021 (1028 ff.); *Murswiek* (Fn. 134), S. 771; *Michaelis* (Fn. 134), S. 187; *Hilmar Sander*, Politische Parteien im Visier des Verfassungsschutzes, DÖV 2001, S. 328 (331); *Dietmar Peitsch*, Die Veröffentlichung personenbezogener Daten in Verfassungsschutzberichten, NVwZ 1998, S. 118 (121); *Brandt* (Fn. 135), Rn. 11.

[142] Zustimmend *OVG Berlin-Brandenburg*, Urt. v. 6. 4. 2006 – 3 B 3.99 – REP, NVwZ 2006, 838 = juris Rn. 44; *VG München*, Urt. v. 16. 10. 2014 – M 22 K 14.1743 – juris Rn. 58; *VG Hamburg*, Urt. v. 13. 12. 2007 – 8 K 3483/06 – juris Rn. 35. – Vgl. bereits *Murswiek* 1997 (Fn. 141); *Murswiek* (Fn. 134), S. 771; zustimmend *Sander* (Fn. 141); *Brandt* (Fn. 135).

Abs. 2, 18), ist nicht mehr Teilnehmer des politischen Diskurses. Wo der Boden der freiheitlichen demokratischen Grundordnung verlassen wird, endet die politische Diskussion[143].

Der Verfassungsschutzbericht grenzt also das Gelände ab, auf dem in Deutschland aus staatlicher Sicht der politische Diskurs stattfinden kann. Wer im Verfassungsschutzbericht als Extremist markiert wird, ist vom politischen Diskurs ausgeschlossen[144]. Damit ist zwar kein Verbot und keine rechtlich durchsetzbare Freiheitseinschränkung ausgesprochen. Aber der Ausschluß der im Verfassungsschutzbericht erwähnten Organisationen aus dem politischen Diskurs wird von den Verfassungsschutzbehörden erwartet[145] und von der Gesellschaft bereitwillig exekutiert.

Diese Ausschlußwirkung ergibt sich aus der Erwähnung im Verfassungsschutzbericht fast automatisch. Alle relevanten gesellschaftlichen Gruppen greifen die Einstufung im Verfassungsschutzbericht auf und ziehen ihre Konsequenzen daraus: Die Massenmedien übernehmen die Wertungen der Verfassungsschutzbehörden. Organisationen, die im Verfassungsschutzbericht als extremistisch eingestuft sind, werden auch in den Medien so bezeichnet. Ausnahmen, kritische Auseinandersetzungen mit den Wertungen der Verfassungsschutzberichte, gibt es nur äußerst selten; sie fallen praktisch nicht ins Gewicht. Die Übernahme der staatlichen Wertungen von den Medien ist nur die erste Auswirkung des Verfassungsschutzberichts, der Transport seiner Einstufungen zum breiten Publikum.

Die zweite Auswirkung ist damit unmittelbar verbunden: Wer im Verfassungsschutzbericht als „Extremist" abgestempelt ist, wird politisch und gesellschaftlich

---

143 Vgl. *Rudolf Streinz*, in: von Mangoldt/Klein/Starck II, 7. Aufl. 2018, Art. 21 Abs. 1 Rn. 115 m. Hinw. auf *BVerfGE* 2, 1 (73).

144 Ebenso *Michaelis* (Fn. 134), 196 f.; *Ulrich K. Preuß*, in: AK-GG I, 2. Aufl. 1989, Art. 21 Abs. 1, 3 Rn. 38.

145 Dazu ausführlich *Dietrich Murswiek*, Verfassungsschutz-Mitarbeit als staatsbürgerliche Obliegenheit?, in: Gilbert H. Gornig u. a. (Hrsg.), Justitia et Pax. Gedächtnisschrift für Dieter Blumenwitz, 2008, S. 901–925 = in diesem Band Annex 2, S. 142 ff. Vgl. außerdem die Nachw. in Fn. 140 und z. B. VSB NW 2002, S. 293. Dort heißt es zur Erläuterung der Aufgabe „Verfassungsschutz durch Aufklärung – Öffentlichkeitsarbeit": „Informierte, aufgeklärte und demokratische Bürgerinnen und Bürger treten für die Demokratie und gegen ihre Gegner ein [...] In diesem Sinne sind aufgeklärte Bürgerinnen und Bürger der eigentliche Verfassungsschutz." Wer sich nicht an der Ausgrenzung der Extremisten beteiligt, riskiert, selbst als Extremist im Verfassungsschutzbericht angeprangert zu werden, so beispielsweise im Falle der Veröffentlichung von Inseraten extremistischer Organisationen in einer Zeitung oder im Falle der Inserierung in einem extremistischen Publikationsorgan (vgl. z. B. VSB NW 2002, S. 117; VSB BW 2002, S. 83), im Falle der Veröffentlichung von Artikeln oder Interviews von Personen, die von der Verfassungsschutzbehörde als Extremisten angesehen werden (vgl. z. B. VSB 2002, S. 95; VSB BW 2002, S. 82) oder auch bereits im Falle der Veröffentlichung bloßer Hinweise auf Veranstaltungen, an denen ein früherer, jetzt dem Rechtsextremismus zugerechneter Bundestagsabgeordneter (Fraktion Die GRÜNEN) aktiv oder in maßgeblicher Rolle beteiligt war (VSB NW 1999, S. 123).

isoliert[146]. Das beginnt bei den Massenmedien selbst: Eine objektive Berichterstattung über im Verfassungsschutzbericht als extremistisch bezeichnete Organisationen findet nicht statt. Über Aktivitäten einer extremistischen Partei – etwa über Anträge, die von einer Landtagsfraktion im Parlament gestellt werden, oder über Beschlüsse, die von einem Parteitag gefaßt werden – wird prinzipiell nicht berichtet. Nur wenn es Negatives zu berichten gibt – innerparteilichen Zwist, Gewalttätigkeiten bei Veranstaltungen oder problematische Äußerungen einzelner Funktionsträger etwa – pflegen die Zeitungen etwas zu schreiben. Totschweigen, partiell unterbrochen durch Negativberichterstattung, ergänzt gegebenenfalls durch Kommentare, die die Politik der betreffenden Partei als völlig abwegig und inakzeptabel charakterisieren – das ist die durchgehende Verfahrensweise der Massenmedien. Und selbstverständlich werden Vertreter extremistischer Organisationen nicht zu Fernsehtalkshows eingeladen. Rundfunk, Fernsehen, Zeitungen führen keine Interviews mit ihnen[147]. Sogar der Anzeigenteil der Zeitungen steht ihnen regelmäßig nicht zur Verfügung[148].

Die publizistische Isolation findet ihre Fortsetzung auf allen anderen Ebenen der Gesellschaft. Vertreter von im Verfassungsschutzbericht als extremistisch ausgewiesenen Organisationen werden nicht zu Podiumsdiskussionen in Volkshochschulen, nicht zu Veranstaltungen von Wirtschaftsverbänden oder von politischen Stiftungen eingeladen. Ihnen steht in aller Regel keines der Podien zur Verfügung, auf denen sich andere politische Organisationen darstellen und für ihre Auffassungen werben können.

Hinzu kommt eine Vielzahl mittelbarer staatlicher oder gesellschaftlicher Sanktionen, von denen man nur teilweise etwas erfährt. Das wichtigste Beispiel sind Personalentscheidungen im öffentlichen Dienst: Mitglieder verfassungsfeindlicher Organisationen werden nicht als Beamte eingestellt bzw. aus dem öffentlichen Dienst entlassen. Aber auch in der Privatwirtschaft besteht das Risiko, den Arbeitsplatz zu verlieren oder keinen zu bekommen. Unternehmer, Handwerker, Geschäftsleute, die sich für eine im Verfassungsschutzbericht erwähnte Organisation engagieren, müssen damit rechnen, daß ihnen die Kunden wegbleiben. Öffentliche Aufträge erhalten sie ohnehin nicht. Die Abschreckungswirkung der Erwähnung einer Organisation im Verfassungsschutzbericht ist für potentielle Interessenten daher sehr hoch.

---

[146] Treffend *VG München*, BayVBl. 1980, 696 (698): Die Abstemplung gebe ihn „in einem demokratischen Rechtsstaat, der von einer überwältigenden Mehrheit sich verfassungstreu verhaltender Bürger getragen wird, praktisch der allgemeinen politischen Ächtung preis".

[147] Eine Ausnahmestellung hatte insoweit die PDS, die wegen ihrer großen Bedeutung in der ehemaligen DDR und ihrer Präsenz im Bundestag nicht ignoriert werden konnte und die auch nicht uneingeschränkt als extremistisch bewertet wurde. Ihr Medienstar *Gregor Gysi* glänzte jahrelang in allen Talkshows. Zur Darstellung der PDS in den Verfassungsschutzberichten vgl. *Uwe Backes*, Probleme der Beobachtungs- und Berichtspraxis der Verfassungsschutzämter – am Beispiel von REP und PDS, in: Bundesamt für Verfassungsschutz (Hg.), 50 Jahre im Dienst der inneren Sicherheit, 2000, S. 213 (217 ff., 223 ff.).

[148] Seit das Internet mit alternativen Medien und sozialen Netzwerken neue Publikationsmöglichkeiten geschaffen hat, ist die publizistische Isolierung allerdings löcherig geworden.

Natürlich hat die Brandmarkung als „extremistisch“ auch finanzielle Konsequenzen. Eine politische Partei oder sonstige Organisation wird über den Kreis ihrer Mitglieder und eng mit ihnen verbundenen Anhänger hinaus kaum Spender finden können. Auch Inserate in Zeitungen solcher Organisationen oder in organisationsunabhängigen Zeitungen, die als extremistisch gelten, gibt es so gut wie gar nicht: Derartige Publikationsorgane unterliegen einem Boykott der Werbewirtschaft und aller großen Unternehmen, die es sich natürlich gar nicht leisten können, öffentlich der Unterstützung einer verfassungsfeindlichen Bestrebung geziehen zu werden[149].

Es ist wohl nicht fernliegend anzunehmen, daß Extremisten auch außerhalb politischer Zusammenhänge gesellschaftlich isoliert werden. Extremisten, das sind die ganz und gar politisch abseitigen Menschen, mit denen gute Bürger nicht verkehren, mit denen man sich öffentlich nicht sehen läßt[150].

Obwohl die ihm gesetzlich zugeschriebene Funktion lediglich in der „Aufklärung der Öffentlichkeit“ besteht, sind die faktischen – und durchaus beabsichtigten – Funktionen und Wirkungen also sehr viel weiterreichend. Zusammenfassend kann man sagen, daß der Verfassungsschutzbericht neben der Informationsfunktion folgende weitere Funktionen hat, oder besser, daß diese weiteren Funktionen durch die Informationsfunktion zugleich erfüllt werden[151]:

– Der Verfassungsschutzbericht hat zunächst eine *Markierungsfunktion.* Die dort genannten Beobachtungsobjekte der Verfassungsschutzbehörde werden als Extremisten, also als Verfassungsfeinde, amtlich markiert. Für die Betroffenen wirkt dies als Stigmatisierung[152]. Die amtliche Markierung als „extremistisch“ ist der Ausgangspunkt für die gesellschaftliche Ausgrenzung. Minister, Regierungen und andere Repräsentanten des Staates rufen immer wieder die Bevölkerung auf, Extremisten und extremistisches Gedankengut zu bekämpfen

[149] Ausführlich zu den nachteiligen Auswirkungen der Warnung im VSB für die Betroffenen auch *OVG Berlin-Brandenburg*, Urt. v. 6.4.2006 – 3 B 3.99 – REP, NVwZ 2006, 838 = juris Rn. 44.

[150] In einer Zeit hypermoralischer Kategorisierungen politischer Ansichten finden solche Ausgrenzungen freilich auch dort statt, wo kein Extremismus in Sicht ist und keine entsprechende Markierung durch den Verfassungsschutz stattgefunden hat, nämlich dort, wo es „gegen rechts“ geht, vgl. z. B. Deutschlandfunk, Zum Umgang mit Rechts im öffentlichen Raum, 6.4. 2019, https://www.deutschlandfunk.de/zum-umgang-mit-rechts-im-oeffentlichen-raum-wir-muessen.691.de.html?dram:article_id=445657 (abgerufen am 15.8.2019). Der politisch korrekte Diskursraum wird noch viel enger begrenzt als der Verfassungsschutz es tun darf. Für die Demokratie ist das nicht gut, doch das ist nicht Thema der vorliegenden Abhandlung.

[151] *Murswiek* (Fn. 134), S. 773.

[152] Vgl. z. B. *Peitsch* (Fn. 141), S. 118 (121); *Uwe Backes/Eckhard Jesse*, Politischer Extremismus in der Bundesrepublik Deutschland, Neuausgabe 1996, S. 489; *Michaelis* (Fn. 134), S. 225; *Hans-Gerd Jaschke*, Staatliche Institutionen und Rechtsextremismus, in: Wolfgang Kowalsky und Wolfgang Schroeder (Hg.), Rechtsextremismus. Einführung und Forderungsbilanz, 1994, S. 302 (310). – *J. Seifert* (Fn. 135), S. 157 (170) spricht von „hoheitliche(n) Verrufserklärungen“.

und zu ächten[153]. Aber wer ist Extremist und wen sollen die Bürger ächten? Das wird im Verfassungsschutzbericht festgestellt. – Die Markierung wirkt sowohl repressiv als auch präventiv, was sich in folgenden weiteren Funktionen ausdrückt:

- Der Verfassungsschutzbericht als der politische Pranger des Informationszeitalters hat *Sanktionsfunktion.* Die amtliche Einstufung einer Person oder Organisation als „extremistisch" und die öffentliche Verkündung dieser Einstufung sind wegen der einschneidenden Folgen für die Betroffenen die Zufügung eines Übels, das sich mit einer Kriminalstrafe durchaus vergleichen läßt. Sie ist keine solche, belastet die Betroffenen aber unter Umständen viel schwerer als dies etwa eine Geldstrafe oder eine zur Bewährung ausgesetzte Freiheitsstrafe tun würde. Die Zufügung dieses Übels kann als Sanktion für (angeblich) extremistisches Verhalten verstanden werden und insofern als repressives Instrument der Extremismusbekämpfung[154]. – Dies ist nicht unstrittig. Die Gegenansicht hat natürlich darin Recht, daß weder der Verfassungsschutzbericht selbst durch Rechtsakt eine Sanktion verhängt noch daß er einen solchen Rechtsakt zur Folge hat bzw. Tatbestandsvoraussetzung für rechtlich vorgesehene Sanktionen ist[155]. Aber der Begriff der Sanktion – Zufügung eines Übels als Reaktion auf ein unerwünschtes Verhalten – impliziert nicht notwendig die Verhängung dieses Übels durch Rechtsakt. Es gibt auch faktische Sanktionen. Das Bundesverfassungsgericht hat sich dieser Auffassung angeschlossen und die Erwähnung im Verfassungsschutzbericht ausdrücklich als „negative Sanktion" bezeichnet[156].
- Diese Sanktion entfaltet zugleich *spezial- und* vor allem *generalpräventive Wirkung:* Den Betroffenen sowie allen anderen Menschen wird vor Augen geführt, daß sie damit rechnen müssen, in künftigen Verfassungsschutzberichten der Öffentlichkeit als Extremisten vorgeführt zu werden, wenn sie sich so verhalten, wie diejenigen sich verhalten haben, die man im vorliegenden Bericht als Extremisten ausgewiesen hat.
- Der Verfassungsschutzbericht hat schließlich eine *Warnfunktion*[157] und damit verbunden die Funktion zur Aufforderung[158], die dort ausgewiesenen Extremisten zu bekämpfen.

---

[153] Z.B. Bundeskanzler *Kohl*, Bulletin v. 4.9.1993, Nr. 69, S. 734; Bundesinnenminister *Kanther*, Bulletin v. 24.2.1995, Nr. 14, S. 114; Bundesjustizministerin *Däubler-Gmelin* laut FAZ v. 31.7.2000, S. 4.

[154] Vgl. bereits *Murswiek* (Fn. 141), S. 1029; zustimmend *Sander* (Fn. 141), S. 331.

[155] *Christoph Gusy*, Der Verfassungsschutzbericht, NVwZ 1986, S. 6; *Brandt* (Fn. 135), Rn. 13.

[156] *BVerfG*, Beschl. v. 24.5.2005 – 1 BvR 1072/01 = BVerfGE 113, 63 (77) – JF; zustimmend *BayVGH*, Urt. v. 22.10.2015 – 10 B 15.1320 – juris Rn 30; *VG München*, Urt. v. 16.10.2014 – M 22 K 14.1743 – juris Rn. 57; *VG Hamburg*, Urt. v. 13.12.2007 – 8 K 3483/06 – juris Rn. 36.

[157] S.o. Fn. 141.

[158] S.o. Fn. 140.

- Für die öffentliche Verwaltung hat der Verfassungsschutzbericht zwar keine verbindliche Tatbestands- oder Feststellungswirkung, doch Behörden und Gerichte stützen sich, insbesondere bei Personalentscheidungen, immer wieder auf die Feststellungen und Wertungen der Verfassungsschutzberichte[159], deren Auswirkungen auf diese Weise erheblich gesteigert werden.

## 2. Öffentliche Extremismus-Einstufung als Eingriff in Grundrechte oder Parteienfreiheit

Mit der Formulierung und Veröffentlichung von Verfassungsschutzberichten und mit anderen Formen der Öffentlichkeitsarbeit betreibt der Verfassungsschutz somit Gefahrenprävention, und zwar regelmäßig weit im Vorfeld konkreter Gefahren. Denn soweit die Organisationen, über die berichtet wird, ihre Ziele nicht mit Gewaltanwendung durchsetzen wollen, sondern vom Verfassungsschutz nur wegen ihrer Zielsetzung beobachtet werden, stellt ihre Tätigkeit normalerweise keine Gefahr für die freiheitliche demokratische Grundordnung dar. Mittel dieses vorverlagerten Rechtsgüterschutzes ist die wertende Information.

Die Vorstellung, der Verfassungsschutz greife mit seiner Tätigkeit nur durch die Informationssammlung in die Freiheit – insbesondere in das informationelle Selbstbestimmungsrecht – ein, und berühre mit seiner Tätigkeit darüber hinaus die individuelle Freiheit nicht, ist also völlig falsch. Der Verfassungsschutz bekämpft Extremisten (beziehungsweise diejenigen, die er für Extremisten hält), und sein Kampfinstrument ist die Information der Öffentlichkeit. Dieses Mittel ist nicht prinzipiell harmloser als polizeiliche Mittel der Gefahrenabwehr. Für den demokratischen Willensbildungsprozeß kann sein Einsatz sehr viel gravierendere Auswirkungen haben als sogenannte „operative" Maßnahmen.

Der Verfassungsschutzbericht ist also nicht etwa – wie das Bundesverfassungsgericht in einer frühen Entscheidung anzunehmen scheint – eine bloße Meinungsäußerung, für die die Regierung eine ähnliche Freiheit in Anspruch nehmen könnte wie etwa politische Parteien, die untereinander im Meinungskampf stehen[160]. Eine solche Auffassung verkennt sowohl den rechtlichen Charakter als auch die tatsächlichen Funktionen des Verfassungsschutzberichts[161]. Es handelt sich um eine scharf eingreifende hoheitliche Maßnahme. Es liegt auf der Hand, daß die beschriebenen Funktionen und Wirkungen des Verfassungsschutzberichts die Meinungsfreiheit und – je nach Art der betroffenen Organisationen – auch z.B. die Pressefreiheit oder die Betätigungsfreiheit und Chancengleichheit der politischen

---

[159] Vgl. die Praxisbeispiele bei *Riekenbrauk* (Fn. 132), S. 170ff., 192ff.; *Christoph Gusy* (Fn. 135), S. 236; außerdem *BVerwGE* 111, 22 (24f.); dagegen *BVerwGE* 114, 258 (268).

[160] *BVerfGE* 40, 287 (292f.).

[161] *Gusy* (Fn. 155), S. 7f.

Parteien auf sehr schwerwiegende Weise beeinträchtigen[162], außerdem auch das Persönlichkeitsrecht und das Recht auf Gleichbehandlung[163].

### 3. Voraussetzungen für die Rechtfertigung der durch den Verfassungsschutzbericht bewirkten Eingriffe

Grundrechtsbeeinträchtigungen lassen sich unter bestimmten Voraussetzungen rechtfertigen. Das Ziel, die freiheitliche demokratische Grundordnung gegen diejenigen zu verteidigen, die sie beseitigen wollen, ist ein verfassungsrechtlich legitimes Ziel und prinzipiell zur Rechtfertigung der Extremismusbekämpfung durch Verfassungsschutzberichte geeignet[164]. Es ist notwendig, die Freiheit gegen die Feinde der Freiheit, die Demokratie gegen die Feinde der Demokratie zu verteidigen, und der Verfassungsschutzbericht ist ein hierfür geeignetes Mittel[165].

Wenn aber die Auswirkungen dieses Mittels auf die Freiheit der Betroffenen so einschneidend sind, wie oben beschrieben, dann läßt sich die Extremismus-Einstufung im Verfassungsschutzbericht nur rechtfertigen, wenn nicht nur die gesetz-

---

[162] Zum Eingriffscharakter der Erwähnung im Verfassungsschutzbericht ausführlich *Murswiek* (Fn. 141), S. 1028 ff., mit Kritik an der bisherigen Rechtsprechung. – Die Eingriffsproblematik soll hier nicht vertieft werden. Nachdem das BVerfG im Osho-Beschluß gesagt hat, daß die Grundrechte auch vor mittelbaren *Beeinträchtigungen* unabhängig von ihrer Qualifikation als Eingriff schützen und daß auch sie am Verhältnismäßigkeitsgrundsatz zu messen sind (*BVerfGE* 105, 279 [300 f., 309 f.]), ist das Problem entschärft. Die Verneinung eines Eingriffs bzw. der Maßstäblichkeit des betroffenen Freiheits- bzw. Statusrechts in *BVerfGE* 40, 287 (293) mit der Folge, daß die Rechtsprechung sich auf eine bloße Willkürkontrolle beschränkte, ist damit obsolet; ebenso die verwaltungsgerichtliche Rechtsprechung, die sich an dieser Entscheidung orientiert hat. – Die neuere Rechtsprechung bejaht den Eingriffscharakter negativer Wertungen im Verfassungsschutzbericht, vgl. *BVerfG*, Beschl. v. 24. 5. 2005 – 1 BvR 1072/01 = BVerfGE 113, 63 (76 f.) – JF; dazu *Dietrich Murswiek*, Neue Maßstäbe für den Verfassungsschutzbericht. Konsequenzen aus dem JF-Beschluß des BVerfG, NVwZ 2006, S. 121 ff.; *BVerwG*, Beschl. v. 24. 3. 2016 – 6 B 4/16 – juris Rn. 5; *BayVGH*, Urt. v. 22. 10. 2015 – 10 B 15.1320 – juris Rn. 30; *VG München*, Urt. v. 16. 10. 2014 – M 22 K 14.1743 – juris Rn. 57 ff., 84; *VG Hamburg*, Urt. v. 13. 12. 2007 – 8 K 3483/06 – juris Rn. 36. Auch in der Lit. wird der Eingriffscharakter bejaht, vgl. schon *Gusy* (Fn. 155), S. 8 f.; *Christoph Gusy*, in: AK-GG, 3. Aufl. 2001, Art. 21 Rn. 141; jetzt auch z. B. *Brandt* (Fn. 135), Rn. 43 ff. m.w.N.

[163] Vgl. *Gusy* (Fn. 155), S. 8.

[164] A.A. – mit der Folge, daß die Bewertung nicht verbotener Organisationen im Verfassungsschutzbericht als „extremistisch" oder „verfassungsfeindlich" nicht rechtfertigungsfähig und daher verfassungswidrig sei (außer im Zusammenhang mit Verbotsverfahren nach Art. 21 Abs. 2, 9 Abs. 2 GG) – *Riekenbrauk* (Fn. 132), S. 324 ff., insb. 336 f., 339 ff., 349 ff.; *Seifert* (Fn. 135), S. 171 ff.; *Gusy* (Fn. 139), S. 309 f.

[165] Ob dieses Mittel auch gegen politische Parteien eingesetzt werden darf, ist im Hinblick auf das „Parteienprivileg" (Art. 21 Abs. 4 i.V.m. Abs. 2 GG = Art. 21 Abs. 2 a.F.) umstritten (dazu oben Kapitel A.II. m. Nachw. von Rspr. und Lit. in Fn. 15 und 16). Auf diese Streitfrage gehe ich hier nicht ein, sondern argumentiere im folgenden auf der Basis der Rechtsprechung, die annimmt, daß das Parteienprivileg der Einordnung einer Partei als „extremistisch" bzw. „verfassungsfeindlich" durch die Regierung oder durch den Verfassungsschutz nicht entgegenstehe.

lichen Tatbestandsvoraussetzungen hierfür eindeutig erfüllt sind, sondern darüber hinaus auch der Verhältnismäßigkeitsgrundsatz streng beachtet wird.

### 4. Verfassungsschutzbericht und Demokratie

Rechtfertigen läßt sich die Brandmarkung einer Organisation im Verfassungsschutzbericht als „extremistisch“ vor allem nur dann, wenn sie tatsächlich verfassungsfeindlich ist. Der Verfassungsschutzbericht dient der Bekämpfung von verfassungsfeindlichen Organisationen durch Aufklärung der Öffentlichkeit. Solche Bekämpfungsmaßnahmen setzen voraus, daß die bekämpften Organisationen auch tatsächlich verfassungsfeindlich sind[166]. Wenn Organisationen, die in Wirklichkeit keine verfassungsfeindlichen Ziele verfolgen, mit Hilfe des Verfassungsschutzberichts aus dem politischen Diskurs ausgegrenzt werden, schädigt der Verfassungsschutz die Demokratie. Das ist besonders schwerwiegend, wenn eine politische Partei betroffen ist. Denn mit ihrer unzutreffenden Stigmatisierung als „extremistisch“ würde der demokratische Wettbewerb in einer Weise verfälscht, die wahlentscheidend sein und sich auf die politische Entwicklung des Staates gravierend auswirken kann.

Es hat sich gezeigt, daß politische Parteien, die im Verfassungsschutzbericht als extremistisch bezeichnet werden, regelmäßig keine Chance haben, dauerhafte Wahlerfolge zu erzielen und sich als Einflußreiche politische Kräfte zu etablieren. Die einzige Ausnahme ist bislang die PDS/Linkspartei/Linke, die aufgrund ihrer Verwurzelung in der ehemaligen DDR mit Personal, Ressourcen und Wählerstamm der SED eine Basis hatte, die sich von Bewertungen in Verfassungsschutzberichten nicht beeinflussen ließ. Ansonsten hat die Erwähnung politischer Parteien im Verfassungsschutzbericht stets zuverlässig dafür gesorgt, daß diese in Bedeutungslosigkeit versanken (oder aus dieser gar nicht erst auftauchten) beziehungsweise in ihrem Extremismus-Ghetto isoliert blieben. Nachdem die „Republikaner“, die ab 1989 beträchtliche Wahlerfolge erzielt hatten und in das Europaparlament sowie in den Landtage von Baden-Württemberg und das Berliner Abgeordnetenhaus eingezogen waren[167], in den Verfassungsschutzberichten[168] als rechtsextremistisch (wenn auch nur als Verdachtsfall) angeprangert worden waren, versanken sie bald in der politischen Bedeutungslosigkeit, aus der sie sich nicht mehr erheben konnten, als viele Jahre später die Berichterstattung über sie eingestellt wurde[169], weil kein hinreichender Extremismusverdacht mehr bestehe.

---

[166] Ebenso *Michaelis* (Fn. 134); *VG Berlin*, 31.8.1998, NJW 1999, 806 (812).

[167] Bei den Landtagswahlen in Bayern 1990 und Hamburg 1993 scheiterten sie mit 4,9 % bzw. 4,8 % nur knapp an der 5 %-Hürde.

[168] Ab VSB 1992, veröffentlicht 1993.

[169] Vgl. VSB 2006, S. 52; VSB 2007, S. 52. – In bezug auf den Berliner Landesverband der REP hat das *OVG Berlin-Brandenburg* mit Urteil vom 6.4.2006 – 3 B 3.99 – Juris Rn. 34 ff., zuvor entschieden, daß die Aufnahme der REP in den Verfassungsschutzbericht 1997 rechtswidrig gewesen sei. Das *VG Berlin*, Urt. v. 31.8.1998 – 26 A 623/97 – NJW 1999, 806, hatte

Mit der Entscheidung über die öffentliche Einstufung einer politischen Partei als extremistisch steht der Verfassungsschutz auf der Kippe zwischen Verteidigung und Schädigung der Demokratie. Daß mit der Bewertung einer Partei als extremistisch die Wahlchancen dieser Partei im Regelfall drastisch sinken, ist gewollt. Diese Folge der Berichterstattung im Verfassungsschutzbericht (oder auch anderer öffentlicher Mitteilungen der Extremismus-Einstufung) nützt der Demokratie, wenn die betreffende Partei tatsächlich verfassungsfeindliche Ziele verfolgt. Ist dies aber nicht der Fall und wird eine Partei vom Verfassungsschutz zu Unrecht als extremistisch angeprangert, ist der Schaden für die Demokratie sehr groß.

Alle rechtsstaatlichen Anforderungen an die amtliche Etikettierung als extremistisch müssen also in bezug auf politische Parteien besonders streng beachtet werden, damit eine schwerwiegende Beschädigung der Demokratie vermieden wird.

## III. Rechtliche Anforderungen an die Berichterstattung

Die Berichterstattung über eine Organisation im Verfassungsschutzbericht greift in deren Grundrechte ein. Betroffen sein können neben dem Persönlichkeitsrecht bei politischen Parteien die Parteienfreiheit und die Chancengleichheit (Art. 21 Abs. 1 GG), bei anderen Organisationen je nach deren Tätigkeitsfeld z. B. die Religions- oder die Weltanschauungsfreiheit (Art. 4 Abs. 1 und 2 GG), die Pressefreiheit (Art. 5 Abs. 1 GG) oder die Berufsfreiheit (Art. 12 Abs. 1 GG), außerdem im Hinblick auf die als extremistisch inkriminierten Meinungen die Meinungsfreiheit (Art. 5 Abs. 1 GG).

### 1. Gesetzliche Grundlagen

Als Ermächtigungsgrundlage für diese Eingriffe enthielten die Verfassungsschutzgesetze des Bundes und der Länder bis vor einigen Jahren eine Bestimmung, die trotz unterschiedlichen Wortlauts im wesentlichen den gleichen Inhalt hatte[170]. Diese Vorschrift gilt in einigen Bundesländern noch heute. Sie sagt beziehungsweise sagte, etwas vereinfachend zusammengefaßt, daß die Verfassungsschutzbehörden beziehungsweise die Innenminister befugt sind, zur Aufklärung der Öffentlichkeit über Bestrebungen und Tätigkeiten zu berichten, die sich gegen die verfassungsschutzrechtlichen Schutzgüter richten. Nach Wortlaut sowie Sinn und Zweck der

---

auch die Beobachtung der REP durch den Verfassungsschutz für rechtswidrig erklärt, während andere Verwaltungsgerichte Beobachtung und Berichterstattung im Verfassungsschutzbericht als rechtmäßig erachtet hatten, vgl. *BVerwG*, Urt. v. 7. 12. 1999 – 1 C 30.97 – BVerwGE 110, 126 (130 f., 136); *OVG NRW*, Beschl. v. 21. 12. 2000 – 5 A 2256/94, Juris Rn. 31 ff.; *OVG Lüneburg*, Urt. v. 19. 10. 2000 – 11 L 87/00, Juris Rn. 14, 21; *BayVGH*, Beschl. v. 7. 10. 1993 – 5 CE 93.2327 – Juris Rn. 22; *VGH BW*, Beschl. v. 11. 3. 1994 – 10 S 2386/93 – DÖV 1994, 917 (918 f.); *OVG NRW*, Beschl. v. 13. 1. 1994 – 5 B 1236/93 – NVwZ 1994, 588 (589).

[170] § 16 Abs. 2 a.F. BVerfSchG und z. B. § 15 Abs. 2 VSG NW a.F.

Vorschrift darf beziehungsweise durfte meines Erachtens dann über eine Organisation im Verfassungsschutzbericht berichtet werden, wenn sie sich nachweislich gegen ein verfassungsschutzrechtliches Schutzgut richtet, insbesondere wenn sie gegen die freiheitliche demokratische Grundordnung gerichtete Bestrebungen verfolgt – nicht jedoch schon dann, wenn die Verfassungsschutzbehörde sie solcher Bestrebungen (wenn auch durch tatsächliche Anhaltspunkte gestützt) lediglich verdächtigt[171]. Abgesehen von der materiellen Verfassungswidrigkeit der Anprangerung einer Organisation als „extremistisch", deren Verfassungswidrigkeit nicht nachgewiesen ist (dazu unten 3.), fehlte es somit schon an einer gesetzlichen Grundlage für die Verdachtsberichterstattung[172]. Dies haben die Verfassungsschutzbehörden anders gesehen und auf der Basis dieser Vorschriften auch Verdachtsfälle in die Verfassungsschutzberichte aufgenommen. Sie vertraten die Auffassung, daß schon dann, wenn die Voraussetzungen für die Beobachtung einer Organisation erfüllt sind, nämlich wenn tatsächliche Anhaltspunkte für den Verdacht verfassungsfeindlicher Bestrebungen vorliegen, über die betreffende Organisation auch im Verfassungsschutzbericht berichtet werden darf[173].

Nachdem verschiedene Verwaltungsgerichte meiner Auffassung gefolgt waren und die Verdachtsberichterstattung für rechtswidrig erklärt hatten[174], haben die Gesetzgeber im Bund und in einigen Ländern die Verfassungsschutzgesetze geändert und eine Ermächtigungsgrundlage für die Verdachtsberichterstattung geschaffen[175]. So lautet die Ermächtigungsgrundlage für die Information der Öffentlichkeit durch den Verfassungsschutz im Bundesverfassungsschutzgesetz heute:

§ 16 Verfassungsschutz durch Aufklärung der Öffentlichkeit

(1) Das Bundesamt für Verfassungsschutz informiert die Öffentlichkeit über Bestrebungen und Tätigkeiten nach § 3 Absatz 1, soweit hinreichend gewichtige tatsächliche Anhaltspunkte hierfür vorliegen, sowie über präventiven Wirtschaftsschutz.

(2) Das Bundesministerium des Innern informiert die Öffentlichkeit über Bestrebungen und Tätigkeiten nach § 3 Absatz 1, soweit hinreichend gewichtige tatsächliche Anhaltspunkte hierfür vorliegen, mindestens einmal jährlich in einem zusammenfassen-

---

171 *Dietrich Murswiek*, Der Verfassungsschutzbericht. Funktionen und rechtliche Anforderungen, in: Janbernd Oebbecke/Bodo Pieroth/Emanuel Towfigh (Hrsg.), Islam und Verfassungsschutz, 2007, S. 73 (75 ff.); *Murswiek* (Fn. 134), S. 776.

172 *Murswiek* (Fn. 171).

173 Die ältere Rechtsprechung hat dies für rechtmäßig gehalten, vgl. z. B. zum BVerfSchG *OVG Berlin-Brandenburg*, Urt. v. 23. 11. 2011 – OVG 1 B 111.10, juris Rn. 33 = BeckRS 2012, 46215; zum VSG NRW *OVG NRW*, Beschl. v. 22. 5. 2001 – 5 A 2055/97 – JF, EA S. 10; *VG Düsseldorf*, Urt. v. 21. 10. 2005 – 1 K 3189/03 – Juris; Berlin *VG Berlin*, Beschl. v. 28. 6. 2001 – 2 A 85/01 – REP, EA S. 3 f. – Kritisch zu dieser Rechtsprechung *Murswiek*, in: Oebbecke u. a. (Fn. 171), S. 73 (76 ff.).

174 Zum BVerfSchG: *BVerwG*, Urt. v. 26. 6. 2013 – 6 C 4.12, juris Rn. 11 ff. = NVwZ 2014, 233; zum VSG Bln: *OVG Berlin-Brandenburg*, Urt. v. 6. 4. 2006 – 3 B 3.99 – REP, juris Rn. 41 = NVwZ 2006, 838; *VG Berlin*, Urt. v. 31. 8. 1998 – 26 A 623/97, NJW 1999, 806.

175 Übersicht über die Ermächtigungsgrundlagen bei *Brandt* (Fn. 135), Rn. 17.

den Bericht insbesondere zu aktuellen Entwicklungen. In dem Bericht sind die Zuschüsse des Bundeshaushaltes an das Bundesamt für Verfassungsschutz und den Militärischen Abschirmdienst sowie die jeweilige Gesamtzahl ihrer Bediensteten anzugeben.

(3) Bei der Information nach den Absätzen 1 und 2 dürfen auch personenbezogene Daten bekanntgegeben werden, wenn die Bekanntgabe für das Verständnis des Zusammenhanges oder der Darstellung von Organisationen oder unorganisierten Gruppierungen erforderlich ist und die Interessen der Allgemeinheit das schutzwürdige Interesse des Betroffenen überwiegen.

Über verfassungsfeindliche Bestrebungen darf hiernach die Öffentlichkeit unterrichtet beziehungsweise im Verfassungsschutzbericht berichtet werden, „soweit hinreichend gewichtige tatsächliche Anhaltspunkte hierfür vorliegen".

Ähnliche Vorschriften gibt es jetzt in Bayern, Brandenburg, Bremen, Hessen, Niedersachsen und Thüringen[176]. In den übrigen Ländern (Baden-Württemberg, Berlin, Hamburg, Mecklenburg-Vorpommern, Nordrhein-Westfalen, Rheinland-Pfalz, Saarland, Sachsen, Sachsen-Anhalt, Schleswig-Holstein) fehlt eine Ermächtigungsgrundlage, die sich hinreichend klar auf die Verdachtsberichterstattung erstreckt, so daß dort – bei Zugrundelegung der Entscheidung des Bundesverwaltungsgerichts vom 26. 6. 2013[177] – nur über Fälle erwiesener Verfassungsfeindlichkeit berichtet werden darf[178].

[176] Art. 26 Abs. 2 i.V.m. Abs. 1 Nr. 1 BayVSG; § 5 Abs. 1 S. 1 BbgVSG; § 4 Abs. 1 S. 3, 4 BremVSG; § 2 Abs. 1 S. 4 Hess VSG; § 33 Abs. 1 NdsVSG; § 5 Abs. 2 S. 6 ThürVSG.

[177] *BVerwG*, Urt. v. 26. 6. 2013 – 6 C 4.12, juris Rn. 11 ff. = NVwZ 2014, 233.

[178] Ebenso *Brandt* (Fn. 135), Rn. 42; vgl. bereits *Murswiek* (Fn. 134), S. 776. – Soweit die Rechtsprechung früher auf der Basis der in diesen Ländern geltenden Vorschriften die Verdachtsberichterstattung als rechtmäßig angesehen hat (s. o. Fn. 173), ist dies durch die neuere Rechtsprechung (BVerwG Fn. 174) überholt. – Im VSB BW wird trotz in Baden-Württemberg fehlender hinreichend bestimmter Ermächtigungsgrundlage (wohl vereinzelt) über Verdachtsfälle berichtet, siehe VSB BW 2017, S. 28; VSB BW 2018, S. 28; auch in Nordrhein-Westfalen wird weiterhin trotz fehlender hinreichend bestimmter Ermächtigungsgrundlage über Verdachtsfälle berichtet, vgl. VSB NRW 2018, S. 9; auch vereinzelt in Mecklenburg-Vorpommern, vgl. VSB MV 2018, S. 69 ff.; wohl auch in Sachsen-Anhalt, vgl. VSB Sachsen-Anhalt 2018, S. 12. In einigen anderen Ländern ohne (hinreichend bestimmte) Ermächtigungsgrundlage ist nicht klar, ob auch über Verdachtsfälle berichtet wird. Rheinland-Pfalz hat ausdrücklich erklärt, nur über Fälle erwiesener Verfassungsfeindlichkeit zu berichten, vgl. VSB RP 2017, S. 13; 2018, S. 14.

## 2. Die gesetzlichen Voraussetzungen der Berichterstattung im Verfassungsschutzbericht

### *a) Die Voraussetzungen für die Aufnahme einer Organisation in den Verfassungsschutzbericht im Unterschied zu den Voraussetzungen für ihre Beobachtung*

In den Bundesländern, die nicht zur Verdachtsberichterstattung ermächtigen, macht die Ermächtigungsgrundlage die Berichterstattung von zwei Voraussetzungen abhängig:

- Berichtet werden darf über „Bestrebungen".
- Diese müssen gegen die freiheitliche demokratische Grundordnung (oder gegen ein anderes verfassungsschutzrechtliches Schutzgut) gerichtet sein.

Diejenigen Verfassungsschutzgesetze, die eine Verdachtsberichterstattung erlauben, ermächtigen zur Berichterstattung im Verfassungsschutzbericht bereits dann, wenn

- bezüglich einer Organisation „tatsächliche Anhaltspunkte" dafür vorliegen, daß sie Bestrebungen gegen die freiheitliche demokratische Grundordnung (oder gegen ein anderes verfassungsschutzrechtliches Schutzgut) verfolgt,
- und wenn diese „hinreichend gewichtig" sind.

Die Voraussetzungen für die *öffentliche Bewertung* einer Organisation als „extremistisch" (insbesondere für die Aufnahme einer Organisation in den Verfassungsschutzbericht) und die Voraussetzungen für die *Beobachtung* einer Organisation unterscheiden sich dadurch, daß die Beobachtung einerseits und die öffentliche Bewertung andererseits von divergierenden *zusätzlichen* Kriterien abhängen. Welche das sind, hängt vor allem davon ab, ob das jeweilige Gesetz die Verdachtsberichterstattung erlaubt oder nicht.

1. In den Ländern, in denen das Verfassungsschutzgesetz keine Ermächtigung zur Verdachtsberichterstattung enthält[179], ist die Aufnahme einer Organisation in den Verfassungsschutzbericht nur dann erlaubt, wenn ihre Verfassungsfeindlichkeit erwiesen ist, während eine Organisation bereits beobachtet werden darf, wenn es für ihre Verfassungsfeindlichkeit hinreichende tatsächliche Anhaltspunkte gibt.
2. Auf Bundesebene, sowie in den Ländern, deren Verfassungsschutzgesetze zur Verdachtsberichterstattung ermächtigen, unterscheiden sich die Voraussetzungen für die Beobachtung einer Organisation und für ihre Erwähnung im Verfassungsschutzbericht nur dadurch, daß die Gesetze beziehungsweise die Rechtsprechung für den Verfassungsschutzbericht (und für andere Formen

[179] S.o. im Text vor Fn. 178. – Nach meiner Auffassung ist die Verdachtsberichterstattung generell rechtswidrig, weil die betreffenden Ermächtigungsnormen verfassungswidrig sind, dazu sogleich unten im Abschnitt C.III.3.

öffentlicher Bewertungen) erhöhte Anforderungen an die Verhältnismäßigkeit postulieren.

Ad 1.: In den Ländern, die keine Ermächtigungsgrundlage für die Verdachtsberichterstattung erlassen haben, darf wie gesagt nur über erwiesenermaßen verfassungsfeindliche Organisationen im Verfassungsschutzbericht berichtet werden. Für das Vorliegen der Tatbestandsvoraussetzungen einer zu Grundrechtseingriffen ermächtigenden Norm trägt im Verwaltungsprozeß die Behörde die Beweislast. Läßt sich der Nachweis nicht führen, daß die betreffende Organisation verfassungsfeindliche Bestrebungen verfolgt, ist die Berichterstattung rechtswidrig[180].

Ad 2: Im Hinblick auf die Verfassungsschutzgesetze, die eine Verdachtsberichterstattung erlauben, werde ich im folgenden zunächst darlegen, daß die Ermächtigungsgrundlagen einer Tatbestandsreduktion im Wege verfassungskonformer Auslegung bedürfen (3.). Im anschließenden Abschnitt werde ich die Anforderungen darstellen, die sich für die Verdachtsberichterstattung auf der Anwendungsebene aus dem Verhältnismäßigkeitsgrundsatz ergeben (4.).

Zuvor kurz zu den Tatbestandsmerkmalen der Ermächtigungsgrundlagen [b)] und zum Ermessen bezüglich der Berichterstattung [c)].

### *b) Erläuterung der Tatbestandsmerkmale der Ermächtigungsgrundlagen*

„Bestrebungen“ sind nach der Definition des Gesetzes „ziel- und zweckgerichtete Verhaltensweisen in einem oder für einen Personenzusammenschluß“. Gegen die freiheitliche demokratische Grundordnung gerichtet sind sie dann, wenn sie darauf abzielen, einen der diese Ordnung konstituierenden Verfassungsgrundsätze „zu beseitigen oder außer Geltung zu setzen“[181].

Daraus folgt zunächst zweierlei:

- Die Bewertung einer Organisation als „extremistisch“ darf nicht anhand irgendwelcher politischer oder politikwissenschaftlicher Extremismus-Kriterien erfolgen, sondern allein anhand der verfassungsrechtlichen Merkmale der freiheitlichen demokratischen Grundordnung.
- Bestrebungen liegen nur dann vor, wenn aktiv auf die Beseitigung oder Außer-Geltung-Setzung eines Verfassungsgrundsatzes hingewirkt wird.

Die genannten Tatbestandsmerkmale, mit denen die Voraussetzungen für die öffentliche Bewertung einer Organisation als „extremistisch“ im Verfassungsschutzbericht oder in anderen Publikationen formuliert werden, nämlich daß es sich um Bestrebungen handelt, die gegen die freiheitliche demokratische Grundordnung

---

[180] Vgl. *OVG Berlin-Brandenburg*, Urt. v. 6.4.2006 – 3 B 3.99 – REP, juris Rn. 41 = NVwZ 2006, 838 (839), mit Berufung auf *Lars Oliver Michaelis* (Fn. 134), S. 123, 226, und auf *Murswiek* (Fn. 134), S. 774 ff.; ebenso bereits *VG Berlin*, 31.8.1998, NJW 1999, 806 (812).

[181] BVerfSchG § 4 Abs. 1 lit. c).

(oder gegen ein anderes verfassungsschutzrechtliches Schutzgut) gerichtet sind, sind identisch mit den im Gesetz ebenso formulierten Voraussetzungen für die Beobachtung von Organisationen. Diese Voraussetzungen sind im vorigen Kapitel (B.) ausführlich dargestellt worden. Darauf verweise ich:

→ Zum Begriff der *Bestrebungen* siehe oben B.II.1. (S. 29 ff.).

→ Zur *freiheitlichen demokratischen Grundordnung* als Schutzgut siehe oben B.II.2. (S. 31 ff.).

→ Zum *Gerichtetsein* gegen das Schutzgut/zum Erfordernis von *Aktivitäten* gegen das Schutzgut siehe oben B.II.3. (S. 35 ff.).

Soweit die Verfassungsschutzgesetze die Verdachtsberichterstattung erlauben, machen sie die Berichterstattung vom Vorliegen (hinreichend gewichtiger) tatsächlicher Anhaltspunkte für verfassungsfeindliche Bestrebungen abhängig. Auch dieser Begriff ist identisch mit demselben Begriff, den die Gesetze als Voraussetzung für die Beobachtung verwenden. Ich habe ihn oben bereits ausführlich erläutert.

→ Zum Begriff der *tatsächlichen Anhaltspunkte* siehe oben B.III. (S. 37 ff.).

→ Zu praktischen Fragen der Konkretisierung dieses Begriffs Annex 1 (S. 121 ff.), Annex 2 (S. 142 ff.) und Annex 3 (S. 165 ff.).

### *c) Ermessen bezüglich der Berichterstattung*

Die meisten Verfassungsschutzgesetze schreiben bindend vor, daß periodisch ein Verfassungsschutzbericht zu veröffentlichen ist[182], andere stellen die Berichterstattung in das Ermessen der zuständigen Verfassungsschutzbehörde beziehungsweise des Innenministeriums[183].

Unabhängig hiervon stehen der Umfang und die Art und Weise der Berichterstattung weitgehend im Ermessen der Verfassungsschutzbehörde beziehungsweise des zuständigen Ministeriums. Das ergibt sich daraus, daß die Gesetze hierzu nur sehr grobe Vorgaben machen, die sehr viel Spielraum für die berichtende Behörde offenlassen. Gesetzliche Vorgabe ist, daß über verfassungsfeindliche Bestrebungen (beziehungsweise auch über Verdachtsfälle) berichtet wird. Dies verlangt, daß im Verfassungsschutzbericht objektiv über die Lage berichtet wird, wie sie sich nach den Erkenntnissen der Verfassungsschutzbehörden darstellt. Die wesentlichen Erkenntnisse müssen mitgeteilt werden, so daß die Öffentlichkeit ein realistisches Bild von den Bedrohungen der Verfassung erhält.

---

[182] Dabei wird teilweise eine (mindestens) jährliche Veröffentlichung vorgeschrieben (so z. B. § 16 Abs. 2 BVerfSchG; Art. 26 Abs. 2 BayVSG), teilweise die Periode nicht gesetzlich festgelegt (so z. B. § 4 BremVSG; § 15 Satz 1 SächsVSG; § 15 Abs. 2 VSG Sachsen-Anhalt).

[183] So z. B. § 5 Abs. 7 Satz 1 VSG NRW; § 5 Abs. 2 Satz 2 LVSG MV.

Dies bedeutet nicht, daß sämtliche verfassungsfeindlichen Bestrebungen in den Bericht aufgenommen werden müssen. Es gibt eine Vielzahl von Kleingruppen und Kleinstgruppen mit verfassungsfeindlicher Zielsetzung, die völlig bedeutungslos sind und deren Aufnahme in den Verfassungsschutzbericht diesen nur unübersichtlich machen und die Aufmerksamkeit des Lesers von den wirklichen Bedrohungen der freiheitlichen demokratischen Grundordnung ablenken würde. Obwohl nur vereinzelte Verfassungsschutzgesetze die Aufnahme konkreter verfassungsfeindlicher Bestrebungen (beziehungsweise Verdachtsfälle) in den Verfassungsschutzbericht expressis verbis ins Ermessen des Herausgebers stellen[184], besteht deshalb weitgehend Konsens darüber, daß die Aufnahme bestimmter Organisationen, die nach Auffassung des Verfassungsschutzes verfassungsfeindliche Bestrebungen verfolgen, im pflichtgemäßen Ermessen des Verfassungsschutzberichtherausgebers steht[185]. Dieses Auswahlermessen wird in § 16 Abs. 2 BVerfSchG damit angedeutet, daß der Verfassungsschutzbericht dort als „*zusammenfassender* Bericht *insbesondere* zu aktuellen Entwicklungen" bezeichnet wird[186].

Indem die Verfassungsschutzgesetze die Aufnahme verfassungsfeindlicher Bestrebungen beziehungsweise Verdachtsfälle in den Verfassungsschutzbericht in das pflichtgemäße Ermessen des zuständigen Herausgebers stellen, eröffnen sie diesem auch die Möglichkeit, auf der Ebene der Entscheidung über das „Ob" der Berichterstattung den Verhältnismäßigkeitsgrundsatz zu beachten[187]. Dies ist für die Verdachtsberichterstattung von zentraler Bedeutung, weil sich aus dem Verhältnismäßigkeitsgrundsatz nicht nur Grenzen für die Ausübung des Ermessens bezüglich der Art und Weise der Berichterstattung ergeben[188], sondern auch bezüglich der Ent-

---

[184] So § 33 Abs. 1 VSG Nds; § 5 Abs. 2 S. 6 ThürVSG (für Verdachtsfälle).

[185] Vgl. *Brandt* (Fn. 135), Rn. 21 mit weiterer Begründung; *Schwagerl* (Fn. 126), S. 256. Die Verfassungsschutzbehörden beziehungsweise Innenministerien nehmen dieses Ermessen ausdrücklich in Anspruch, wenn sie in den Verfassungsschutzberichten darauf hinweisen, daß nicht alle verfassungsfeindlichen Bestrebungen in den Bericht aufgenommen worden sind, z. B. mit der Formulierung, der Bericht stelle „keine abschließende Aufzählung aller verfassungsschutzrelevanten Personenzusammenschlüsse dar, sondern unterrichtet über die wesentlichen, während des Berichtsjahres zu verzeichnenden verfassungsschutzrelevanten Entwicklungen und deren Bewertung", VSB 2018, S. 19; ebenso z.B. VSB Bre 2018, S. 11; VSB RP 2018, S. 14; ähnlich VSB Hess 2017, S. 22 (der VSB informiere über „die wesentlichen während des Berichtsjahrs gewonnenen Erkenntnisse"); ebenso z.B. VSB BW 2018, S. 28; ähnlich VSB Sachsen-Anhalt 2018, S.12 (der VSB erwähne nicht alle Beobachtungsobjekte). – Demgegenüber hat das *OVG Berlin-Brandenburg*, Urt. v. 6.4.2006 – 3 B 3.99 – juris Rn. 51 = NVwZ 2006, 838 (841) für Berlin eine Berichtspflicht bejaht. Auch dort statuiert das Gesetz eine Pflicht jedoch nur zur jährlichen Unterrichtung der Öffentlichkeit über verfassungsfeindliche Bestrebungen (§ 26 Satz 1 VSG Bln), nicht hingegen zur vollständigen Berichterstattung über jede einzelne verfassungsfeindliche Organisation, so auch *Brandt* (Fn. 135), Rn. 21.

[186] Ebenso *Brandt* (Fn. 135), Rn. 21.

[187] Ebenso *Brandt* (Fn. 135), Rn. 21.

[188] Dazu unten C.III.4.b).

scheidung darüber, ob über eine bestimmte Organisation überhaupt berichtet werden darf[189].

### 3. Verdachtsberichterstattung: Verfassungskonforme Auslegung der Ermächtigungsgrundlage

In den Verfassungsschutzberichten wurde – wie im vorigen Abschnitt (2.) erwähnt – früher ohne hinreichend bestimmte gesetzliche Grundlage nicht nur über erwiesenermaßen verfassungsfeindliche Organisationen, sondern auch über Verdachtsfälle berichtet. Diese Praxis endete, nachdem das Bundesverwaltungsgericht (und zuvor für Berlin das OVG Berlin-Brandenburg) die Verdachtsberichterstattung mangels gesetzlicher Grundlage für rechtswidrig erklärt hatten[190]. Seit der Bund und einige Länder eine Ermächtigungsgrundlage für die Verdachtsberichterstattung geschaffen haben[191], findet sie dort wieder (beziehungsweise weiterhin) statt[192].

Die Verdachtsberichterstattung ist, wie ich in mehreren Veröffentlichungen gezeigt habe[193], grundsätzlich verfassungswidrig. Daran hat sich durch die neu in die Verfassungsschutzgesetze eingefügten Ermächtigungsgrundlagen nichts geändert.

---

189 Dazu in den nächsten Abschnitten: C.III.3., 4.a).

190 S.o. Fn. 174.

191 S.o. Fn. 176 und § 16 BVerfSchG n.F.

192 Der *BayVGH*, Urt. v. 22.10.2015 – 10 B 15.1320 – „Die Freiheit", juris Rn. 35, ist der Ansicht, daß es in Bayern keine Verdachtsberichterstattung gebe, obwohl dort aufgrund tatsächlicher Anhaltspunkte für verfassungsfeindliche Bestrebungen berichtet werden darf. In Bayern dürfe nämlich nicht aufgrund bloßer Vermutungen oder eines bloßen Verdachts berichtet werden, sondern nur aufgrund tatsächlicher Anhaltspunkte. Das ist eine verfehlte Begriffsbildung, ebenso *Brandt* (Fn. 135), Rn. 35. Ohne tatsächliche Anhaltspunkte darf der Verfassungsschutz überhaupt nicht tätig werden, nicht einmal beobachten, geschweige denn berichten. Wenn die Verfassungsfeindlichkeit des Berichtsobjekts nicht erwiesen ist, wird auf der Basis eines Verdachts berichtet. Berichterstattung über Verdachtsfälle nenne ich Verdachtsberichterstattung. Darüber, ob der Verdacht auf bloßen Vermutungen oder auf tatsächlichen Anhaltspunkten beruht, sagt der Begriff nichts. Für Fälle, in denen ohne tatsächliche Anhaltspunkte über einen Verdacht berichtet wird, gibt es aber eindeutig weder im Bund noch in den Ländern eine gesetzliche Ermächtigungsgrundlage. Die Frage, ob der Verfassungsschutz zur Verdachtsberichterstattung berechtigt ist, stellt sich daher nur für Fälle, in denen tatsächliche Anhaltspunkte den Verdacht begründen, daß verfassungsfeindliche Bestrebungen vorliegen. Und für Fälle, in denen auf der Basis tatsächlicher Anhaltspunkte berichtet werden darf, macht es keinen Unterschied aus, ob das Gesetz formuliert, es dürfe berichtet werden, sofern tatsächliche Anhaltspunkte für Bestrebungen gegen die freiheitliche demokratische Grundordnung gegeben sind, oder sofern tatsächliche Anhaltspunkte für den Verdacht solcher Bestrebungen vorliegen, ebenso *Warg* (Fn. 33), Rn. 14.

193 Der Verfassungsschutzbericht – das scharfe Schwert der streitbaren Demokratie. Zur Problematik der Verdachtsberichterstattung, in: NVwZ 2004, S. 769 (774 ff.); Der Verfassungsschutzbericht. Funktionen und rechtliche Anforderungen, in: Janbernd Oebbecke/Bodo Pieroth/Emanuel Towfigh (Hg.), Islam und Verfassungsschutz, 2007, S. 73 (75 ff.); Verfassungsschutz durch Information der Öffentlichkeit – Zur Entwicklung der Verfassungsschutzberichte seit dem JF-Beschluss, in: Informationsfreiheit und Informationsrecht. Jahrbuch 2009, S. 57 (63 ff.).

Denn diese Vorschriften verstoßen gegen die durch die Aufnahme in den Verfassungsschutzbericht betroffenen Grundrechte der jeweiligen Organisation und ihrer Mitglieder beziehungsweise gegen die Statusrechte der betroffenen politischen Parteien, sofern ihr Anwendungsbereich nicht durch verfassungskonforme Auslegung drastisch reduziert wird. Diese These werde ich im folgenden nochmals begründen und dabei auf in Rechtsprechung und Literatur geäußerte Gegenargumente eingehen.

#### *a) Der Eingriffscharakter der Verdachtsberichterstattung*

Die Einstufung einer Organisation als „extremistisch", also als verfassungsfeindlich, im Verfassungsschutzbericht ist – wie oben gezeigt (II.) – ein schwerwiegender Eingriff in die betroffenen Grundrechte beziehungsweise in die Freiheit und Chancengleichheit der politischen Parteien. Wird im Falle der Verdachtsberichterstattung die betreffende Organisation nicht als „extremistisch" bezeichnet, sondern ausdrücklich als Verdachtsfall eingeordnet, so mildert dies die negativen Auswirkungen der Berichterstattung ab, beseitigt sie aber nicht. Wenn der Verfassungsschutz die Öffentlichkeit darüber informiert, daß er hinreichende tatsächliche Anhaltspunkte dafür habe, daß eine Organisation links-, rechts- oder sonstwie extremistisch sei, dann wird die Organisation auch mit dieser Bewertung stigmatisiert. Die Markierungsfunktion, die Warnfunktion und die Sanktionsfunktion sind hier ebenso gegeben wie bei der Berichterstattung über Fälle erwiesener Verfassungsfeindlichkeit. Auch in Verdachtsfällen hat die Berichterstattung im Verfassungsschutzbericht Ausgrenzungswirkung sowie alle anderen oben beschriebenen nachteiligen Folgen, wenn auch unter Umständen in abgemildertem Maße. Auch wenn im Verfassungsschutzbericht ausdrücklich darauf hingewiesen wird, daß es sich bei der beschriebenen Organisation um einen Verdachtsfall handelt, ist somit ein schwerwiegender Eingriff in die Freiheit dieser Organisation gegeben, welcher der Rechtfertigung am Maßstab der Grundrechte beziehungsweise der Statusrechte der politischen Parteien bedarf.

#### *b) Rechtfertigung des Eingriffs in der Regel nicht möglich*

##### aa) Legitimes Ziel

Ziel der Berichterstattung im Verfassungsschutzbericht ist das, was oben (C.I.3.) als „Verfassungsschutz durch Öffentlichkeitsarbeit" bezeichnet wurde, nämlich der Schutz der freiheitlichen demokratischen Grundordnung (und der anderen verfassungsschutzrechtlichen Schutzgüter) durch Information der Öffentlichkeit. Mittel hierzu ist der Verfassungsschutzbericht, der zum einen die Öffentlichkeit über verfassungsfeindliche Bestrebungen informieren soll und zum anderen zugleich der Warnung vor diesen Bestrebungen und somit der präventiven Bekämpfung dieser

Bestrebungen dient. Der Schutz der freiheitlichen demokratischen Grundordnung vor Kräften, die sie beseitigen wollen, ist ein legitimes Ziel[194].

### bb) Eignung

Die Berichterstattung im Verfassungsschutzbericht ist nur dann verfassungsmäßig, wenn sie zur Erreichung dieses Ziels geeignet ist. Wird im Verfassungsschutzbericht vor erwiesenermaßen verfassungsfeindlichen Bestrebungen gewarnt, besteht an der Eignung kein Zweifel. Hinsichtlich der Verdachtsberichterstattung kann man an der Eignung aber zweifeln, weil bei einer auf tatsächliche Anhaltspunkte gestützten Extremismus-Einstufung ja nicht feststeht, ob die betreffende Organisation extremistisch ist. Die Warnung vor dieser Organisation im Verfassungsschutzbericht ist geeignet, die freiheitliche demokratische Grundordnung zu schützen, wenn die Organisation verfassungsfeindlich ist. Sie ist hierzu aber ungeeignet, wenn die Organisation nicht verfassungsfeindlich ist. Dann läuft sie dem Zweck des Gesetzes sogar diametral entgegen[195].

Wenn allerdings die Entscheidung über die Warnung in einem Zeitpunkt getroffen wird, in der man zwar Anhaltspunkte für die Verfassungsfeindlichkeit hat, aber nicht sicher weiß, ob die Organisation verfassungsfeindlich ist, dann weiß man auch nicht sicher, ob die Warnung dem Schutz der freiheitlichen demokratischen Grundordnung dient oder nicht. Entscheidungen unter Ungewißheit sind freilich nichts Ungewöhnliches. Sie kennzeichnen das gesamte Recht der Gefahrenabwehr und Risikovorsorge.

Die Abwehr von Risiken oder Gefahren für ein Schutzgut setzt nicht voraus, daß ohne die Abwehrmaßnahme ein Schaden für das Schutzgut mit Gewißheit einträte. Die Ungewißheit über die Verfassungsfeindlichkeit der betreffenden Organisation steht der Eignung der Warnung im Verfassungsschutzbericht zum Schutz der verfassungsschutzrechtlichen Schutzgüter nicht entgegen. An der Eignung der Warnung im Verfassungsschutzbericht zum Schutz der freiheitlichen demokratischen Grundordnung fehlt es daher nur dann, wenn mit Sicherheit feststeht, daß die betreffende Organisation keine verfassungsfeindlichen Ziele verfolgt.

Damit ist aber das Sachproblem nicht erledigt, das darin besteht, daß in Verdachtsfällen eventuell vor einer in Wirklichkeit verfassungskonformen Organisation gewarnt wird und die Warnung daher die Demokratie schädigt, statt ihr zu nützen. Vielmehr wird dieses Problem nur auf die Prüfungsstufe der Verhältnismäßigkeit im engeren Sinne [unten dd)] verschoben.

---

194 S.o. C.I., II.

195 S.o. C.II.4.

#### cc) Erforderlichkeit

Die Aufnahme einer der Verfassungsfeindlichkeit verdächtigten Organisation in den Verfassungsschutzbericht läßt sich nicht rechtfertigen, wenn sie zur Erreichung des gesetzlichen Ziels nicht erforderlich ist. Sie ist nicht erforderlich, wenn das Ziel auch mit einem weniger intensiven Eingriff – mit einem milderen Mittel – erreicht werden kann.

Natürlich ist die Warnung vor einer nicht verfassungsfeindlichen Organisation zur Verteidigung der freiheitlichen demokratischen Grundordnung nicht erforderlich. Die Warnung vor einer Organisation, von der man nicht genau weiß, ob sie verfassungsfeindliche Ziele verfolgt, ließe sich deshalb allenfalls unter dem Aspekt der Gefahrenabwehr oder der Risikovorsorge rechtfertigen: Liegt eine Gefahr für die freiheitliche demokratische Grundordnung vor, dann muß zu ihrer Verteidigung bereits gehandelt werden können, wenn noch nicht mit Sicherheit feststeht, ob ohne eine Abwehrmaßnahme ein verfassungsschutzrechtliches Schutzgut geschädigt würde. Diese Unsicherheit ist bei Präventionsmaßnahmen unvermeidbar. Steht aber noch nicht einmal fest, ob eine Organisation überhaupt das Ziel verfolgt, ein Element der freiheitlichen demokratischen Grundordnung zu beseitigen, besteht Unsicherheit über die Grundlage der Gefahrenprognose. Es kann also allenfalls ein Gefahrenverdacht vorliegen.

Nach den rechtsstaatlichen polizeirechtlichen Grundsätzen des Umgangs mit dem Gefahrenverdacht sind bei Unsicherheit über die Tatsachen, die der Gefahrenprognose zugrunde liegen, grundsätzlich nur Gefahrenerforschungseingriffe erlaubt: Der Sachverhalt muß so weit aufgeklärt werden, daß eine auf eine verläßliche Tatsachenbasis gestützte Gefahrenprognose möglich ist. Stellt sich dann heraus, daß eine Gefahr vorliegt, können Gefahrenabwehrmaßnahmen ergriffen werden; liegt dagegen keine Gefahr vor, müssen sie unterbleiben. Nur wenn die vermutete Gefahr als so dringend erscheint, daß eine weitere Aufklärung des Sachverhalts nicht mehr möglich ist, können – auf das Nötigste beschränkte, möglichst nur vorläufige – Gefahrenabwehrmaßnahmen, die über die Sachverhaltsermittlung hinausgehen, bereits auf der Basis des Verdachts getroffen werden[196]. Man kann den Gefahrenerforschungseingriff bereits als Maßnahme der Gefahrenabwehr begreifen, wenn aufgrund tatsächlicher Anhaltspunkte eine hinreichende Schädigungswahrscheinlichkeit, also eine Gefahr gegeben ist, was bei hochwertigen Rechtsgütern schon bei erheblicher Prognoseunsicherheit und geringer Wahrscheinlichkeit der Fall sein kann. Dann ist der Gefahrenerforschungseingriff das mildeste Mittel, und auch er darf nicht eingesetzt werden, solange der Sachverhalt auch ohne Eingriff weiter aufgeklärt werden kann. Diese Grundsätze ergeben sich aus dem Verhältnismäßig-

[196] Zum Gefahrenverdacht vgl. z.B. *Christoph Gusy*, Polizeirecht, 5. Aufl. 2003, Rn. 193 ff.; *Gusy* (Fn. 159), S. 236; *Schoch*, in: Eberhard Schmidt-Aßmann (Hg.), Besonderes Verwaltungsrecht, 12. Aufl. 2003, 2. Kap. Rn. 95 ff.; *Würtenberger/Heckmann/Riggert*, Polizeirecht in Baden-Württemberg, 5. Aufl. 2002, Rn. 420 ff.

keitsgrundsatz (Übermaßverbot), sind also von Verfassungs wegen vorgegeben und somit auch auf den Verfassungsschutzbericht anzuwenden.

Analog zum Polizeirecht muß auch hier als milderes Mittel zunächst ein Gefahrenerforschungseingriff vorgenommen werden – d. h. der Verfassungsschutz muß die Organisation zunächst weiter beobachten, bis feststeht, ob der Verdacht begründet ist oder nicht. Bekämpfungsmaßnahmen hingegen kommen auf der Basis eines Verdachts nur in Frage, wenn die vermutete Gefahr so akut ist, daß mit Maßnahmen zur Verhinderung des Schadenseintritts nicht weiter abgewartet werden kann. Eine solche Situation kann wohl nur bei vermuteter Gewaltanwendung, etwa beim Verdacht eines bevorstehenden Sprengstoffanschlags auf den Bundestag, gegeben sein[197]. In bezug auf Organisationen, die – wie die meisten, über die der Verfassungsschutz berichtet – ihre vermutlich verfassungsfeindlichen Ziele gewaltfrei verwirklichen wollen, dürfte eine solche Dringlichkeitssituation wohl nie gegeben sein. Es hat eine solche Situation in der Geschichte der Bundesrepublik Deutschland jedenfalls noch nie gegeben, und es ist angesichts der über Jahrzehnte erreichten politischen Stabilität auch sehr unwahrscheinlich, daß sie je eintreten wird. Absolut ausschließen läßt sie sich aber nicht. Denkbar ist sie etwa, wenn man sich den Fall vorstellt, daß eine als verfassungsfeindlich verdächtigte Partei vor einer Bundestagswahl so großen Zuspruch findet, daß mit der Übernahme der Regierungsgewalt durch diese Partei gerechnet werden müßte und sie als Alleinregierung einer mit absoluter Mehrheit regierenden Partei, die nicht auf die Zustimmung eines verfassungskonformen Koalitionspartners angewiesen wäre, ihre möglicherweise verfassungsfeindlichen Ziele dann sofort umsetzen könnte. Aber das ist fern der Realität, mit der wir es heute in Deutschland zu tun haben.

Die Wahrscheinlichkeit, daß eine der gegenwärtig vom Verfassungsschutz beobachteten Organisationen so große politische Macht erringt, daß sie in der Lage ist, ein Element der freiheitlichen demokratischen Grundordnung außer Geltung zu setzen, bevor der Verfassungsschutz in der Lage ist, sich über ihre Zielsetzung Gewißheit zu verschaffen, ist derart gering, daß sich dieses Risiko nicht als „Gefahr" qualifizieren läßt, geschweige denn als so dringende Gefahr, daß eine weitere Sachverhaltsermittlung in Verdachtsfällen nicht mehr möglich wäre. Die Annahme, aus Gründen effektiver Abwehr von Gefahren für die freiheitliche demokratische Grundordnung müsse immer schon beim Verdacht einer verfassungsfeindlichen Zielsetzung im Verfassungsschutzbericht berichtet werden können[198], ist somit falsch[199].

---

197 In einer solchen Situation dürfte freilich die Berichterstattung im Verfassungsschutzbericht zur Abwehr der Gefahr nicht geeignet oder jedenfalls nicht ausreichend sein; hier wäre rasches Eingreifen der Polizei notwendig.

198 *VG Düsseldorf*, 14. 2. 1997 – 1 K 9318/96, UA S. 20; *VG Hamburg*, Urt. v. 13. 12. 2007 – 8 K 3483/06 – juris Rn. 38.

199 *Murswiek* (Fn. 134), S. 775 f.

Dem läßt sich auch nicht entgegenhalten, die Warnung im Verfassungsschutzbericht im besonderen setzte nicht wie das Einschreiten der Polizei eine konkrete Gefahr voraus; der Verfassungsschutz werde im Rahmen seiner Funktion als „Frühwarnsystem"[200] tätig. In der Tat dienen die Verfassungsschutzberichte und andere vom Verfassungsschutz abgegebene öffentliche Warnungen dem Schutz der verfassungsschutzrechtlichen Schutzgüter weit im Vorfeld von Gefahren im polizeirechtlichen Sinne. Deshalb darf der Verfassungsschutz vor einer erwiesenermaßen verfassungsfeindlichen Organisation auch dann warnen, wenn deren Tätigkeit keine Gefahr für die freiheitliche demokratische Grundordnung bildet, weil sie gewaltfrei vorgeht und keine reale Chance hat, ihre verfassungsfeindlichen Ziele zu verwirklichen. Eine „Frühwarnung" ohne konkrete Gefahr vor erwiesenermaßen verfassungsfeindlichen Bestrebungen scheitert nicht am Erforderlichkeitsprinzip.

In Verdachtsfällen ist das anders. Hier steht der Warnung der verfassungsrechtliche Grundsatz der Erforderlichkeit entgegen. Solange keine konkrete Gefahr für die freiheitliche demokratische Grundordnung gegeben ist, bleibt Zeit, weiter zu beobachten und zu ermitteln, ob der Verdacht sich zur Gewißheit verdichtet oder nicht. Die Warnung im Verfassungsschutzbericht ist nicht Selbstzweck, sondern dient dem Schutz der verfassungsschutzrechtlichen Schutzgüter. Wenn der Verfassungsschutz „früh", d. h. schon weit im Vorfeld einer konkreten Gefahr warnen darf, heißt das nicht, daß er auch schon in Fällen des Gefahrenverdachts – genauer: in Fällen des Verdachts eines im Vorfeld einer Gefahr befindlichen Risikos – warnen darf. Selbstverständlich gilt auch bei solchen Vorfeldmaßnahmen das Übermaßverbot. Deshalb muß hier zunächst das mildere Mittel angewendet werden, wenn dies möglich ist, ohne daß die Bewahrung des verfassungsschutzrechtlichen Schutzguts dadurch in Frage gestellt wird. Und das mildere Mittel ist in Verdachtsfällen – insbesondere im Vorfeld der Gefahrenabwehr – die Aufklärung des Verdachts. Im Verfassungsschutzbericht vor Organisationen zu warnen, von denen man noch gar nicht genau weiß, ob sie verfassungsfeindlich sind, ist ein krasses Mißverständnis dessen, was der Verfassungsschutz als „Frühwarnsystem" leisten soll[201].

Im Hinblick darauf, daß – wie gezeigt – Fallkonstellationen denkbar sind, in denen die Warnung vor einer verfassungsfeindlicher Ziele verdächtigten politischen Partei oder anderen Organisation zur Abwehr konkreter Gefahren für die freiheitliche demokratische Grundordnung erforderlich ist (konkrete Gefahr gewaltsamer Angriffe auf Institutionen, auf politische Parteien usw./konkrete Gefahr einer „Machtergreifung"), weil zur Abwehr der Gefahr keine Zeit für eine weitere Sachverhaltsaufklärung mehr gegeben ist, läßt sich die Auffassung vertreten, daß die zur Verdachtsberichterstattung ermächtigenden Vorschriften der Verfassungsschutzgesetze noch mit dem Erforderlichkeitsprinzip vereinbar sind. Allerdings

---

[200] So das Selbstverständnis des Verfassungsschutzes, vgl. z. B. VSB 2018, S. 15 ff.; VSB NRW 2018, S. 356.

[201] Einem solchen Mißverständnis unterliegt z. B. *OVG Berlin-Brandenburg*, Urt. v. 23. 11. 2011 – 1 B 111.10 – juris Rn. 33; dazu näher unten im Text bei Fn. 208.

müssen sie dann verfassungskonform dahingehend ausgelegt werden, daß sie nur in den Fällen angewendet werden dürfen, in denen eine konkrete Gefahr für die freiheitliche demokratische Grundordnung sofortige Maßnahmen zu ihrer Verteidigung notwendig macht, weil sie bei einem Abwarten, bis durch eine weitere Beobachtung Gewißheit über die Zielsetzung erlangt wurde, zu spät kämen.

Eine verfassungskonforme Auslegung des Gesetzes wäre nicht nötig, wenn sich dieses Ergebnis schon aus dem Gesetz selbst ergäbe. Aus den Ermächtigungsnormen ergibt es sich aber nicht unmittelbar. Es könnte sich jedoch aus der in § 8 Abs. 5 BVerfSchG enthaltenen Generalklausel und entsprechenden Klauseln in den Landes-Verfassungsschutzgesetzen ergeben, nach der die Verfassungsschutzbehörde von mehreren geeigneten Maßnahmen diejenige zu wählen hat, die den Betroffenen voraussichtlich am wenigsten beeinträchtigt, und nach der eine Maßnahme keinen Nachteil herbeiführen darf, der erkennbar außer Verhältnis zu dem beabsichtigten Erfolg steht. Hiernach gelten sowohl das Erforderlichkeitsprinzip als auch der Verhältnismäßigkeitsgrundsatz im engeren Sinne kraft Gesetzes für alle Maßnahmen der Verfassungsschutzbehörden, so daß die Befugnisse, die die Verfassungsschutzgesetze den Behörden geben, durch diese Klausel begrenzt werden.

Ob diese Klausel auf die Verdachtsberichterstattung im Verfassungsschutzbericht nach der Intention des Gesetzgebers Anwendung finden soll, ist freilich fraglich. Auf Bundesebene ist für den Verfassungsschutzbericht nicht die Verfassungsschutzbehörde (das Bundesamt für Verfassungsschutz) verantwortlich, sondern gemäß § 16 Abs. 2 BVerfSchG das Bundesministerium des Innern, während die Verhältnismäßigkeitsklausel des § 8 Abs. 5 BVerfSchG ihrem Wortlaut nach nur an das Bundesamt für Verfassungsschutz adressiert ist. Zudem ist das Bundesministerium des Innern nach § 16 Abs. 2 BVerfSchG nicht nur berechtigt, sondern auch verpflichtet, mindestens einmal jährlich einen Bericht über verfassungsfeindliche Bestrebungen vorzulegen, der auch Verdachtsfälle umfaßt, soweit hinreichend gewichtige tatsächliche Anhaltspunkte vorliegen. Da nach der Konzeption des Gesetzes die Berichterstattung im Verfassungsschutzbericht im Verhältnis zur Beobachtung einer Organisation keine alternative, sondern eine kumulative Maßnahme ist, muß davon ausgegangen werden, daß der Gesetzgeber das Erforderlichkeitsgebot des § 8 Abs. 5 S. 1 BVerfSchG nicht auf Verfassungsschutzberichte erstrecken wollte. Wenn man deshalb das Gesetz so auslegt, daß für die Aufnahme einer Organisation in den Verfassungsschutzbericht das Erforderlichkeitsprinzip nur für die Art und Weise, also für das „Wie“ der Berichterstattung gilt, nicht hingegen für das „Ob“, so daß nicht zu prüfen ist, ob die Erwähnung im Verfassungsschutzbericht unterbleiben muß, weil die weitere Beobachtung eine mildere Maßnahme ist, die ergriffen werden kann, ohne das verfassungsschutzrechtliche Schutzgut zu gefährden, dann ist das Gesetz in dieser Auslegung verfassungswidrig. Es bedarf daher einer verfassungskonformen Auslegung im oben dargelegten Sinne.

Rechtsstaatliche Grenze einer verfassungskonformen Auslegung ist freilich der eindeutige Wortlaut der auszulegenden Vorschrift. Läßt diese eine einschränkende verfassungskonforme Auslegung nicht zu, ist die Vorschrift verfassungswidrig. Mit dem Wortlaut als Grenze der Interpretation geht das Bundesverfassungsgericht allerdings großzügig um. Insofern erscheint es als vertretbar, die Formulierung in § 16 Abs. 2 BVerfSchG, daß über verfassungsfeindliche Bestrebungen berichtet wird, „soweit hinreichend gewichtige tatsächliche Anhaltspunkte hierfür vorliegen", unter Berücksichtigung des sich aus dem systematischen verfassungsrechtlichen Zusammenhang ergebenden Telos der Norm als umfassendes Bekenntnis des Gesetzgebers zum Verhältnismäßigkeitsgrundsatz zu interpretieren. In dieser Interpretation ist dem Tatbestand die Anforderung zu entnehmen, daß die Berichterstattung im konkreten Fall nicht nur im engeren Sinne verhältnismäßig, sondern auch erforderlich sein muß, und daß diese Anforderung sich nicht nur auf das Wie, sondern auch auf das Ob der Berichterstattung erstreckt. Das Bundesministerium des Innern ist deshalb durch das Gesetz nicht daran gehindert, seine Befugnis und Verpflichtung zur Information der Öffentlichkeit gemäß § 16 Abs. 2 BVerfSchG so auszuüben, daß dem Erforderlichkeitsprinzip Rechnung getragen wird.

Auch wenn es im Sinne rechtsstaatlicher Klarheit und Bestimmtheit besser wäre, die Ermächtigungsgrundlage für die Verdachtsberichterstattung ausdrücklich so zu fassen, daß sie nur zur Anwendung kommen darf, wenn zur Abwehr einer konkreten Gefahr für die freiheitliche demokratische Grundordnung die öffentliche Warnung vor einer der Verfassungsfeindlichkeit verdächtigten Organisation nicht bis zur Aufklärung des Verdachts hinausgeschoben werden kann, ist § 16 Abs. 2 BVerfSchG verfassungsmäßig, wenn er in diesem Sinne verfassungskonform ausgelegt wird.

#### dd) Verhältnismäßigkeit im engeren Sinne

Mit dem Kriterium, daß „hinreichend gewichtige" tatsächliche Anhaltspunkte vorliegen müssen, bringt § 16 Abs. 2 BVerfSchG zum Ausdruck, daß die Aufnahme einer Organisation in den Verfassungsschutzbericht – insbesondere in Verdachtsfällen – nur dann erfolgen darf, wenn sie dem Verhältnismäßigkeitsgrundsatz im engeren Sinne entsprechen muß. Unter diesem Aspekt ist die Vorschrift verfassungsmäßig. Die Frage, ob die Verdachtsberichterstattung im engeren Sinne verhältnismäßig ist, stellt sich daher erst auf der Ebene der Anwendung dieser Vorschrift.

#### ee) Keine Sanktion auf Verdacht

Außerdem ist zu berücksichtigen, daß die Berichterstattung über eine Organisation im Verfassungsschutzbericht eine an ihr Verhalten anknüpfende negative Sanktion ist[202], die wegen ihrer einschneidenden Wirkung die Betroffenen[203] we-

---

[202] S.o. C.II.1. im Text bei Fn. 155; *BVerfGE* 113, 63 (77); *BayVGH*, Urt. v. 22.10.2015 – 10 B 15.1320 – juris Rn 30.

[203] S.o. C.II.1.

sentlich härter treffen kann als manche Strafsanktionen. In einem Rechtsstaat darf der Staat aber nicht Sanktionen verhängen, wenn gar nicht feststeht, daß der Betroffene den Tatbestand erfüllt hat, der die Sanktion auslöst. Zwar gilt der Grundsatz „in dubio pro reo“, wie er in Art. 6 Abs. 2 EMRK formuliert ist und wie er auch Art. 103 Abs. 2 GG entnommen wird, nur für das Sanktionenrecht im engeren Sinne. Daß die Bestrafung auf Verdacht hin verfassungswidrig ist, kann aber nicht nur für Kriminalstrafen und Ordnungswidrigkeiten gelten. Andernfalls wäre es dem Staat ohne weiteres möglich, diesen rechtsstaatlichen Grundsatz zu umgehen, indem formal statt der „Strafe“ eine anders bezeichnete Sanktion verhängt wird. Die Prangerwirkung des Verfassungsschutzberichts ist eine besonders heftige Sanktion, die ihren Charakter nicht dadurch verliert, daß der Verfassungsschutzbericht in erster Linie der präventiven Gefahren- beziehungsweise Risikovorsorge dient.

Nur wenn die Warnung im Verfassungsschutzbericht der Abwehr einer konkreten Gefahr dient, tritt die Sanktionsfunktion ganz hinter die Gefahrenabwehr zurück. Insofern kann die Ermächtigungsgrundlage für die Verdachtsberichterstattung auch unter diesem Aspekt verfassungskonform ausgelegt werden, wie oben (cc) dargelegt.

### ff) Zwischenergebnis

Soweit die Verfassungsschutzgesetze des Bundes und der Länder zur Verdachtsberichterstattung ermächtigen, sind sie nur in einer einschränkenden verfassungskonformen Interpretation verfassungsmäßig. Um das Prinzip der Erforderlichkeit (oben cc) und das Rechtsstaatsprinzip (oben ee) zu wahren, müssen sie so ausgelegt werden, daß sie nur unter der Voraussetzung zur Verdachtsberichterstattung ermächtigen, daß die Warnung vor der betreffenden Organisation zur Abwehr einer konkreten Gefahr für die freiheitliche demokratische Grundordnung geboten ist, weil mit hinreichender Wahrscheinlichkeit die Schädigung dieses Schutzguts zu erwarten wäre, wenn die Warnung nicht sofort erfolgte, sondern zur Aufklärung des Verdachts zunächst weiter ermittelt würde.

In den Ländern, deren Verfassungsschutzgesetze keine ausdrückliche Ermächtigung zur Verdachtsberichterstattung enthalten, sondern in denen die Gesetze zur Berichterstattung über verfassungsfeindliche Bestrebungen ermächtigen, ist – wie oben dargelegt (C.III.1.) – die Verdachtsberichterstattung schon mangels hinreichend bestimmter gesetzlicher Grundlage verboten. Sollte ein Gericht dies anders sehen, müßte es die betreffende landesrechtliche Vorschrift in demselben Sinne verfassungskonform auslegen, wie dies für die Verfassungsschutzgesetze, die eine ausdrückliche gesetzliche Grundlage für die Verdachtsberichterstattung enthalten, dargelegt wurde.

### gg) Zur neueren Rechtsprechung

Die ältere Rechtsprechung konnte die Verdachtsberichterstattung als verfassungsmäßig betrachten, weil sie davon ausging, daß die Bezeichnung einer Organisation als „extremistisch" im Verfassungsschutzbericht nur eine Meinungsäußerung der Regierung sei, die nicht in Grundrechte eingreife und daher nur am Maßstab des Willkürverbots gerichtlich überprüft werden könne[204]. Nachdem sich die Erkenntnis durchgesetzt hat, daß der Verfassungsschutzbericht in Grundrechte der Betroffenen beziehungsweise in die Statusrechte der politischen Parteien eingreift[205], muß er sich am Verhältnismäßigkeitsgrundsatz messen lassen, und die Ermächtigung zur Verdachtsberichterstattung erweist sich – wie oben gezeigt – als unverhältnismäßig, wenn die Ermächtigungsgrundlage nicht einschränkend verfassungskonform ausgelegt wird, so daß sie nur noch in seltenen Ausnahmefällen zur Anwendung kommen kann.

Dennoch geht auch die neuere Rechtsprechung von der grundsätzlichen Verfassungsmäßigkeit der Verdachtsberichterstattung aus, sofern es eine gesetzliche Ermächtigungsgrundlage für sie gibt. Die Notwendigkeit einer verfassungskonformen Auslegung wird nicht thematisiert. Die Gerichte prüfen die Verhältnismäßigkeit der zur Verdachtsberichterstattung ermächtigenden Norm entweder gar nicht[206] oder beschränken sich auf den Hinweis, daß das Bundesverfassungsgericht keine verfassungsrechtlichen Einwände erhoben habe[207].

Das OVG Berlin-Brandenburg trägt zwar Argumente vor, die die Erforderlichkeit der Verdachtsberichterstattung begründen sollen. Sie beziehen sich aber nicht auf den verfassungsrechtlichen Erforderlichkeitsgrundsatz, sondern auf die Auslegung der Ermächtigungsgrundlage: Sinn und Zweck der Berichterstattung sei „auch eine Aufklärung im Vorfeld" verfassungsfeindlicher Bestrebungen, soweit ein Verdacht Anlaß zum Tätigwerden der Verfassungsschutzbehörden gegeben habe. Diese Zielsetzung erfordere keine „manifesten Bestrebungen". Ihr werde vielmehr „auch eine Berichterstattung im Vorfeld sicherer Erkenntnisse" gerecht, nämlich, so das Gericht: „Der demokratische Rechtsstaat des Grundgesetzes muß sich, zumal vor dem Hintergrund der historischen Erfahrungen in der Weimarer Republik und im Dritten Reich, nicht darauf zurückziehen, das Vorliegen subsumierbarer Bestrebungen gegen die freiheitliche demokratische Grundordnung abzuwarten; er darf

---

[204] Näher dazu *Murswiek* (Fn. 134), S. 775 m. Hinw. auf *BVerfGE* 40, 287 (292) und *OVG Münster*, 21.12.2000, NWVBl. 2001, 178, und *Murswiek* (Fn. 162), NVwZ 2006, S. 121 f. m.w.N. Zu dieser Rechtsprechung treffende Kritik bei *Gusy* (Fn. 155), S. 7 f.

[205] Vgl. *BVerfG*, Beschl. v. 24.5.2005 – 1 BvR 1072/01 = BVerfGE 113, 63 (76 ff., insb. 78) – JF; dazu näher oben C.II.2.

[206] Vgl. z.B. *BayVGH*, Urt. v. 22.10.2015 – 10 B 15.1320 – juris, Rn. 32 ff.; *VG München*, Urt. v. 16.10.2014 – M 22 K 14.1743 – juris Rn. 62 ff.

[207] Vgl. z.B. *BVerwG*, Urt. v. 26.6.2013 – 6 C 4/12 – juris Rn. 12; *OVG Berlin-Brandenburg*, Urt. v. 23.11.2011 – 1 B 111.10 – juris Rn. 33; ebenso *Brandt* (Fn. 135), Rn. 36.

bereits beim Vorliegen von tatsächlichen Anhaltspunkten für solche Bestrebungen mit dem Ziel ihrer Bekämpfung ‚im Keim' davor warnen."[208]

Damit verkennt das OVG, daß die Verteidigung der Demokratie nicht alle Mittel rechtfertigt und daß der Staat nicht alles darf, was gesellschaftliche Kräfte dürfen. Wenn gesellschaftliche Gruppen gegen eine politische Partei demonstrieren, um „den Anfängen zu wehren", fällt dies in ihre Freiheit. Wenn der Staat eine politische Partei stigmatisiert, um „den Anfängen zu wehren", muß er nachweisen, daß es sich um „Anfänge" – nämlich um verfassungsfeindliche Bestrebungen – handelt. Der Hinweis auf „historische Erfahrungen" kann nicht juristische Argumente und eine Subsumtion unter die Tatbestandsmerkmale ersetzen. Und wer aus der Geschichte lernen will, daß der auf Staat Verdacht hin alles im Keim ersticken darf, was er als potentielle Gefahr wahrnimmt, hat ohnehin nicht die richtigen Lehren gezogen. Rechtsstaatliche Kriterien wie die Erforderlichkeit zur Erreichung des Gemeinwohlziels – hier des Schutzes der freiheitlichen demokratischen Grundordnung – und die Verhältnismäßigkeit dürfen durch eine solche Argumentation nicht übergangen werden.

Zur Frage der grundsätzlichen Verfassungsmäßigkeit der Verdachtsberichterstattung findet sich in der verwaltungsgerichtlichen Rechtsprechung also nicht mehr als der Verweis auf den JF-Beschluß des Bundesverfassungsgerichts. Es trifft zwar zu, daß das Bundesverfassungsgericht dort die in Rede stehende gesetzliche Grundlage für die Verdachtsberichterstattung als verfassungsrechtlich unbedenklich angesehen hat, allerdings ohne Begründung[209]. Das Bundesverfassungsgericht hat gesehen, daß § 15 Abs. 2 VSG NRW in der damals geltenden Fassung (entspricht § 5 Abs. 7 n.F.) das Gebot der Erforderlichkeit nur für die Veröffentlichung personenbezogener Daten erwähnte. Dieses Gebot (wie der Verhältnismäßigkeitsgrundsatz insgesamt) bindet nach Ansicht des Senats aber auch ohne Konkretisierung im Gesetz die Verwaltung bei der Gesetzesanwendung; denn, so heißt es in dem Beschluß: Das Erforderlichkeitsgebot gilt „als Bestandteil des Verhältnismäßigkeitsgrundsatzes kraft Verfassungsrechts stets bei Eingriffen oder eingriffsgleichen Beeinträchtigungen von Grundrechten und ist daher ungeschriebenes Tatbestandsmerkmal der Norm"[210].

Dieser Satz klingt so, als solle er generell für die Ausführung von Gesetzen gelten, also nicht nur im Rahmen der Ermessensausübung, sondern auch im Rahmen der gebundenen Verwaltung. Wenn er so gemeint sein sollte, wäre diese Konzeption des Bundesverfassungsgerichts rechtsstaatlich höchst problematisch, weil sie die Gesetzesbindung der Verwaltung partiell überspielte und in demselben Maße das Entscheidungsmonopol des Bundesverfassungsgerichts bezüglich der Verfassungswidrigkeit von Gesetzen aushebelte. Die Exekutive könnte einen strikten Gesetzesbefehl außer Acht lassen, wenn seine Ausführung im konkreten Fall un-

---

208 *OVG Berlin-Brandenburg*, Urt. v. 23.11.2011 – 1 B 111.10 – juris Rn. 33.

209 *BVerfGE* 113, 63 (80f.).

210 *BVerfGE* 113, 63 (80).

verhältnismäßig ist[211]. Das ist mit den Prinzipien der Gewaltenteilung und der Rechtssicherheit schwer vereinbar. Wenn der Gesetzgeber an die Grundrechte und somit bei Grundrechtseinschränkungen an das Verhältnismäßigkeitsprinzip gebunden ist, dann muß er selbst in der Ermächtigungsgrundlage die Voraussetzungen für den Grundrechtseingriff der Exekutive so formulieren, daß gesetzesgebundene Exekutivakte nicht unverhältnismäßig sind. Dem soll hier aber nicht weiter nachgegangen werden. Entscheidend für das Verständnis des JF-Beschlusses ist, daß das Bundesverfassungsgericht das verfassungsrechtliche Verhältnismäßigkeitsprinzip und insbesondere das Prinzip der Erforderlichkeit in die Ermächtigungsgrundlage für die Berichterstattung im Verfassungsschutzbericht einschließlich der Verdachtsberichterstattung als ungeschriebenes Tatbestandsmerkmal hineinliest.

Das ist im Hinblick auf die Aufnahme bestimmter Organisationen in den Verfassungsschutzbericht auch unproblematisch, weil die zuständige Verfassungsschutzbehörde beziehungsweise das zuständige Ministerium nicht verpflichtet ist, alle Organisationen, die nach ihrer Auffassung verfassungsfeindlich sind beziehungsweise für die nach ihrer Auffassung hinreichend gewichtige tatsächliche Anhaltspunkte für verfassungsfeindliche Bestrebungen vorliegen, in den Verfassungsschutzbericht aufzunehmen; vielmehr steht es in ihrem pflichtgemäßen Ermessen, darüber zu entscheiden, welche Organisationen, hinsichtlich derer die gesetzlichen Voraussetzungen erfüllt sind, im Verfassungsschutzbericht genannt werden und welche nicht[212].

§ 16 Abs. 2 Satz 1 BVerfSchG in seiner jetzt geltenden Fassung muß unter Einbeziehung der vom Bundesverfassungsgericht postulierten ungeschriebenen Tatbestandsergänzung etwa wie folgt reformuliert werden:

> „Das Bundesministerium des Innern informiert die Öffentlichkeit über Bestrebungen und Tätigkeiten nach § 3 Absatz 1 mindestens einmal jährlich in einem zusammenfassenden Bericht insbesondere zu aktuellen Entwicklungen. Voraussetzung für die Aufnahme bestimmter Bestrebungen und Tätigkeiten nach § 3 Absatz 1 in den Bericht ist, daß für sie hinreichend gewichtige tatsächliche Anhaltspunkte vorliegen und daß die Information der Öffentlichkeit über die jeweilige Bestrebung oder Tätigkeit zum Schutz der in § 3 Absatz 1 genannten Schutzgüter erforderlich ist."

Wenn somit in jeder hier einschlägigen Ermächtigungsgrundlage das Verhältnismäßigkeitsprinzip in seinen drei Ausprägungen (Geeignetheit, Erforderlichkeit, Verhältnismäßigkeit im engeren Sinne) als ungeschriebenes Tatbestandsmerkmal

---

[211] Zwar wird auch im Falle der verfassungskonformen Auslegung das Gesetz korrigiert; dies setzt aber voraus, daß Wortlaut, Entstehungsgeschichte und Telos der Norm mehrere Auslegungen zulassen, von denen eine verfassungswidrig und eine andere verfassungsmäßig ist. Auf die verfassungsmäßige Auslegung wird die Normanwendung festgelegt. Das Gesetz anhand des verfassungsrechtlichen Maßstabes zu konkretisieren, führt zur Präzisierung und Begrenzung des einfachgesetzlichen Tatbestandes. Den verfassungsrechtlichen Maßstab dem einfachgesetzlichen Tatbestand als Additiv beizufügen – so das BVerfG im JF-Beschluß –, stellt zwar die Verfassungsmäßigkeit des Gesetzes sicher, läßt aber inhaltlich alles offen.

[212] S.o. C.III.2.c).

enthalten ist, das von den zuständigen Verfassungsschutzbehörden beziehungsweise Innenministerien bei ihrer Entscheidung über die Aufnahme einer bestimmten Organisation in den Verfassungsschutzbericht zu beachten ist, dann ist es logisch ausgeschlossen, daß die jeweilige Ermächtigungsgrundlage gegen den Verhältnismäßigkeitsgrundsatz – insbesondere gegen das Erforderlichkeitsprinzip – verstößt.

Damit ist aber das oben erörterte Problem der Erforderlichkeit der Verdachtsberichterstattung nicht erledigt; das Bundesverfassungsgericht hat es auf diese Weise lediglich von der Prüfungsstufe der Verfassungsmäßigkeit des Gesetzes auf die Prüfungsstufe der Verfassungsmäßigkeit der Gesetzesanwendung im konkreten Fall verschoben. Die Lösung des Bundesverfassungsgerichts stellt sicher, daß die Ermächtigungsgrundlage verfassungsmäßig ist, läßt aber einen wesentlichen Teil der inhaltlichen Voraussetzungen offen, unter denen sie Anwendung finden kann, während die von mir vorgeschlagene verfassungskonforme Auslegung diese Voraussetzungen auf abstrakter Ebene festlegt.

## 4. Verhältnismäßigkeit der Warnung vor einer Organisation im Einzelfall

Läßt sich die Verfassungsfeindlichkeit einer Organisation beweisen, so ist die Erwähnung dieser Organisation im Verfassungsschutzbericht in der Regel erforderlich und auch mit dem Verhältnismäßigkeitsgrundsatz im engeren Sinne vereinbar[213].

Große praktische Bedeutung hat der Verhältnismäßigkeitsgrundsatz hingegen für die Verdachtsberichterstattung. Für diese muß zunächst geprüft werden, ob im Einzelfall die Berichterstattung als solche mit dem Erforderlichkeitsgrundsatz und mit dem Verhältnismäßigkeitsgrundsatz im engeren Sinne vereinbar ist [a)]. Soweit dies der Fall ist, ergeben sich aus dem Verhältnismäßigkeitsgrundsatz zusätzliche Anforderungen an die Art und Weise der Berichterstattung [b)].

### *a) Verhältnismäßigkeit des Ob der Verdachtsberichterstattung*

Wenn eine gesetzliche Ermächtigungsgrundlage für die Verdachtsberichterstattung vorhanden ist (auf Bundesebene und in den oben genannten Ländern[214]) und die Tatbestandsvoraussetzung, daß tatsächliche Anhaltspunkte für verfassungsfeindliche Bestrebungen vorliegen, im konkreten Fall erfüllt ist, setzt die Berichterstattung über Verdachtsfälle zusätzlich voraus, daß die Berichterstattung erforderlich [aa)] und im engeren Sinne verhältnismäßig [bb), cc)] ist.

---

213 Bei sehr kleinen und unbedeutenden Organisationen könnte allerdings fraglich sein, ob die scharfe Sanktion der Anprangerung im Verfassungsschutzbericht nicht in einer unangemessenen Relation dazu steht, daß von ihnen nicht die Spur einer Gefahr für die freiheitliche demokratische Grundordnung ausgeht.

214 S.o. Fn. 176.

#### aa) Erforderlichkeit der Verdachtsberichterstattung

Die Berichterstattung über einen Verdachtsfall muß zum Schutz der verfassungsschutzrechtlichen Schutzgüter, insbesondere der freiheitlichen demokratischen Grundordnung, erforderlich sein. Es ist falsch, im Rahmen der Verhältnismäßigkeitsprüfung als Ziel oder Zweck der Verfassungsschutzberichterstattung die Information der Öffentlichkeit anzusehen[215]. Zwar dient der Verfassungsschutzbericht der Information der Öffentlichkeit, ist also Mittel des Informationszwecks. Und selbstverständlich ist er hierzu geeignet und erforderlich. Aber die Veröffentlichung des Berichts und die Information der Öffentlichkeit sind nur die zwei Seiten derselben Medaille. Bliebe der Bericht intern, würde er also nicht veröffentlicht und würde somit die Öffentlichkeit nicht informiert, dann bewirkte er keinen Grundrechtseingriff. Der Eingriff besteht gerade darin, daß die Informationen und Warnungen, die im Bericht enthalten sind, der Öffentlichkeit mitgeteilt werden. Als Grundrechtseingriff darf die Information der Öffentlichkeit kein Selbstzweck sein. Es bedarf eines übergeordneten Ziels, um den Eingriff zu rechtfertigen. Dieses übergeordnete Ziel ist der Schutz der verfassungsschutzrechtlichen Schutzgüter.

Zum Schutz der freiheitlichen demokratischen Grundordnung ist die Aufnahme einer Organisation in den Verfassungsschutzbericht nicht erforderlich, wenn es zur Erreichung dieses Ziels ein milderes Mittel gibt. Wie oben ausführlich dargelegt, ist die Verdachtsberichterstattung über eine Organisation, die ihre Ziele mit friedlichen Mitteln, also nicht gewaltsam, anstrebt, in aller Regel nicht erforderlich, weil keine Gefahr für das Schutzgut droht, wenn vor dem Einsatz von Bekämpfungsmaßnahmen – und die Warnung im Verfassungsschutzbericht ist eine solche Maßnahme – zunächst durch weitere Ermittlungen Gewißheit darüber gewonnen wird, ob der Verdacht zutrifft. Nur wenn ohne sofortige Warnung mit hinreichender Wahrscheinlichkeit die freiheitliche demokratische Grundordnung geschädigt würde, wäre die Erforderlichkeit der Verdachtsberichterstattung zu bejahen. So wie die Polizei beim Gefahrenverdacht zunächst Ermittlungsmaßnahmen ergreifen muß, um die Gefahrenlage aufzuklären, bevor sie weitergehende Gefahrenabwehreingriffe vornimmt, muß der Verfassungsschutz die betreffende Organisation zunächst weiter beobachten, um zu prüfen, ob sein Verdacht sich zur Gewißheit verdichtet, bevor er eine Warnung ausspricht. Ich verweise zur näheren Begründung auf Abschnitt C.III.3.b)cc).

Die Rechtsprechung ist bislang über diesen für die Freiheit und Chancengleichheit der Berichtsobjekte und für die Wahrung des Demokratieprinzips zentralen Prüfungspunkt ohne jede Erörterung hinweggegangen. Sie prüft die Erforderlichkeit nur hinsichtlich des Wie (dazu unten b), nicht aber hinsichtlich des Ob der Verdachtsberichterstattung. In der JF-Entscheidung des Bundesverfassungsgerichts[216] läßt sich das vielleicht damit erklären, daß der Senat der Verfassungsbeschwerde aus anderen Gründen stattgegeben hat und deshalb die weiterreichende und

---

[215] Unzutreffend z. B. *VG Düsseldorf*, Urt. v. 10. 11. 2009 – 22 K 3117/08, juris Rn. 101 ff.

[216] *BVerfG*, Beschl. v. 24. 5. 2005 – 1 BvR 1072/01 = BVerfGE 113, 63 – JF.

grundsätzlichere Frage, unter welchen Voraussetzungen die Verdachtsberichterstattung überhaupt erforderlich ist, nicht beachtet hat oder ihr ausgewichen ist. Daß aber die Verwaltungsgerichte, die Klagen von Verdachtsobjekten gegen ihre Erwähnung im Verfassungsschutzbericht abgewiesen haben, auf dieses Kriterium nicht eingegangen sind[217], ist ein schwerer verfassungsrechtlicher Mangel.

Das Bundesverfassungsgericht hat selbst bei der Formulierung der Voraussetzungen für die Berichterstattung im Verfassungsschutzbericht betont, daß das Gebot der Erforderlichkeit kraft Verfassungsrechts als ungeschriebenes Tatbestandsmerkmal der Ermächtigungsgrundlage gelte[218]. Folglich muß bezüglich jeder Organisation, die in den Verfassungsschutzbericht aufgenommen werden soll, die Erforderlichkeit der Warnung vor dieser Organisation geprüft werden. Dies ist bei Organisationen, deren Verfassungsfeindlichkeit erwiesen ist, ohne weiteres zu bejahen, während bei Verdachtsfällen die Erforderlichkeit nur in Ausnahmefällen gegeben ist, wie oben [C.III.3.b)cc)] ausführlich dargelegt.

Dennoch hat das Bundesverfassungsgericht im JF-Fall diesen Prüfungsschritt übersprungen, ohne dafür Gründe anzugeben[219]. Es prüft hinsichtlich des „Ob" der Berichterstattung nur die Verhältnismäßigkeit im engeren Sinne[220]. Zuvor hatte es festgestellt, die Ermächtigungsgrundlage – der damals geltende § 15 Abs. 2 i.V.m. § 3 Abs. 1 Nr. 1 VSG NRW – sei von der Verfassungsschutzbehörde und den Verwaltungsgerichten so ausgelegt worden, daß das Vorliegen tatsächlicher Anhaltspunkte für die Aufnahme in den Verfassungsschutzbericht ausreicht. Gegen diese Auslegung – so das Bundesverfassungsgericht – seien verfassungsrechtliche Bedenken nicht zu erheben[221].

Diese These wird vom Bundesverfassungsgericht nicht begründet. Der Senat scheint das Problem der Erforderlichkeit des „Ob" der Verdachtsberichterstattung übersehen zu haben. Dafür spricht auch, daß er die Frage, ob die Verdachtsberichterstattung grundsätzlich zulässig ist, nur als Problem der Auslegung des einfachen Rechts darstellt[222], für die die Fachgerichte zuständig seien, und nicht die Notwendigkeit einer verfassungskonformen Auslegung in Erwägung zieht.

---

[217] Vgl. *BayVGH*, Urt. v. 22. 10. 2015 – 10 B 15.1320 – juris; *OVG Berlin-Brandenburg*, Urt. v. 23. 11. 2011 – 1 B 111.10 – juris, sagt zwar, daß die Berichterstattung „unter strikter Beachtung" des Verhältnismäßigkeitsgrundsatzes erfolgen müsse (Rn. 34), prüft aber hinsichtlich des Ob weder die Erforderlichkeit noch die Verhältnismäßigkeit i. e.S.

[218] *BVerfG*, Beschl. v. 24.5.2005 – 1 BvR 1072/01 = BVerfGE 113, 63 (80) – JF; dazu bereits oben C.III.3.b) gg).

[219] *BVerfGE* 113, 63 (80 f.).

[220] *BVerfGE* 113, 63 (81).

[221] *BVerfGE* 113, 63 (80 f.).

[222] Auf die in der Lit. geäußerte Kritik an der Auslegung der Ermächtigungsgrundlage durch die Verwaltungsgerichte geht das BVerfG nicht ein, weil es sie nur als systematische Argumentation auf der Ebene des einfachen Gesetzesrechts versteht und nicht sieht, daß diese Kritik sich – unter dem Aspekt des Übermaßverbotes – auch auf die Grundrechte der Betroffenen stützt, vgl. *Murswiek* (Fn. 134), S. 776.

So wie das Bundesverfassungsgericht im JF-Beschluß die mangelnde Bestimmtheit der Ermächtigungsgrundlage für die Verdachtsberichterstattung nicht thematisiert hat, die einige Jahre später das Bundesverwaltungsgericht zutreffend festgestellt hat[223], hat es mit dem Erforderlichkeitskriterium eine weitere verfassungsrechtliche Anforderung schlicht übersehen. Dabei war die These, gegen die Auslegung des Gesetzes in dem Sinne, daß es die Verdachtsberichterstattung bei Vorliegen tatsächlicher Anhaltspunkte erlaubt, bestünden keine verfassungsrechtlichen Bedenken, insofern konsequent, als der Senat zuvor festgestellt hatte, daß das Erforderlichkeitsgebot kraft Verfassungsrechts ungeschriebener Bestandteil der Norm sei. Zu der Auslegung der Norm durch die Verwaltungsgerichte ist demnach dieses ungeschriebene Tatbestandsmerkmal hinzuzuaddieren. Aber dann muß die Norm im Einzelfall auch unter Beachtung dieses ungeschriebenen Bestandteils angewendet werden. Das Bundesverfassungsgericht hat jedoch – meines Erachtens versehentlich – eine Anwendungspraxis durch die nordrhein-westfälische Verfassungsschutzbehörde und die Verwaltungsgerichte akzeptiert, die eine auf tatsächliche Anhaltspunkte gestützte Verdachtsberichterstattung unabhängig von ihrer Erforderlichkeit für rechtmäßig hält. Das ist verfassungsrechtlich nicht vertretbar.

Dennoch stützt sich die verwaltungsgerichtliche Rechtsprechung (soweit sie das Problem der Erforderlichkeit der Verdachtsberichterstattung überhaupt anspricht) seither auf den einen – unbegründeten – Satz des Bundesverfassungsgerichts, es bestünden keine verfassungsrechtlichen Bedenken dagegen, die Ermächtigungsgrundlage dahingehend auszulegen, daß das Vorliegen tatsächlicher Anhaltspunkte ausreicht. Dieser Satz wird völlig unreflektiert wie ein Quell juristischer Offenbarung zitiert[224]. Das Bundesverfassungsgericht – so nimmt das OVG Berlin-Brandenburg an – habe mit diesem Satz offenbart, daß die Verdachtsberichterstattung schon dann verfassungsrechtlich unbedenklich sei, wenn sie auf der Basis tatsächlicher Anhaltspunkte erfolge. Das ist schon deshalb evident falsch, weil das Bundesverfassungsgericht gleich im nächsten Absatz seiner Entscheidung eine zusätzliche Anforderung formuliert: „Die tatsächlichen Anhaltspunkte müssen allerdings hinreichend gewichtig sein.“[225] Diese Anforderung ist Ausdruck des Verhältnismäßigkeitsgrundsatzes im engeren Sinne, der ebenso wie der Erforderlichkeitsgrundsatz als ungeschriebenes Tatbestandsmerkmal der Norm gilt[226]. Während das Bundesverfassungsgericht diesen Aspekt des Verhältnismäßigkeitsprinzips fallbezogen thematisiert und konkretisiert hat, hat es den Erforderlichkeitsgrundsatz bei der Konkretisierung der Voraussetzungen für die Anwendung der Norm vergessen.

---

[223] *BVerwG*, Urt. v. 26.6.2013 – 6 C 4/12 – juris Rn. 12 = NVwZ 2014, 233 mit zustimmender Anm. von *Christoph Gusy*, S. 236f., in bezug auf die ähnlich wie die nordrhein-westfälische Vorschrift, die Gegenstand der Entscheidung des Bundesverfassungsgerichts war, formulierte Vorschrift im Bundesverfassungsschutzgesetz.

[224] Vgl. *BVerwG*, Urt. v. 26.6.2013 – 6 C 4/12 – juris Rn. 12 (allerdings nur obiter dictum); *OVG Berlin-Brandenburg*, Urt. v. 23.11.2011 – 1 B 111.10 – juris Rn. 33.

[225] *BVerfGE* 113, 63 (81).

[226] *BVerfGE* 113, 63 (80).

Damit hat das Bundesverfassungsgericht aber nicht zum Ausdruck gebracht, daß das Erforderlichkeitsprinzip für das „Ob" der Verdachtsberichterstattung nicht gelten soll, auch wenn seine Formulierung in diesem Sinne mißverstanden werden kann. Erstens hat, wie gesagt, das Bundesverfassungsgericht die Geltung dieses Prinzips als ungeschriebenes Tatbestandsmerkmal der Ermächtigungsgrundlage für die Berichterstattung im Verfassungsschutzbericht ausdrücklich festgestellt, und zweitens gilt nach ständiger Rechtsprechung das Erforderlichkeitsprinzip generell für jeden Grundrechtseingriff, so daß es völlig ausgeschlossen ist, daß das Bundesverfassungsgericht speziell für die Verdachtsberichterstattung eine Ausnahme macht. Das Bundesverfassungsgericht kann also bei genauer Betrachtung gar nicht so verstanden werden, als sei es der Auffassung, für die Berichterstattung im Verfassungsschutzbericht komme es nur auf das Vorliegen tatsächlicher Anhaltspunkte an, ohne daß der hiermit verbundene Grundrechtseingriff erforderlich sein müsse. Das Bundesverfassungsgericht hat auch nicht behauptet, daß die Verdachtsberichterstattung zum Schutz der freiheitlichen demokratischen Grundordnung immer erforderlich sei, wenn (hinreichend gewichtige) tatsächliche Anhaltspunkte vorliegen. Es hat diese Frage überhaupt nicht geprüft, weil es das sich hier stellende Problem nicht gesehen hat. Während die verwaltungsgerichtliche Rechtsprechung überwiegend das vom Bundesverfassungsgericht formulierte Kriterium, daß die tatsächlichen Anhaltspunkte „hinreichend gewichtig" sein müßten, aufgreift und jedenfalls diesen Aspekt der Verhältnismäßigkeit im engeren Sinne in ihre Prüfung einbezieht[227], geht sie überwiegend auf das Erforderlichkeitskriterium gar nicht ein.

Es ist gut, daß das Bundesverfassungsgericht bei den Fachgerichten hohen Respekt genießt und daß seine Autorität nicht infrage gestellt wird. Aber die institutionelle Autorität des Bundesverfassungsgerichts zu respektieren, darf nicht dazu führen, jeden unbegründeten Satz des Bundesverfassungsgerichts zur unreflektierten Grundlage fachgerichtlicher Entscheidungen zu machen – so als ob das Bundesverfassungsgericht mit einer ausführlich begründeten Grundsatzentscheidung eine grundlegende Weichenstellung vorgenommen habe. Besonders fatal wirkt diese Autoritätshörigkeit, wenn sie sich auf einen Satz bezieht, den das Bundesverfassungsgericht wohl nicht so gemeint hat wie er bei oberflächlicher Lektüre klingt, und wenn auf diese Weise von den Fachgerichten ein Problem als „höchstrichterlich geklärt" betrachtet wird[228], welches das Bundesverfassungsgericht überhaupt nicht geklärt hat.

Das einzige Gericht, das sich für die Annahme, die Berichterstattung sei bei Vorliegen hinreichend gewichtiger tatsächlicher Anhaltspunkte gerechtfertigt, nicht nur auf das Bundesverfassungsgericht bezieht, sondern ein eigenständiges Argument entwickelt, ist – soweit ich sehe – das VG Hamburg. Das Gericht begründet die

---

[227] *BVerwG*, Urt. v. 26.6.2013 – 6 C 4/12 – juris Rn. 12; *VG Düsseldorf*, Urt. v. 21.10.2005 – 1 K 3189/03 – juris Rn. 76 ff., 86 ff.; *VG Düsseldorf*, Urt. v. 4.12.2007 – 22 K 1286/06 – juris Rn. 44 ff., 52 ff.

[228] Vgl. z.B. *VG Düsseldorf*, Urt. v. 28.5.2013 – 22 K 2532/11 – juris Rn. 160.

Rechtmäßigkeit der Verdachtsberichterstattung als Maßnahme der Gefahrenabwehr. „Angesichts des ganz besonderen Gewichts der in § 1 Abs. 1 HbgVSG genannten Rechtsgüter" genüge ein begründeter Gefahrenverdacht, „um die weit im Vorfeld angesiedelte Schutzmaßnahme" zu rechtfertigen[229]. Das ist allerdings eine (mich im übrigen nicht überzeugende[230]) Argumentation mit dem Verhältnismäßigkeitsgrundsatz im engeren Sinne. Richtig wird gesehen, daß es um einen Gefahrenverdacht (nach meiner Auffassung präziser um den Verdacht eines Risikos unterhalb der Gefahrenschwelle) geht, aber das Gericht sieht nicht, daß beim Gefahrenverdacht die Gefahrenerforschung ein milderes Mittel ist[231] und prüft die Erforderlichkeit nicht. Eine Gefahr für die freiheitliche demokratische Grundordnung, die ein sofortiges Einschreiten mittels Warnung der Öffentlichkeit schon in Verdachtsfällen erfordert, liegt entgegen der Annahme des Verwaltungsgerichts trotz der besonderen Bedeutung der zu schützenden Rechtsgüter nicht schon dann vor, wenn hinreichend gewichtige tatsächliche Anhaltspunkte für verfassungsfeindliche Bestrebungen gegeben sind[232].

Somit bleibt festzuhalten: Die Verfassungsmäßigkeit der Verdachtsberichterstattung scheitert regelmäßig am Erforderlichkeitskriterium. Die Erforderlichkeit läßt sich nur dann bejahen, wenn ohne die Berichtserstattung über einen Verdachtsfall eine konkrete Gefahr für die freiheitliche demokratische Grundordnung nicht abgewehrt werden könnte[233].

### bb) Verhältnismäßigkeit im engeren Sinne

#### *(1) Hinreichend gewichtige tatsächliche Anhaltspunkte*

Erlaubt die Ermächtigungsgrundlage die Verdachtsberichterstattung auf der Basis tatsächlicher Anhaltspunkte, so folgt, wie das Bundesverfassungsgericht gesagt hat, aus dem Verhältnismäßigkeitsgrundsatz, daß diese „hinreichend gewichtig" sein müssen. „Rechtfertigen sie nur den Schluß, daß möglicherweise ein Verdacht begründet ist, reichen sie [...] als Grundlage einer Grundrechtsbeeinträchtigung nicht aus. Stehen die Bestrebungen noch nicht fest, begründen tatsächliche Anhaltspunkte aber einen entsprechenden Verdacht, muß dessen Intensität hinreichend sein, um die Veröffentlichung in Verfassungsschutzberichten auch angesichts der nachteiligen Auswirkungen auf die Betroffenen zu rechtfertigen."[234]

---

[229] *VG Hamburg*, Urt. v. 13.12.2007 – 8 K 3483/06 – juris Rn. 38.

[230] Dazu unten C.III.4.a)bb).

[231] S.o. C.III.3.b)cc).

[232] Dazu unten C.III.4.a)bb).

[233] S.o. C.III.3.b)cc).

[234] *BVerfGE* 113, 63 (81).

Daß die tatsächlichen Anhaltspunkte „hinreichend gewichtig“ sein müssen, ist seither in der Rechtsprechung allgemein akzeptiert. Der Bundesgesetzgeber hat diese Anforderung in § 16 Abs. 2 BVerfSchG aufgenommen.

Damit bleibt freilich konkretisierungsbedürftig, unter welchen Voraussetzungen Anhaltspunkte hinreichend gewichtig sind. Daß bloße Vermutungen oder Hypothesen eine Berichterstattung im Verfassungsschutzbericht nicht rechtfertigen, ist eine Selbstverständlichkeit. Denn diese rechtfertigen nicht einmal eine Beobachtung der betreffenden Organisation, weil sie keine tatsächlichen Anhaltspunkte sind[235]. Zudem gilt schon für die Beobachtung, daß sie sich noch nicht durch jeden beliebigen tatsächlichen Anhaltspunkt rechtfertigen läßt, sondern nur dann, wenn die vorhandenen tatsächlichen Anhaltspunkte hinreichend zahlreich und gewichtig sind[236]. Da die Berichterstattung im Verfassungsschutzbericht ein wesentlich schärferer Eingriff ist als die Beobachtung, muß die Verhältnismäßigkeitsschwelle für die Aufnahme in den Verfassungsschutzbericht wesentlich höher liegen als diejenige für die Beobachtung.

Auch dies bedarf näherer Konkretisierung. Die abstrakte Vorgabe hierfür hat das Bundesverfassungsgericht formuliert, indem es gesagt hat, die Intensität des auf Tatsachen gestützten Verdachts müsse so groß sein, daß sie die Aufnahme in den Verfassungsschutzbericht auch angesichts der nachteiligen Auswirkungen auf die Betroffenen rechtfertigt. Wie intensiv der Verdacht sein muß – anders ausgedrückt: wie groß die Wahrscheinlichkeit sein muß, daß der Verdacht zutrifft –, läßt sich nur konkretisieren, wenn man die durch die Aufnahme der Betroffenen in den Verfassungsschutzbericht für deren Freiheit und Chancengleichheit bewirkten Nachteile in Relation stellt zu dem mit der Berichterstattung verfolgten Gemeinwohlziel.

Diese relationale Zuordnung kennzeichnet die Prüfung der Verhältnismäßigkeit im engeren Sinne. „Art und Schwere der Sanktion“ müssen, wie das Bundesverfassungsgericht bezüglich der Aufnahme einer Organisation in den Verfassungsschutzbericht sagt, „auf das konkrete Gefahrenpotential abgestimmt sein“[237]. Anders als früher, als die alte Rechtsprechung die Berichterstattung im Verfassungsschutzbericht noch nicht als Grundrechtseingriff ansah, sondern nur am Maßstab des Willkürverbots prüfte[238], ist es jetzt nicht mehr möglich, die Berichterstattung über eine Organisation, die irgendwelche nicht nur vereinzelten Anhaltspunkte für den Verdacht verfassungsfeindlicher Bestrebungen bietet, einfach mit dem Argument zu rechtfertigen, die freiheitliche demokratische Grundordnung sei ein so hochrangiges Gut, daß die Interessen der Betroffenen dahinter zurücktreten müßten. Vielmehr verlangt das Bundesverfassungsgericht eine konkrete Abwägung. Daher ist der Grad der Gefährdung der freiheitlichen demokratischen Grundordnung durch die konkrete Organisation mit zu berücksichtigen. Es kann in Verdachtsfällen nicht weiterhin so

[235] Dazu oben B.III.1.

[236] S.o. B.III.3.

[237] *BVerfGE* 113, 63 (82) – JF.

[238] S.o. Fn. 204.

abgewogen werden, als stünde in jedem Einzelfall die freiheitliche demokratische Grundordnung im ganzen unmittelbar auf dem Spiel. Vielmehr ist darauf abzustellen, ob von der jeweiligen Organisation im Hinblick auf ihre Größe, ihre Gewaltbereitschaft, ihre Organisationskraft und Kampagnenfähigkeit eine derart große Gefährdung ausgeht, daß die Grundrechtsbeeinträchtigung auch angesichts der Ungewißheit, ob der Extremismus-Vorwurf überhaupt zutrifft, nicht unangemessen ist[239].

Eine solche Prüfung wird von der verwaltungsgerichtlichen Rechtsprechung entweder gar nicht oder unzutreffend vorgenommen. Eine Abwägung oder jedenfalls korrelierende Gegenüberstellung sucht man in der verwaltungsgerichtlichen Rechtsprechung vergebens. Die abstrakten Kriterien des Bundesverfassungsgerichts werden in manchen Entscheidungen wiederholt beziehungsweise zitiert, aber ein Vergleich der aus der Aufnahme einer Organisation in den Verfassungsschutzbericht resultierenden Beeinträchtigung mit dem Zweck, der damit erreicht werden soll, findet nicht statt[240]. Stattdessen beschränken sich die Verwaltungsgerichte darauf, tatsächliche Anhaltspunkte aufzuzählen und dies mit der Behauptung zu verbinden, sie seien hinreichend gewichtig. Kriterien für die hinreichende Gewichtigkeit werden regelmäßig weder abstrakt benannt noch fallbezogen entwickelt[241]. Deshalb bleibt die behauptete hinreichende Gewichtigkeit in diesen Entscheidungen eine leere Floskel.

Der Bayerische Verwaltungsgerichtshof bejaht die Verhältnismäßigkeit der Berichterstattung, wenn nicht nur „vereinzelte oder wenig belastbare Erkenntnisse", sondern zahlreiche und hinreichend gewichtige Aktivitäten und Äußerungen über einen längeren Zeitraum dokumentiert sind[242]. Da aber aufgrund von vereinzelten oder wenig belastbaren Erkenntnissen eine Organisation nicht einmal beobachtet werden darf[243], sind die Voraussetzungen für die Verhältnismäßigkeit der Berichterstattung aus Sicht des VGH nur insofern anspruchsvoller als diejenigen für die Beobachtung, als eine gewisse Stetigkeit des Vorhandenseins von Anhaltspunkten gefordert wird. Daß Anhaltspunkte über einen längeren Zeitraum vorliegen müssen, damit über eine Organisation berichtet werden darf[244], ist ein zutreffender Verhältnismäßigkeitsaspekt. Aber dieser Aspekt allein sagt nichts darüber, ob die Beeinträchtigung in einem angemessenen Verhältnis zum gesetzlichen Ziel steht.

---

239 So bereits *Murswiek* (Fn. 162), NVwZ 2006, S. 121 (123, 128).

240 Vgl. z. B. *OVG Berlin-Brandenburg*, Urt. v. 23. 11. 2011 – 1 B 111.10 – juris Rn. 34 ff.; *VG Düsseldorf*, Urt. v. 21. 10. 2005 – 1 K 3189/03 – juris Rn. 76 ff., 86 ff.; *VG Düsseldorf*, Urt. v. 4. 12. 2007 – 22 K 1286/06 – juris Rn. 44 ff., 52 ff.; *VG Düsseldorf*, Urt. v. 28. 5. 2013 – 22 K 2532/11 – juris Rn. 88 ff., 96 ff.

241 Vgl. die in Fn. 240 zitierten Urteile.

242 *BayVGH*, Urt. v. 22. 10. 2015 – 10 B 15.1320 – juris Rn. 97.

243 S. o. C.III.3.d).

244 So die bayerische VSB-Praxis nach Darstellung des Beklagten in *BayVGH*, Urt. v. 22. 10. 2015 – 10 B 15.1320 – juris Rn. 97.

Was also muß in die Verhältnismäßigkeitsprüfung eingestellt werden?

Wie schwerwiegend der Eingriff für die Betroffenen sein kann, wurde oben (C.II.) ausführlich dargestellt. Bei politischen Parteien ist nicht nur die Freiheit der politischen Betätigung betroffen, sondern auch die Chancengleichheit bei Wahlen wird schwerwiegend beeinträchtigt. Es reicht nicht aus festzustellen, daß die Aufnahme in den Verfassungsschutzbericht ein Grundrechtseingriff beziehungsweise ein Eingriff in die Freiheit und Chancengleichheit der politischen Parteien ist, sondern es muß in den Blick genommen werden, welche konkreten Auswirkungen zu befürchten sind und wie schwerwiegend diese sind.

Hinsichtlich der Gemeinwohlziele, die mit der Berichterstattung verfolgt werden, muß nicht nur festgestellt werden, gegen welche verfassungsschutzrechtlichen Schutzgüter sich die betreffende Organisation vermutlich richtet, sondern es muß auch abschätzt werden, wie groß die Wahrscheinlichkeit der Schädigung dieser Schutzgüter ist, wenn vor dieser Organisation im gegebenen Zeitpunkt noch nicht gewarnt wird. Diese Wahrscheinlichkeit wird in den meisten Fällen sehr gering sein und gegen Null tendieren, sofern die Organisation ihre Ziele mit friedlichen Mitteln erreichen will. Sieht der Verfassungsschutz von der Warnung vorerst ab, wird also für die freiheitliche demokratische Grundordnung kein Schaden entstehen[245]. Demgegenüber wäre der Schaden für die freiheitliche demokratische Grundordnung groß, wenn der Verfassungsschutz auf Verdacht hin im Verfassungsschutzbericht eine Warnung ausspricht und sich später herausstellt, daß der Verdacht unberechtigt war, weil die Organisation keine verfassungsfeindlichen Bestrebungen verfolgt. Dies gilt ganz besonders, wenn eine politische Partei betroffen ist. Wird sie durch Stigmatisierung im Verfassungsschutzbericht zu Unrecht in ihren Wahlchancen beeinträchtigt, kann der Schaden für die Demokratie irreversibel sein.

Bei der Abwägung darf daher nicht nur der potentielle Nutzen der Warnung für die freiheitliche demokratische Grundordnung der Beeinträchtigung der Rechte der betroffenen Organisation gegenübergestellt werden, sondern auf Seiten des Gemeinwohls muß der potentielle Nutzen mit dem potentiellen Schaden für die freiheitliche demokratische Grundordnung saldiert werden. Dieser Saldo wird praktisch immer negativ sein; das heißt der potentielle Schaden für die Demokratie ist immer größer als der potentielle Nutzen, weil – wie gesagt – das vorläufige Unterlassen einer Warnung bis zur Ausermittlung der Zielsetzung der betreffenden Organisation

[245] Eine konkrete Gefahr ist regelmäßig nicht gegeben, weil die Organisation weit davon entfernt ist, soviel Einfluß zu gewinnen, daß sie eine Chance hat, ihre vermuteten verfassungsfeindlichen Ziele zu verwirklichen. Hinsichtlich der betreffenden Organisation besteht deshalb nicht einmal ein Gefahrenverdacht, sondern nur der Verdacht, sie ziele darauf ab, ein verfassungsschutzrechtliches Schutzgut zu beeinträchtigen. Der Verdacht einer Gefahr wäre das nur, wenn die hinreichende Wahrscheinlichkeit bestünde, daß die Organisation in absehbarer Zeit ihre (vermeintlichen) Ziele verwirklichen kann. Deshalb ist in aller Regel die freiheitliche demokratische Grundordnung durch eine nicht gewaltbereite Organisation, die verfassungsfeindlicher Bestrebungen verdächtigt wird, nicht gefährdet. Unzutreffend insoweit *VG Hamburg*, Urt. v. 13.12.2007 – 8 K 3483/06 – juris Rn. 38.

nicht zu einer Beeinträchtigung der freiheitlichen demokratischen Grundordnung führt, während die Warnung auf Verdacht hin die freiheitliche demokratische Grundordnung schädigt, falls der Verdacht sich später als unberechtigt herausstellt. Demokratiewidrige Einwirkungen auf den politischen Willensbildungsprozeß lassen sich nur dann zuverlässig vermeiden, wenn nur solche Organisationen im Verfassungsschutzbericht angeprangert werden, deren Verfassungsfeindlichkeit eindeutig erwiesen ist[246]. Somit steht die Beeinträchtigung der grundrechtlich geschützten Freiheit beziehungsweise der Betätigungsfreiheit und Chancengleichheit der politischen Parteien bei der Verdachtsberichterstattung über nicht gewaltbereite Organisationen so gut wie immer in einem völlig unangemessenen Verhältnis zu dem Nutzen für das Gemeinwohl.

Hinzu kommt, daß es kontraproduktiv sein kann, eine Organisation, deren Verfassungsfeindlichkeit nicht erwiesen ist, in den Verfassungsschutzbericht aufzunehmen. Die Stigmatisierung als extremistisch im Verfassungsschutzbericht kann nämlich dazu führen, daß in einer Organisation, in der zunächst verfassungstreue Kräfte die Oberhand hatten, extremistische Kräfte sich durchsetzen, weil Menschen, die im öffentlichen Dienst arbeiten oder die auch in der Privatwirtschaft mit beruflichen Schwierigkeiten zu rechnen hätten, sich von einer solchen Organisation fernhalten beziehungsweise aus ihr austreten und weil politisch gemäßigt eingestellte Menschen das Stigma fürchten und sich zurückziehen, während Menschen mit in der Tat extremistischen Ansichten sich von einer solchen Organisation angezogen fühlen, dort Mitglied werden und Einfluß gewinnen[247]. So bringt der Verfassungsschutzbericht hervor, was er bekämpft. Auch dies ist ein Faktor, der im Rahmen der Verhältnismäßigkeitsprüfung berücksichtigt werden muß.

Der potentielle Schaden der Verdachtsberichterstattung nicht nur für die Freiheit und Chancengleichheit der Betroffenen, sondern auch für die Demokratie steht somit in aller Regel in einem völlig unangemessenen Verhältnis zu dem potentiellen Nutzen, den es hat, wenn die Berichterstattung im Verfassungsschutzbericht schon zu einem Zeitpunkt erfolgt, in dem die Verfassungsschutzbehörde noch keine Gewißheit über die Verfassungsfeindlichkeit der betreffenden Organisation erlangt hat.

Im Regelfall ist somit die Verdachtsberichterstattung wegen Verstoßes gegen den Verhältnismäßigkeitsgrundsatz im engeren Sinne verfassungswidrig. Ausnahmen werden nur gegeben sein, wenn es ohne die Berichterstattung mit hinreichender Wahrscheinlichkeit zur Beseitigung oder Schädigung eines verfassungsschutzrechtlichen Schutzguts käme, wenn also eine konkrete Gefahr für dieses Schutzguts vorläge, die nur durch sofortige Berichterstattung abgewendet werden könnte (also wenn beispielsweise Gewalttaten befürchtet würden, vor denen gewarnt werden müßte). Nur in einem solchen Ausnahmefall ist der potentielle Schaden, der dem Gemeinwohl im Falle der Nichtberichterstattung droht, größer als der potentielle Schaden, der der betroffenen Organisation im Falle der Berichterstattung droht.

---

[246] *Murswiek* (Fn. 134), S. 775.

[247] Vgl. *Backes/Jesse*, in: Jb. Extremismus und Demokratie 8 (1996), S. 13 (18).

### *(2) Überwiegende Wahrscheinlichkeit*

Unabhängig von dem, was oben zur Erforderlichkeit [aa)] und zur Verhältnismäßigkeit im engeren Sinne [bb)] gesagt wurde, ergibt sich aus dem Verhältnismäßigkeitsgrundsatz im engeren Sinne zumindest folgende einschränkende Voraussetzung für die Verdachtsberichterstattung, die sich auf die Dringlichkeit des Verdachts bezieht:

Wird im Verfassungsschutzbericht vor einer Organisation gewarnt, von welcher der Verfassungsschutz aufgrund tatsächlicher Anhaltspunkte vermutet, sie verfolge verfassungsfeindliche Bestrebungen, so ist es lediglich eine von zwei Möglichkeiten, daß vor tatsächlichen Verfassungsfeinden gewarnt wird; möglich ist auch, daß der Verdacht unberechtigt ist und daß der Verfassungsschutzbericht vor einer Organisation warnt, die in Wirklichkeit keine verfassungsfeindlichen Ziele verfolgt. Somit kann die Aufnahme einer solchen Organisation in den Verfassungsschutzbericht allenfalls dann verhältnismäßig sein, wenn die tatsächlichen Anhaltspunkte eine überwiegende Wahrscheinlichkeit begründen, daß die Organisation verfassungsfeindliche Bestrebungen verfolgt[248]. Das Gegenteil läßt sich nicht mit dem Argument begründen, daß die Verteidigung der freiheitlichen demokratischen Grundordnung doch viel wichtiger sei als die Rechtsposition der Betroffenen. Denn die Anprangerung einer Organisation, insbesondere einer politischen Partei, die zu Unrecht verfassungsfeindlicher Bestrebungen verdächtigt wird, schädigt eben nicht nur diese Partei, sondern zugleich die Demokratie, also ein Element der freiheitlichen demokratischen Grundordnung[249]. Man kann die Demokratie nicht durch eine Maßnahme verteidigen, die ihr mit größerer Wahrscheinlichkeit schadet als daß sie ihr nützt.

„Hinreichend gewichtig", um die Aufnahme in den Verfassungsschutzbericht zu rechtfertigen, sind die tatsächlichen Anhaltspunkte also nur dann, wenn die Wahrscheinlichkeit, daß der Verdacht verfassungsfeindlicher Bestrebungen, den sie begründen, größer als 50 % ist.

### *(3) Notwendigkeit einer Gesamtbetrachtung*

Ein solches Wahrscheinlichkeitsurteil ist nur aufgrund einer Gesamtbetrachtung aller erkennbaren Umstände möglich. Es reicht nicht aus, daß tatsächliche Anhaltspunkte vorliegen, die für eine verfassungsfeindliche Zielsetzung sprechen. Die Verfassungsschutzbehörde verfehlt von vornherein ihren Auftrag, wenn sie nur nach Anhaltspunkten sucht, die *für* die Verfassungsfeindlichkeit einer Organisation sprechen. Sie muß ebenso solche Umstände ermitteln und zur Kenntnis nehmen, die *gegen* die Verfassungsfeindlichkeit der Zielsetzung sprechen[250]. Andernfalls entsteht

---

[248] Näher dazu *Murswiek* (Fn. 162), NVwZ 2006, S. 121 (123).

[249] S.o. C.II.4.

[250] Das gilt nicht nur für die Darstellung im Verfassungsschutzbericht, sondern auch vor allem schon für die Beobachtung, s. o. B.III.3.

ein völlig verzerrtes Bild der betreffenden Organisation und eine völlig verzerrte Vorstellung des von ihr ausgehenden Gefahrenpotentials. Nur wenn mit dem Ziel der Wahrheitsfindung, also vom Ansatz her neutral, ermittelt wird und positive ebenso wie negative tatsächliche Umstände in gleicher Weise in die Sachverhaltsermittlung eingehen, kann konkret beurteilt werden, ob das Gefahrenpotential so groß ist, daß es die Warnung im Verfassungsschutzbericht rechtfertigt[251].

Außerdem verlangt das Bundesverfassungsgericht eine Abwägung der betroffenen Grundrechtsposition mit dem konkreten Gefährdungspotential. Daher ist der Grad der Gefährdung der freiheitlichen demokratischen Grundordnung durch die konkrete Organisation mit zu berücksichtigen. Es kann in Verdachtsfällen nicht so abgewogen werden, als stünde in jedem Einzelfall die freiheitliche demokratische Grundordnung im Ganzen unmittelbar auf dem Spiel. Vielmehr ist darauf abzustellen, ob von der jeweiligen Organisation im Hinblick auf ihre Größe, ihre Gewaltbereitschaft, ihre Organisationskraft und Kampagnenfähigkeit eine derart große Gefährdung ausgeht, daß die Grundrechtsbeeinträchtigung auch angesichts der Ungewißheit, ob der Extremismus-Vorwurf überhaupt zutrifft, nicht unangemessen ist[252].

Die verwaltungsgerichtliche Rechtsprechung ist auch in dieser Hinsicht sehr defizitär. Denn wo sie zur Beurteilung einer Organisation eine „Gesamtschau" vornimmt, beschränkt sich diese in der Regel auf die Betrachtung der vom Verfassungsschutz präsentierten Anhaltspunkte. Weder werden entlastende Umstände systematisch ermittelt und in die Gesamtschau einbezogen, noch wird das konkrete Gefahrenpotential dargestellt und bewertet. Wo das aber nicht stattfindet, ist die Verhältnismäßigkeitsprüfung fehlerhaft.

### cc) Schlußbemerkung: Keine Herrschaft des Verdachts

Hält man entgegen der von mir vertretenen Auffassung die Verdachtsberichterstattung überhaupt für zulässig, darf sie jedenfalls nicht so verstanden werden, daß schon hinsichtlich der als Anhaltspunkte herangezogenen Meinungsäußerungen und anderen Verhaltensweisen der Verdacht genügt, dahinter könnte eine verfassungsfeindliche Zielsetzung stehen.

Ob eine Organisation verfassungsfeindliche Bestrebungen verfolgt, muß oft aus der Summe vieler einzelner Belege beziehungsweise Anhaltspunkte, aus vielen Äußerungen und Verhaltensweisen einzelner Personen geschlossen werden. Auf diese Vielzahl von Tatsachen wird der Verdacht gestützt, die Organisation verfolge verfassungsfeindliche Ziele. Wenn aber die einzelnen als Belegstücke herangezogenen Meinungsäußerungen und Verhaltensweisen nicht klar und eindeutig auf eine verfassungsfeindliche Zielsetzung und auf eine auf die Verwirklichung des Ziels

---

251 Vgl. *Murswiek* (Fn. 162), NVwZ 2006, S. 121 (123).

252 *Murswiek* (Fn. 162), NVwZ 2006, S. 121 (128).

gerichtete Aktivität schließen lassen, sondern eine solche Zielsetzung als der jeweiligen Meinungsäußerung oder sonstigen Verhaltensweise zugrundeliegend nur vermutet und unterstellt wird, dann wird der Verdacht, die Organisation sei verfassungsfeindlich, nicht auf Tatsachen gestützt, sondern nur auf den Verdacht, solche Tatsachen lägen vor. Wäre dies zulässig, könnte schon im Falle des Verdachts eines Verdachts im Verfassungsschutzbericht berichtet werden. Dann wären endlose Verdachtskaskaden konstruierbar, und der Verfassungsschutz könnte nach politischem Belieben diejenigen Gruppen als extremistisch stigmatisieren, die den etablierten Kräften lästig werden. Man muß nicht besonders betonen, daß dies mit zentralen Grundsätzen von Demokratie und Rechtsstaat unvereinbar wäre. Die Verfassungsschutzgesetze sowie die vom Bundesverfassungsgericht für den Verfassungsschutzbericht aufgestellten Kriterien lassen nicht zu, daß die Berichterstattung nur auf den Verdacht eines Verdachts gestützt wird[253].

### *b) Verhältnismäßigkeit des Wie der Berichterstattung*

Auch hinsichtlich der Art und Weise der Berichterstattung muß der Verhältnismäßigkeitsgrundsatz beachtet werden. Daß im Verfassungsschutzbericht keine falschen Tatsachenbehauptungen über die betroffene Organisation aufgestellt werden dürfen – diese sind nie zur Wahrung der freiheitlichen demokratischen Grundordnung erforderlich –, versteht sich von selbst; ebenso, daß die Darstellung sachlich sein muß – politische Polemik ist von den Aufgaben des Verfassungsschutzes und von der Ermächtigungsgrundlage für die Berichterstattung nicht gedeckt.

Als praktisch bedeutsame Anforderungen, die sich aus dem Verhältnismäßigkeitsgrundsatz ergeben, haben sich die Notwendigkeit der Unterscheidung von Fällen erwiesener Verfassungsfeindlichkeit [aa)] und die hinreichend deutliche Kenntlichmachung dieser Unterscheidung [bb)] erwiesen. Auch muß der Umfang der Berichterstattung in einem angemessenen Verhältnis zur Bedeutung der jeweiligen Organisation stehen [cc)].

#### aa) Unterscheidung von Fällen erwiesener Verfassungsfeindlichkeit und Verdachtsfällen

Der Grundsatz der Erforderlichkeit ist nicht nur auf das Ob, sondern auch auf das Wie der Berichterstattung anzuwenden. Geht man davon aus, daß auch über Verdachtsfälle berichtet werden darf, ergibt sich aus dem Grundsatz der Erforderlichkeit, daß im Verfassungsschutzbericht deutlich zwischen solchen Organisationen unterschieden werden muß, deren Verfassungsfeindlichkeit erwiesen ist, und solchen, die verfassungsfeindlicher Bestrebungen lediglich verdächtigt werden[254]. Es ist mit dem

---

253 *Murswiek* (Fn. 162), NVwZ 2006, S. 121 (125); siehe auch oben B.III.1.

254 Vgl. *BVerfGE* 113, 63 (84) – JF; und z. B. *VG München*, Urt. v. 16.10.2014 – M 22 K 14.1743 – juris Rn. 87.

Gebot der Erforderlichkeit nicht vereinbar und deshalb verfassungswidrig, im Verfassungsschutzbericht solche Organisationen, deren Verfassungswidrigkeit nicht erwiesen ist, als verfassungsfeindlich beziehungsweise extremistisch zu bezeichnen[255]. Vielmehr muß deutlich gesagt werden, daß es sich bei der betreffenden Organisation um einen Verdachtsfall handelt.

### bb) Kenntlichmachung von Verdachtsfällen

Das Bundesverfassungsgericht hat dem Verhältnismäßigkeitsprinzip außerdem entnommen, daß Verdachtsfälle und Fälle erwiesener Verfassungsfeindlichkeit in der Gestaltung des Verfassungsschutzberichts so klar unterschieden werden müssen, daß der Unterschied auch dem flüchtigen Leser deutlich ins Auge tritt[256].

Das Bundesverfassungsgericht hat sich zwar nicht auf bestimmte konkrete Anforderungen an die Gestaltung des Berichts festgelegt. Es hat jedoch darauf hingewiesen, daß die Medien bei ihrer Berichterstattung über verfassungsfeindliche Bestrebungen im Text des Verfassungsschutzberichts enthaltene Nuancierungen üblicherweise nicht wiedergeben, sondern alle im Verfassungsschutzbericht in der gleichen Rubrik aufgeführten Organisationen auf eine Stufe stellen[257]. Die Kennzeichnung von Verdachtsfällen durch einen Einleitungssatz wie „Programmatische Aussagen und politische Praxis der ‚Linkspartei.PDS' bieten weiterhin tatsächliche Anhaltspunkte für linksextremistische Bestrebungen"[258] reicht keineswegs aus, um die vom Bundesverfassungsgericht geforderte klare Unterscheidung vorzunehmen.

Selbst wenn aber durch Überschriften, Randbemerkungen oder Kopfzeilen darauf hingewiesen wird, daß über einen Verdachtsfall berichtet wird, ist dem Grundsatz der Erforderlichkeit noch nicht Genüge getan. Denn dieser verlangt, daß das am wenigsten belastende Mittel eingesetzt wird. Ein weniger belastendes Mittel besteht darin, daß über Verdachtsfälle in besonderen, von den Fällen erwiesener Verfassungsfeindlichkeit unterschiedenen Kapiteln berichtet wird, die auch in Gliederung, Überschriften, Kopfzeilen und Randmarkierungen textlich und graphisch hervorheben, daß die Verfassungsfeindlichkeit der betreffenden Organisation nicht erwiesen ist. Eine solche Darstellung belastet die verdächtigten Organisationen weit weniger, als wenn sie – wie bisher – unterschiedslos in die Kapitel „Rechtsextremismus", „Linksextremismus" oder „Islamismus" mit brauner, roter oder grüner Randmarkierung eingeordnet und in eine Reihe mit nachweislich verfassungsfeindlichen Organisationen gestellt werden. Soweit man also die Verdachtsbe-

---

[255] Vgl. *BVerfGE* 113, 63 (84) – JF; und z. B. *OVG Berlin-Brandenburg*, Urt. v. 23.11.2011 – 1 B 111.10 – juris Rn. 34; *VG Düsseldorf*, Urt. v. 21.10.2005 – 1 K 3189/03 – juris Rn. 82; kraß unzutreffend *BayVGH*, Urt. v. 22.10.2015 – 10 B 15.1320 – juris Rn. 97; *VG München*, Urt. v. 16.10.2014 – M 22 K 14.1743 – juris Rn. 85 f.

[256] *BVerfGE* 113, 63 (87); ebenso *VG München*, Urt. v. 16.10.2014 – M 22 K 14.1743 – juris Rn. 87.

[257] *BVerfGE* 113, 63 (87).

[258] VSB 2005, S. 156.

richterstattung überhaupt für zulässig ansieht, ist jedenfalls die separate Darstellung der Verdachtsfälle in besonderen, von den Fällen erwiesener Verfassungsfeindlichkeit auch graphisch klar abgegrenzten Kapiteln ein Gebot des Erforderlichkeitsgrundsatzes[259]. Dies ist nicht nur die Form der Darstellung, welche die Betroffenen am wenigsten belastet, sondern zugleich die Form der Darstellung, welche dem gesetzlichen Zweck am besten dient. Denn es läuft dem Zweck des Gesetzes zuwider, wenn der Eindruck erweckt wird, Organisationen, die aufgrund eines (durch tatsächliche Anhaltspunkte für verfassungsfeindliche Bestrebungen begründeten) Verdachts vom Verfassungsschutz beobachtet werden, seien nachweislich verfassungsfeindlich oder seien jedenfalls ebenso wie nachweislich verfassungsfeindliche Organisationen zu behandeln und insbesondere aus dem politischen Prozeß auszugrenzen.

Wenn nur über einzelne Verdachtsfälle berichtet wird, stört die Aufnahme in ein besonderes Kapitel die Form der Präsentation vielleicht zu sehr. Dann mag auch die Einordnung in das allgemeine Kapitel (Rechtsextremismus, Linksextremismus usw.) vertretbar sein. Was nicht vertretbar ist, ist allerdings, daß in der Kopfzeile oder Fußzeile bei den Verdachtsfällen ebenso wie bei den Fällen erwiesener Verfassungsfeindlichkeit „Rechtsextremismus" oder „Linksextremismus" steht. Hier müßte bei Verdachtsfällen in der Kopf- oder Fußzeile das Wort „Verdachtsfall" hinzugefügt werden.

Die Verwaltungsgerichte setzen diese Anforderung nicht durch, weil das Bundesverfassungsgericht nur gesagt habe, für den flüchtigen Leser müsse durch die Gestaltung des Berichts erkennbar sein, daß für die Organisationen, über die als Verdachtsfälle berichtet wird, verfassungsfeindliche Bestrebungen nicht festgestellt sind[260]; das Bundesverfassungsgericht habe hingegen nicht gefordert, daß über Verdachtsfälle in besonderen, von den Fällen erwiesener Verfassungsfeindlichkeit deutlich abgesetzten, mit einer anderen Überschrift, einer anderen Kopfzeile und einer anderen Farbgestaltung zu berichten sei[261]. Das ist zwar richtig. Aus den Feststellungen des Bundesverfassungsgerichts ergibt sich aber nicht, daß sich im konkreten Fall aus dem Grundsatz der Erforderlichkeit nicht speziellere Anforderungen ergeben können, als das Bundesverfassungsgericht sie auf ziemlich hohem Abstraktionsniveau formuliert hat. Eine mißverständliche Kopfzeile über dem Abschnitt, der beispielsweise einem linksextremistischen Verdachtsfall gewidmet ist – nämlich „Linksextremismus" statt beispielsweise „Linksextremismus – Verdachtsfall" – belastet die betroffene Organisation stärker als die präzisere Alternative. Die Verwaltungsgerichte dürfen sich nicht darauf beschränken, das umzusetzen, was das

---

[259] Vgl. *Murswiek* (Fn. 134), S. 777; *Murswiek* (Fn. 162), NVwZ 2006, S. 121 (126 f.). – Das bedeutet nicht, daß alle Verdachtsfälle in einem zweiten Teil des Berichts behandelt werden müssen. Um den Sachzusammenhang zu wahren, könnten sie etwa am Schluß des Kapitels zum jeweiligen Phänomenbereich (Rechtsextremismus, Linksextremismus usw.) dargestellt werden.

[260] Vgl. *OVG NRW*, Beschl. v. 9.2.2011 – 5 A 2766/09 – juris Rn. 12.

[261] *VG Düsseldorf*, Urt. v. 28.5.2013 – 22 K 2532/11 – juris Rn. 168–170.

Bundesverfassungsgericht ihnen ausdrücklich vorgegeben hat; sie müssen die verfassungsrechtlichen Anforderungen für Grundrechtseingriffe selbständig fallbezogen anwenden. Und dazu gehört, daß ein Eingriff verfassungswidrig ist, wenn das Ziel des Gesetzes mit einem weniger belastenden Mittel erreicht werden kann. So ist in obigem Beispiel eine Kopfzeile, die den Verdachtsfall von einem Fall erwiesener Verfassungsfeindlichkeit unterscheidet, ein eindeutig weniger belastendes Mittel.

Die meisten Verfassungsschutzbehörden haben sich noch jahrelang nach dem JF-Beschluß des Bundesverfassungsgerichts nicht um die Anforderungen gekümmert, die sich aus dieser Entscheidung für die Art und Weise der Berichterstattung aus dem Verhältnismäßigkeitsgrundsatz ergeben[262]. Das hat sich inzwischen teilweise gebessert – schon deshalb, weil mittlerweile nicht nur in Berlin und Brandenburg[263], sondern auch in Niedersachsen und Rheinland-Pfalz nur über Fälle erwiesener Verfassungsfeindlichkeit berichtet wird, wie in den Verfassungsschutzberichten ausdrücklich gesagt wird[264]. In Bremen[265] und in Thüringen[266] ist die Kenntlichmachung von Verdachtsfällen gesetzlich jetzt ausdrücklich vorgeschrieben. Im Verfassungsschutzbericht des Bundes werden die (vereinzelten) Verdachtsfälle, über die berichtet wird, deutlich gekennzeichnet[267]. Nordrhein-Westfalen kennzeichnet die Verdachtsfälle zwar deutlich, aber die Bedeutung der Kennzeichnung ist nur für denjenigen Leser erkennbar, der die Erläuterung in der Einleitung gelesen hat[268]; das reicht keineswegs aus. In Bayern werden Verdachtsfälle nicht gekennzeichnet, weil der Verfassungsschutz behauptet, dort gebe es keine Verdachtsberichterstattung[269]. Diese Praxis hat der Bayerische Verwaltungsgerichtshof gebilligt[270], obwohl in Bayern über Bestrebungen berichtet wird, bei denen (hinreichend gewichtige) Anhaltspunkte für Extremismus vorliegen[271] – also genau das getan wird, was man Verdachtsberichterstattung nennt. Diese mangelnde Unterscheidung zwischen erwiesenermaßen verfassungsfeindlichen Bestrebungen und solchen, für die aufgrund

---

262 Ausführliche Darstellung und Analyse bei *Dietrich Murswiek*, Verfassungsschutz durch Information der Öffentlichkeit – Zur Entwicklung der Verfassungsschutzberichte seit dem JF-Beschluss, in: Informationsfreiheit und Informationsrecht, Jb. 2009, S. 57 (73 ff.).

263 Dazu *Murswiek* (Fn. 262), S. 86 f. – In Brandenburg hat sich die Rechtslage geändert; dort wurde eine Ermächtigungsgrundlage für die Verdachtsberichterstattung geschaffen, § 5 Abs. 1 Satz 1 BbgVSG (gültig ab 21.6.2019).

264 Vgl. VSB Nds 2017, S. 30, VSB Nds 2018 (Vorabfassung), S. 14 (obwohl in Niedersachsen eine Ermächtigungsgrundlage für die Verdachtsberichterstattung gegeben ist, § 33 Abs. 1 Satz 2 NdsVSG); VSB RP 2017, S.13, 2018, S. 14.

265 § 4 Abs. 1 S. 4 BremVSG.

266 § 5 Abs. 2 S. 7 ThürVSG.

267 Vgl. VSB 2018, S. 7, 50, 82 f., 359.

268 Vgl. VSB NRW 2017, S. 9, 252 ff., 2018, S. 9, 356 ff. und z.B. S. 12, 31, 65, 162.

269 VSB Bay 2018, S. 25.

270 *BayVGH*, Urt. v. 22.10.2015 – 10 B 15.1320 juris Rn. 35, 97.

271 VSB Bay 2018, S. 25; Art. 26 Abs. 2 i.V.m. Abs. 1 Nr. 1 BayVSG.

tatsächlicher Anhaltspunkte ein entsprechender Verdacht besteht, ist eindeutig verfassungswidrig[272].

### cc) Umfang der Berichterstattung

Aus dem Verhältnismäßigkeitsgrundsatz folgt auch, daß der Umfang der Berichterstattung über eine bestimmte Organisation in einem angemessenen Verhältnis zu ihrer Bedeutung und dem Umfang ihrer Aktivitäten stehen muß. Hierbei haben die Verfassungsschutzbehörden beziehungsweise die Herausgeber der Verfassungsschutzberichte allerdings einen erheblichen Gestaltungsspielraum. Es können auch andere sachgerechte Gesichtspunkte – wie etwa Aktualität oder Zusammenhang mit anderen verfassungsschutzrelevanten Aktivitäten – den Umfang der Berichterstattung mitbestimmen.

### dd) Zeitliche Dauer der Berichterstattung

Bei Fällen erwiesener Verfassungsfeindlichkeit gibt es keine Einschränkungen hinsichtlich der Dauer der Berichterstattung. Über Verdachtsfälle hingegen darf nicht über viele Jahre hinweg berichtet werden. Wenn man annimmt, daß in Verdachtsfällen die Warnung im Verfassungsschutzbericht überhaupt zum Schutz der Verfassung erforderlich ist, dann wird man die Erforderlichkeit jedenfalls dann verneinen müssen, wenn nach einigen Jahren der Verdacht nicht zur Gewißheit erstarkt ist[273]. Denn zumindest in einem solchen Fall kann man nicht annehmen, daß von der betreffenden Organisation eine solche Gefahr für die Demokratie ausgeht, daß dies die Sanktion rechtfertigt, bevor der Sachverhalt hinreichend aufgeklärt ist. Wäre die Gefahr akut, hätte sich die verfassungsfeindliche Zielsetzung längst manifestieren müssen.

Abgesehen davon begrenzt der Verhältnismäßigkeitsgrundsatz schon die Beobachtung von Verdachtsfällen auch in zeitlicher Hinsicht[274]. Der schwerer wiegende Eingriff der Berichterstattung bedarf erst recht der zeitlichen Begrenzung, wenn der Verdacht sich nicht zur Gewißheit verdichtet.

---

[272] Zutreffend entschieden hatte insoweit die Vorinstanz, *VG München*, Urt. v. 16. 10. 2014 – M 22 K 14.1743 – juris Rn. 81 ff.

[273] Vgl. *BVerfGE* 113, 63 (84) – JF und dazu *Murswiek* (Fn. 162), NVwZ 2006, S. 121 (127).

[274] S.o. B.IV.

## 5. Zur Problematik der Meinungstabuisierung

### *a) Die Tabuisierungswirkung der Verwendung von Meinungsäußerungen als Anhaltspunkte für verfassungsfeindliche Bestrebungen*

Lenkungswirkung hat der Verfassungsschutzbericht nicht nur in bezug auf die Organisationen, die er als „extremistisch" einstuft und vor denen er auf diese Weise warnt. Nicht nur diese Organisationen werden durch den Verfassungsschutzbericht geächtet, sondern zugleich auch die Meinungen, die im Verfassungsschutzbericht als Belege für die verfassungsfeindliche Zielsetzung der betreffenden Organisationen zitiert werden.

Als Beweisstücke beziehungsweise als tatsächliche Anhaltspunkte für die vom Verfassungsschutz behauptete verfassungsfeindliche Zielsetzung werden im Verfassungsschutzbericht in der Regel Meinungsäußerungen von Funktionsträgern, Mitgliedern oder Anhängern einer Organisation präsentiert, aus denen sich die verfassungsfeindliche Zielsetzung ergeben soll. Dies bedeutet umgekehrt: Eine Meinung, die im Verfassungsschutzbericht als Extremismus-Beleg zitiert wird, wird damit hoheitlich als verfassungsfeindlich – also als von einem Demokraten unter keinen Umständen vertretbar – disqualifiziert. Nicht nur eine bestimmte Organisation wird vom Verfassungsschutzbericht angeprangert, sondern auch die Meinungen, die als Anhaltspunkte für Extremismus aufgeführt werden. Wer solche Meinungen äußert, ist in den Augen des Verfassungsschutzes ein Extremist; er muß damit rechnen, selbst im Verfassungsschutzbericht zu erscheinen, vom Verfassungsschutz beobachtet zu werden oder beispielsweise als Beamter entlassen zu werden. Die Beweisführung im Verfassungsschutzbericht hat Tabuisierungscharakter: Die Meinungen und sonstigen Verhaltensweisen, die dort als Extremismus-Belege aufgeführt werden, muß man unterlassen, wenn man nicht selbst in Extremismus-Verdacht geraten will. Auch wenn die Äußerung solcher Meinungen nicht verboten und schon gar nicht strafbar ist, so sind diese Meinungen doch geächtet und damit faktisch aus dem politischen Diskurs ausgeschlossen[275].

Dies ist durchaus konsequent. Man kann verfassungsfeindliche Organisationen und speziell politische Parteien nicht politisch bekämpfen, wenn man nicht zugleich die von ihnen vertretenen verfassungsfeindlichen Meinungen bekämpft. Das eine bedingt das andere, und wirksamer Schutz der Verfassung mittels Information und Öffentlichkeitsarbeit setzt voraus, daß man nicht nur die Bedeutung der grundlegenden Verfassungsprinzipien positiv hervorhebt, sondern auch diejenigen Auffassungen negativ darstellt, die mit der freiheitlichen demokratischen Grundordnung unvereinbar sind. Der Staat verletzt seine grundsätzliche Pflicht zur politischen Neutralität im demokratischen Willensbildungsprozeß nicht, wenn er dies tut.

---

[275] Zu dieser Thematik ausführlicher *Dietrich Murswiek*, Meinungsäußerungen als Belege für eine verfassungsfeindliche Zielsetzung. Zu den rechtlichen Anforderungen und zur Praxis der Verfassungsschutzberichte, in: FS von Arnim, 2004, S. 481 ff., insb. S. 484 f. = in diesem Band Annex 1, S. 121 (124 f.).

Aber der Verfassungsschutzbericht ist in diesem Zusammenhang ein ebenso zweischneidiges Schwert wie im Zusammenhang mit der Anprangerung verfassungsfeindlicher Organisationen: Er nützt der Demokratie, wenn er verfassungsfeindliche Organisationen anprangert, und er schadet ihr, wenn er Organisationen anprangert, die in Wirklichkeit keine verfassungsfeindlichen Ziele verfolgen. So ist es auch mit der meinungslenkenden Wirkung des Verfassungsschutzberichts: Der Verfassungsschutzbericht dient der Demokratie, wenn er verfassungsfeindliche Meinungen als extremistisch brandmarkt und so zu einer öffentlichen Meinungsbildung beiträgt, die auf die Wahrung der fundamentalen Verfassungsprinzipien gerichtet ist; er schadet hingegen der Demokratie, wenn er Meinungen als angeblich extremistisch ausgrenzt, die in Wirklichkeit nicht gegen die freiheitliche demokratische Grundordnung gerichtet sind.

Die Verfassungsschutzbehörden müssen also sehr sorgfältig prüfen, welche Meinungsäußerungen sie als Anhaltspunkte für eine verfassungsfeindliche Zielsetzung im Verfassungsschutzbericht zitieren. Sie dürfen nur solche Meinungsäußerungen zitieren, die entweder eine verfassungsfeindliche Zielsetzung expressis verbis formulieren, oder die zwar nicht ausdrücklich, aber in ihrem konkreten Kontext eine verfassungsfeindliche Zielsetzung zum Ausdruck bringen. In letzterem Fall muß dieser Kontext aber ebenfalls dargestellt werden. Denn ohne den Kontext würde eine für sich genommen verfassungskonforme Äußerung als extremistisch stigmatisiert. Mit dem Grundrecht auf Meinungsfreiheit und mit der Offenheit des demokratischen Willensbildungsprozesses ist die hoheitliche Einwirkung mittels Tabuisierung bestimmter Meinungsinhalte im Verfassungsschutzbericht nur dann vereinbar, wenn die im Verfassungsschutzbericht angeprangerten Meinungsinhalte tatsächlich verfassungsfeindlich sind. Wird der Verfassungsschutzbericht zur Durchsetzung der *political correctness*, zur Absicherung der Macht etablierter Parteien, zur Behinderung politischer Konkurrenz oder zur Tabuisierung unerwünschter Ansichten oder zur Diskreditierung politisch unerwünschter, aber verfassungsmäßiger Richtungen eingesetzt, dann ist dies ein schwerwiegender Mißbrauch. Selbst wenn er nicht gezielt mißbräuchlich eingesetzt wird, sondern lediglich aufgrund von mangelnder Sorgfalt oder falscher juristischer Bewertung manche Meinungen zu Unrecht als Extremismus-Belege verwendet, schadet er in schwerwiegender Weise der Demokratie, zumal der Rechtsschutz gegen solche Fehlqualifizierungen bislang unterentwickelt ist.

Als Anhaltspunkte beziehungsweise als verfassungsschutzrelevant dürfen also nur solche Meinungsäußerungen darstellt werden, die entweder auf die Beseitigung eines Elements der freiheitlichen demokratischen Grundordnung gerichtet sind (etwa seine Abschaffung fordern) oder die inhaltlich mit einem Element der freiheitlichen demokratischen Grundordnung unvereinbar sind.

Daß diese Gefahr einer fehlerhaften Meinungstabuisierung nicht nur theoretisch besteht, sondern ein praktisch großes Problem ist, habe ich an anderer Stelle mit verschiedenen Beispielen gezeigt[276]. Es ist eine geradezu typische Vorgehensweise der Verfassungsschutzberichte, die extremistische Zielsetzung der Berichtsobjekte indirekt aus Meinungsäußerungen oder anderen Verhaltensweisen abzuleiten, die für sich genommen nicht verfassungswidrig sind. Die Gefahr, daß hierbei Anforderungen an eine verfassungsrechtlich gerechtfertigte Beweisführung[277] nicht beachtet werden, ist groß.

Auch unter diesem Aspekt ist eine strenge rechtsstaatliche Kontrolle der Verfassungsschutzberichte unerläßlich, damit nicht dieses Instrument des Schutzes der Verfassung gegenteilige Wirkungen entfaltet.

### *b) Notwendigkeit einer deutlichen Unterscheidung von Anhaltspunkten und wertungsfreier Kontextdarstellung*

Wenn die Verfassungsschutzberichte dem Leser eine als extremistisch bewertete Organisation vorstellen, machen sie oft nicht nur Angaben über verfassungsfeindliche Ziele und Tätigkeiten der Organisation, sondern auch über ihre nicht verfassungsfeindlichen Ziele und Tätigkeiten. Das ist legitim, damit der Leser ein Gesamtbild erhält und vielleicht auch erkennen kann, wie extremistische sich mit verfassungskonformen Zielsetzungen verbinden und die Organisation unter Umständen gerade dadurch für andere attraktiv wird und Einfluß gewinnt.

Nicht nur problematisch, sondern rechtswidrig ist es aber, verfassungskonforme Zielsetzungen und Tätigkeiten in einem Atemzug mit verfassungsfeindlichen Zielsetzungen und Tätigkeiten, die als Anhaltspunkte gewertet werden, zu nennen, ohne ihre Bewertung in der Darstellung zu unterscheiden und für den Leser deutlich zu machen, welche der beschriebenen Verhaltensweisen oder Meinungsäußerungen als Anhaltspunkte für verfassungsfeindliche Bestrebungen oder als inhaltlich verfassungsfeindlich gewertet werden und welche nicht.

Fehlt es an dieser Unterscheidung, dann erstreckt sich die Tabuisierungswirkung des Verfassungsschutzberichts nämlich auch auf die dort zitierten verfassungskonformen Meinungsäußerungen und anderen Verhaltensweisen. Das kommt in der Praxis häufig vor[278].

---

[276] *Murswiek* (Fn. 275), S. 492 ff. = in diesem Band Annex 1, S. 121 (131 ff.); außerdem Annex 3, S. 165 ff.

[277] Kriterien dafür oben B.III.2. sowie bei *Murswiek* (Fn. 275), S. 488 ff. = in diesem Band Annex 1, S. 121 (127 ff.).

[278] Vgl. z. B. VSB 2017, S. 80 f.; VSB 2018, S. 82–84; VSB BW 2017, S. 176–183. – Im Ansatz (wenn auch nicht immer in der Durchführung) vorbildlich der VSB NRW, der seine Darstellungen als extremistisch bewerteter Organisationen klar gliedert und insbesondere die Gliederungspunkte „Kurzportrait/Ziele“ und „Grund der Beobachtung/Verfassungsfeindlichkeit“ unterscheidet, z. B. VSB NRW 2018, z. B. S. 166 f.; ebenso der VSB Sachsen-Anhalt 2017, z. B. S. 118, oder 2018 (Pressefassung), S. 28 f.

Eine rechtswidrige Stigmatisierungswirkung hat es auch, wenn im Verfassungsschutzbericht eine Organisation als extremistisch eingeordnet und über ihre Aktivitäten berichtet wird, ohne daß überhaupt verfassungsfeindliche Äußerungen oder Verhaltensweisen, sondern nur verfassungsmäßige Verhaltensweisen mitgeteilt werden. Das erweckt dann beim Leser den Eindruck, als kritisiere der Verfassungsschutz die mitgeteilten Verhaltensweisen als seiner Auffassung nach verfassungsfeindlich.

#### *c) Grundrechtliche Konsequenzen*

Nicht nur die Bewertung einer Organisation als extremistisch im Verfassungsschutzbericht ist ein Grundrechtseingriff. Auch die Darstellung bestimmter Meinungsäußerungen oder anderer Verhaltensweisen als verfassungsfeindlich (beziehungsweise als Anhaltspunkte für verfassungsfeindliche Bestrebungen) greift in die grundrechtlich geschützte Freiheit ein, insbesondere in die Meinungsfreiheit oder die Versammlungsfreiheit. Wird eine Meinungsäußerung als Beleg für eine verfassungsfeindliche Zielsetzung zitiert, obwohl sie keine verfassungsfeindliche Zielsetzung zum Ausdruck bringt und inhaltlich mit der freiheitlichen demokratischen Grundordnung vereinbar ist, dann läßt sich dieser Eingriff in die Meinungsfreiheit nicht rechtfertigen und verletzt nicht nur die betreffende Organisation, sondern auch die Person, die zitiert wird, in ihrem Grundrecht aus Art. 5 Abs. 1 GG.

Deshalb haben sowohl die Organisation, über die berichtet wird[279], als auch die zitierte Person einen Anspruch auf Unterlassung solcher unzutreffenden Bewertungen.

Auch die Stigmatisierung verfassungsmäßiger Verhaltensweisen durch eine Darstellung im Verfassungsschutzbericht, die diese zwar nicht ausdrücklich als „extremistisch" bezeichnet, aber die den Eindruck erweckt, als würden sie als extremistisch bewertet [s. o. b)], ist mit den Grundrechten der Betroffenen nicht vereinbar.

### 6. Begründungsbedürftigkeit der Einstufung einer Organisation als „extremistisch"

Der Verfassungsschutzbericht muß zumindest in Grundzügen darlegen, warum die Organisationen, über die dort berichtet wird, als extremistisch eingestuft werden[280]. Eine Begründungspflicht ist zwar gesetzlich nicht ausdrücklich vorge-

[279] Vgl. z. B. *VG Berlin*, Urt. v. 7.9.2016 – 1 K 71.15, juris Rn. 62 ff.

[280] Ebenso *OVG Mecklenburg-Vorpommern*, Beschl. v. 6.6.2013 – 2 M 110/13 – juris Rn. 11; *Brandt* (Fn. 135), Rn. 27; vgl. auch *OVG Berlin-Brandenburg*, Urt. v. 6.4.2006 – 3 B 3.99 – juris Rn. 52 = NVwZ 2006, 838 (841); *BayVGH*, Beschl. v. 23.9.2010 – 10 CE 10.1830 – juris Rn. 25 f.; a.A. *BayVGH*, Urt. v. 22.10.2015 – 10 B 15.1320 – juris Rn. 96.

schrieben[281]. Sie folgt aber schon aus der Funktion des Verfassungsschutzberichts, eine „geistig-politische Auseinandersetzung" mit extremistischen Bestrebungen zu führen. Dies ist durch die bloße Behauptung, eine Organisation sei extremistisch beziehungsweise sie verfolge verfassungsfeindliche Bestrebungen, nicht möglich, sondern nur durch Argumente, mit denen dargetan wird, wie der Verfassungsschutz zu seiner Bewertung gekommen ist[282]. Mit seinen Wertungen im Verfassungsschutzbericht wirkt der Verfassungsschutz hoheitlich auf den Prozeß der politischen Willensbildung ein. Er nimmt damit am öffentlichen politischen Diskurs teil. Damit ist eine autoritative Verkündung eines Bewertungsergebnisses ohne Begründung grundsätzlich unvereinbar.

Freilich muß die im Verfassungsschutzbericht gegebene Begründung nicht erschöpfend sein und alle vorhandenen Anhaltspunkte aufführen. Das würde den Bericht „unlesbar" machen und stünde seiner Unterrichtungsfunktion entgegen[283]. Es reicht aus, wenn die wesentlichen Gründe mitgeteilt und – gegebenenfalls beispielhaft – zentrale Anhaltspunkte genannt werden.

### 7. Anhörung der Betroffenen vor Veröffentlichung des Verfassungsschutzberichts

Es ist ein rechtsstaatlicher Grundsatz, daß der Betroffene vor einem Eingriff der Exekutive in seine Grundrechte grundsätzlich angehört wird. Ausdrücklich geregelt ist dieser Grundsatz in den Verwaltungsverfahrensgesetzen des Bundes und der Länder für den Erlaß belastender Verwaltungsakte (§ 28 VwVfG). Da die Veröffentlichung des Verfassungsschutzberichts ein Realakt ist und eine allgemeine oder speziell verfassungsschutzrechtliche gesetzliche Regelung der Pflicht zur Anhörung Betroffener diesbezüglich fehlt, meinen die Verfassungsschutzbehörden, zur Anhörung der Organisationen oder Personen, über die sie im Verfassungsschutzbericht berichten, nicht verpflichtet zu sein.

Der VGH Kassel hat diese Auffassung geteilt[284]. Seine Entscheidung beruht aber auf der inzwischen überholten Auffassung, daß die Berichterstattung über eine Organisation im Verfassungsschutzbericht für diese Organisation nur ein faktischer Nachteil, aber kein Eingriff in deren Grundrechte beziehungsweise bei politischen Parteien in deren Rechte aus Art. 21 Abs. 1 GG sei. Inzwischen ist diese verfehlte

[281] Vgl. *OVG Berlin-Brandenburg*, Urt. v. 6.4.2006 – 3 B 3.99 – juris Rn. 53; *OVG Mecklenburg-Vorpommern*, Beschl. v. 6.6.2013 – 2 M 110/13 – juris Rn. 11.

[282] Vgl. *OVG Mecklenburg-Vorpommern*, Beschl. v. 6.6.2013 – 2 M 110/13 – juris Rn. 11; *Brandt* (Fn. 135), Rn. 27; vgl. auch *BayVGH*, Beschl. v. 23.9.2010 – 10 CE 10.1830 – juris Rn. 26.

[283] *OVG Mecklenburg-Vorpommern*, Beschl. v. 6.6.2013 – 2 M 110/13 – juris Rn. 11.

[284] *HessVGH*, Beschl. v. 24.1.2003 – 11 TG 1982/02 – juris Rn. 7f. = NVwZ 2003, 1000 (1001).

Sichtweise überwunden; der Eingriffscharakter des Verfassungsschutzberichts wird in Rechtsprechung und Literatur jetzt allgemein bejaht[285].

Inwieweit eine Analogie zu § 28 VwVfG für Realakte möglich ist, bedarf hier keiner allgemeinen Erörterung[286]. Die Einstufung einer Organisation als extremistisch im Verfassungsschutzbericht ist nicht irgendein beliebiger Realakt. Er ist ein Grundrechtseingriff von besonderer Intensität[287]. Und Grundlage dieses Eingriffs ist eine juristisch-wertende Entscheidung einer Behörde, die aufgrund langer und gründlicher aktenmäßiger Vorbereitung getroffen wird. Insofern hat das Verfahren, das zur Einstufung einer Organisation als extremistisch und zur entsprechenden Publikation im Verfassungsschutzbericht führt, große Ähnlichkeit mit typischen Verwaltungsverfahren, nur daß dieses Verfahren nicht auf den Erlaß eines Verwaltungsakts gerichtet ist. Mit der Veröffentlichung im Verfassungsschutzbericht entfaltet die zuvor getroffene Einstufung als erwiesenermaßen extremistisch oder als Verdachtsfall aufgrund tatsächlicher Anhaltspunkte für verfassungsfeindliche Bestrebungen Außenwirkung. Und diese Wirkung nach außen greift in die grundrechtlich geschützte Freiheit nicht minder ein als ein Verwaltungsakt.

Mit dem Rechtsstaatsprinzip ist es nicht vereinbar, einen solchen Grundrechtseingriff vorzunehmen, ohne zuvor den Betroffenen Gelegenheit zur Stellungnahme zu geben, sofern nicht aus Gründen, wie sie in § 28 Abs. 2 und 3 VwVfG geregelt sind, das Unterbleiben der Anhörung gerechtfertigt ist. Die Effektivität des Grundrechtsschutzes beziehungsweise des Schutzes der Parteienfreiheit gemäß Art. 21 Abs. 1 GG verlangt, daß vor dem Eingriff angehört wird, damit rechtsfehlerhafte Eingriffe möglichst vermieden werden[288]; die Grundrechte haben eine die Effizienz des Schutzes steigernde verfahrensrechtliche Dimension[289]. Deshalb wird in der Literatur eine analoge Anwendung von § 28 VwVfG – einschließlich der Ausnahmetatbestände in den Absätzen 2 und 3 – jedenfalls für Fälle bejaht, in denen in Grundrechtsgüter in schwerwiegender Weise eingegriffen wird[290]. In der Tat gibt es keinen Grund, das nach allgemeiner Ansicht für schwerwiegende Grundrechtseingriffe rechtsstaatlich gebotene Anhörungsrecht[291] nur deshalb zu versagen, weil der Eingriff nicht durch Verwaltungsakt erfolgt.

---

[285] S.o. C.II.2.

[286] Ausführlich zu diesem Thema *Martin Hochhuth*, Vor schlichthoheitlichem Verwaltungseingriff anhören? Drei Thesen zur Dogmatik des Realhandelns, NVwZ 2003, S. 30ff.

[287] Dazu ausführlich oben C.II.1.

[288] Vgl. *Kallerhoff/Mayen*, in: Stelkens/Bonk/Sachs, VwVfG, 9. Aufl. 2018, § 28 Rn. 15, m. Hinw. auf *Spranger*, NWVBl 2000, S. 166 m.w.N.

[289] Vgl. z.B. *BVerfGE* 53, 30 (71 ff.); *Kallerhoff/Mayen* (Fn. 288 ), Rn. 15 m.w.N.

[290] Vgl. *Kallerhoff/Mayen* (Fn. 288 ), Rn. 15; *Hochhuth* (Fn. 286), S. 35.

[291] Vgl. z.B. bereits *Ernst Forsthoff*, Lehrbuch des Verwaltungsrechts, 10. Aufl. 1973, S. 235f.; sowie die Nachweise bei *Friedrich Schoch*, Heilung unterbliebener Anhörung im Verwaltungsverfahren durch Widerspruchsverfahren?, NVwZ 1983, S. 249 (251) Fn. 41.

Wer eine Analogie zu § 28 VwVfG ablehnt, weil er die Regelungslücke, die hier besteht, für nicht planwidrig hält – der Gesetzgeber hat die Regelung ja bewußt auf Verwaltungsakte beschränkt –, kann wie folgt zu demselben Ergebnis kommen: Da das geltende einfache Gesetzesrecht die vorherige Anhörung nicht verbietet, steht es im Verfahrensermessen der Behörden, vor der Veröffentlichung des Verfassungsschutzberichts anzuhören. Auf dieses Ermessen wirken die Grundrechte ein. Wenn die einschlägigen Grundrechte beziehungsweise Statusrechte der politischen Parteien und das Rechtsstaatsprinzip eine vorherige Anhörung verlangen – und dies ist, wie gezeigt, der Fall –, dann reduziert sich dieses Ermessen auf Null. Die Verfassungsschutzbehörden beziehungsweise die Innenministerien als Herausgeber des Verfassungsschutzberichts sind zur vorherigen Anhörung ihrer Berichtsobjekte verpflichtet[292].

[292] Für Warnungen der Bundesregierung vor Sekten hat das *BVerwG* offengelassen, ob ein Anhörungsrecht der Betroffenen bestand, aber zugleich gesagt, daß ein solches Recht sich unmittelbar aus Verfassungsrecht, nämlich aus dem jeweils berührten Grundrecht i.V.m. dem Rechtsstaatsprinzip ergeben könne, NJW 1991, 1770 (1771).

# Annex 1: Meinungsäußerungen als Belege für eine verfassungsfeindliche Zielsetzung

Zu den rechtlichen Anforderungen und zur Praxis der Verfassungsschutzberichte*

## I. Einleitung: Meinungen als Indikatoren für eine verfassungsfeindliche Zielsetzung

Der Verfassungsschutzbericht ist ein wirkungsmächtiges Instrument der politischen Bewußtseinsbildung. Er dient dem Schutz der Verfassung, ihrer im Begriff der freiheitlichen demokratischen Grundordnung zusammengefaßten Fundamente, indem er zeigt, welche konkreten „Bestrebungen" – in der Regel Organisationen – mit ihren Zielsetzungen und Aktivitäten den Boden der freiheitlichen demokratischen Grundordnung verlassen haben. Er bietet dem Leser sozusagen ein „Negativ" der Verfassungsgrundlagen; er läßt ihr Bild aus der Darstellung der je im konkreten Berichtszeitraum vorhandenen „extremistischen" Bestrebungen hervortreten[1], also derjenigen „ziel- und zweckgerichteten Verhaltensweisen in einem oder für einen Personenzusammenschluß", der darauf gerichtet ist, eines der Elemente der freiheitlichen demokratischen Grundordnung zu beseitigen[2].

---

* Verfassungsschutzberichte werden, sofern nicht anders angegeben, nach der gedruckten Version zitiert. (Die Internetversionen haben teilweise abweichende Seitenzählungen.) Der vom *Bundesministerium des Innern* herausgegebene Verfassungsschutzbericht des Bundes wird ohne weiteren Zusatz als VSB zitiert, die Verfassungsschutzberichte der Länder als VSB mit dem Kürzel des jeweiligen Landes. Die auf diese Kurzbezeichnung folgende Jahreszahl bezeichnet das Jahr, über das berichtet wird. – Diese Abhandlung erschien zuerst in der Festschrift für Hans Herbert von Arnim, 2004. Sie wird hier vor allem wegen der praktischen Beispiele für verfehlte Bewertungen von Meinungsäußerungen als angebliche Anhaltspunkte für verfassungsfeindliche Bestrebungen in Verfassungsschutzberichten erneut abgedruckt. Die dogmatischen Überlegungen zu den Kriterien für tatsächliche Anhaltspunkte habe ich inzwischen weiterentwickelt, s. o. B.III.1., 2.

[1] Zu den Funktionen des Verfassungsschutzberichts ausführlich *Dietrich Murswiek*, Der Verfassungsschutzbericht – das scharfe Schwert der streitbaren Demokratie, NVwZ 2004, S. 769 (770 ff.).

[2] Vgl. die Definition in BVerfSchG § 4 I c); auf Bestrebungen gegen den Bestand oder die Sicherheit des Bundes oder eines Landes – die übrigen Schutzgüter des Verfassungsschutzes, vgl. BVerfSchG § 1 I – wird hier nicht eingegangen.

Seine bewußtseinsbildende Wirkung entfaltet der Verfassungsschutzbericht[3] nicht nur dadurch, daß er bestimmte Parteien und sonstige Organisationen als „extremistisch“, als verfassungsfeindlich, ausweist, sondern vor allem auch durch die Begründungen, die er dafür gibt. Natürlich ist es begründungsbedürftig, eine Organisation von Amts wegen als „extremistisch“ zu markieren, und diese Begründung kann nur darin bestehen, durch Darlegung von Tatsachen die These zu stützen, daß die betreffende Organisation verfassungsfeindliche, d. h. gegen die freiheitliche demokratische Grundordnung gerichtete Ziele verfolgt. Die Tatsachen wiederum, aus denen sich die verfassungsfeindliche Zielsetzung ergibt, sind vor allem Meinungsäußerungen; daneben kann es sich um sonstige Verhaltensweisen handeln, aus denen eine bestimmte politische Zielsetzung gefolgert werden kann.

Gegenstand dieses Beitrags ist die Frage, unter welchen Voraussetzungen Meinungsäußerungen als tatsächliche Anhaltspunkte für eine verfassungsfeindliche Zielsetzung im Verfassungsschutzbericht erwähnt werden dürfen und ob die Praxis diese Voraussetzungen beachtet. Diese Frage würfe keine besonderen Probleme auf, wenn als Anhaltspunkte für die Verfassungsfeindlichkeit einer Organisation nur solche Meinungsäußerungen im Verfassungsschutzbericht zitiert würden, die ihrerseits verfassungsfeindlich – nämlich auf die Beseitigung eines Elements der freiheitlichen demokratischen Grundordnung – gerichtet sind. Die Problematik der Verfassungsschutzberichte liegt darin, daß sie vielfach Meinungen als Extremismus-Belege präsentieren, aus denen eine extremistische Zielsetzung nur mittelbar abgeleitet wird.

Diese Problematik wird nicht zufällig in der Festschrift für *Hans Herbert von Arnim* aufgeworfen. Denn *von Arnim* ist ein Autor, dessen wissenschaftliche Arbeiten nicht theoretisch abgehoben einen gehörigen Sicherheitsabstand zur praktischen Politik einhalten, sondern der sich mit seinen Themen in brisante politische Auseinandersetzungen begibt und dabei zugespitzte Thesen nicht scheut. „Was schert die Politiker das Wohl des Volkes?“, fragt er im Untertitel seines Buches „Staat ohne Diener“ (1993)[4]. Die Frage ist rhetorisch. Schon in der Einleitung legt *von Arnim* dar, daß die „politische Klasse“ in Wahrheit oft an wirklichen Verbesserungen für das Ganze nicht interessiert sei, sondern den Staat zum Gegenstand kollektiver Ausbeutung mache. Das zweite Kapitel lautet: „Das Volk hat nichts zu sagen“, und im neunten Kapitel fordert *von Arnim* die „Wiederbelebung der Demokratie“. Das setzt voraus, daß sie fast tot ist. – Das alles sind Provokationen. Wer so etwas äußert, muß mit harscher Kritik rechnen[5]. Muß er aber auch damit rechnen, im Verfassungsschutzbericht als „Extremist“ gebrandmarkt zu werden? Dieses Schicksal ist dem Autor vielleicht nur deshalb erspart geblieben, weil er seine Thesen als unab-

---

[3] Der Verfassungsschutzbericht wird hier als Instrument im Singular genannt. In der Staatspraxis gibt es mehr als ein Dutzend; der Bund und die meisten Bundesländer publizieren jährlich einen Verfassungsschutzbericht, teilweise ergänzt durch Zwischenberichte.

[4] Eine aktualisierte und ergänzte Taschenbuchausgabe erschien 1995.

[5] Vgl. dazu das Nachwort in der Taschenbuchausgabe.

hängiger Wissenschaftler und nicht im Rahmen einer Organisation, also einer möglichen „Bestrebung" im verfassungsschutzrechtlichen Sinne, publiziert. Denn die Behauptungen, die politische Klasse diene nicht dem Gemeinwohl[6], sie habe sich den Staat zur Beute gemacht[7] oder wir hätten in Deutschland keine wirkliche Demokratie[8] sind nach Auffassung der Verfassungsschutzbehörden tatsächliche Anhaltspunkte für verfassungsfeindliche Bestrebungen. Jeder, der die Schriften *Hans Herbert von Arnims* unvoreingenommen liest, weiß, daß es ihm um das Wohl unseres freiheitlich-demokratischen Gemeinwesens geht, daß seine Kritik an den bestehenden politischen Zuständen nicht gegen die freiheitliche demokratische Grundordnung gerichtet ist, sondern daß er die freiheitlich-demokratische Verfassung gegen politische Entwicklungen verteidigt, die er als Fehlentwicklungen, politischen Machtmißbrauch, Entfernungen vom demokratischen Ideal ansieht[9]. Anlaß genug, nach den rechtlichen Voraussetzungen für die Verwendung einer Meinungsäußerung als Extremismus-Beleg zu fragen.

## II. Kriterien des Grundgesetzes für die Ausgrenzung von Meinungen im Verfassungsschutzbericht

Welche verfassungsrechtlichen Kriterien erfüllt sein müssen, damit eine Meinungsäußerung im Verfassungsschutzbericht als Beleg für eine verfassungsfeindliche Zielsetzung dargestellt werden darf, hängt auch davon ab, welche Funktion und welche tatsächlichen Wirkungen der Verfassungsschutzbericht insoweit hat. Dies soll im folgenden zunächst skizziert werden (1.). Danach wird geprüft, welche Arten von Meinungsäußerungen in verfassungsmäßiger Weise im Verfassungsschutzbericht als Belege für Extremismus[10] zitiert werden dürfen (2.).

---

[6] Vgl. VSB NW 1995, 118 m. Berufung auf *OVG Münster*, Urt. v. 8.12.1995.

[7] VSB Hbg 2002, 171; vgl. den Buchtitel *Hans Herbert von Arnim*, Der Staat als Beute, 1993.

[8] Vgl. VSB NW 1995, 117; VSB BW 2001, 79.

[9] Ich nehme in diesem Beitrag zu den Meinungsäußerungen *von Arnims* und zu allen anderen als Beispielen angeführten Meinungsäußerungen nicht inhaltlich Stellung; es geht mir nicht darum, ob diese Meinungen „richtig" sind, sondern allein darum, ob der Verfassungsschutz sie als Beleg für verfassungsfeindliche Bestrebungen im Verfassungsschutzbericht zitieren darf.

[10] Zur Terminologie: Ich verwende die Begriffe „extremistisch" und „Extremismus" hier als Synonyme zu „verfassungsfeindlich" und „Verfassungsfeindlichkeit", wiederum synonym mit „gegen die freiheitliche demokratische Grundordnung gerichtet". („Extremistisch" kann darüber hinaus auch Bestrebungen gegen andere verfassungsschutzrechtliche Schutzgüter – nämlich gegen den Bestand oder die Sicherheit des Bundes oder eines Landes – bezeichnen, was im Rahmen der hier behandelten Thematik aber nicht relevant ist).

## 1. Die Wirkungen des Verfassungsschutzberichts auf die Meinungsfreiheit

Der Verfassungsschutzbericht ist ein Instrument des politischen Kampfes. Er dient der Bekämpfung der extremistischen Organisationen, über die er berichtet[11]. Er verbindet – ausdrücklich oder unausgesprochen – mit der Erwähnung von Personen und Organisationen als „extremistisch“ die Aufforderung und Warnung an die gesamte Bevölkerung: Dies sind Feinde des Grundgesetzes. Laßt euch nicht mit ihnen ein! Wählt sie nicht! Unterstützt sie nicht! Lest ihre Schriften nicht! Extremisten werden ausgegrenzt; mit ihnen diskutiert man nicht. Sie sollen vom politischen Diskurs ausgeschlossen sein[12].

Der Verfassungsschutzbericht ist der Pranger des Informationszeitalters. Wer dort erwähnt wird, dem begegnet der „anständige Deutsche“[13] mit Mißachtung. Er muß nicht nur mit beruflichen Nachteilen und gesellschaftlicher Ächtung, als Organisation nicht nur mit Mitgliederschwund und erheblich verminderten politischen Wettbewerbschancen, sondern auch mit schwerwiegenden ökonomischen Einbußen rechnen. Die Erwähnung von Organisationen und Personen im Verfassungsschutzbericht hat daher Sanktionsfunktion: Sie bedeutet die Zufügung eines schwerwiegenden Übels als Reaktion auf Meinungsäußerungen oder sonstige Betätigungen, die vom Verfassungsschutz als extremistisch eingestuft werden. Sie hat zugleich Präventionsfunktion, indem sie davor abschreckt, sich extremistisch zu betätigen und indem implizit die Allgemeinheit aufgefordert wird, die genannten Extremisten zu bekämpfen[14].

Entsprechendes läßt sich über Meinungsäußerungen sagen, die im Verfassungsschutzbericht als Belege für eine extremistische Zielsetzung genannt werden. Wird die von einer Person geäußerte Meinung als Beleg für verfassungsfeindliches Verhalten im Verfassungsschutzbericht zitiert, ist dies eine Sanktion auf die Äußerung dieser Meinung. Und, das ist der praktisch bedeutsamste Aspekt, der Allgemeinheit wird deutlich gemacht: Wer eine solche Meinung äußert, muß damit rechnen, im Verfassungsschutzbericht als Extremist zitiert zu werden. Er sollte sich daher hüten, eine derartige Meinung von sich zu geben. – Wenn also eine Meinungsäußerung als Extremismus-Beleg im Verfassungsschutzbericht genannt wird, dann liegt darin ein schwerwiegender Eingriff[15] in die Meinungsfreiheit (Art. 5 I GG)[16].

---

[11] Vgl. z. B. *Lars Oliver Michaelis*, Politische Parteien unter der Beobachtung des Verfassungsschutzes, 2000, S. 187; *Walter Wiese*, DVBl. 1976, 318 (320); *Eckhard Jesse*, FAZ v. 9.4.1977, S. 13.

[12] Ausführlich dazu *Murswiek* (Fn. 1), S. 771 f.

[13] Bundeskanzler *Schröder* rief gegen solche Leute den „Aufstand der Anständigen“ aus (allerdings nur „gegen rechts“), vgl. FAZ v. 5.10.2000.

[14] Ausführlich zu den Funktionen und Wirkungen des Verfassungsschutzberichts *Murswiek* (Fn. 1), S. 770 ff.

[15] Zum Eingriffscharakter der Erwähnung im Verfassungsschutzbericht ausführlich *Dietrich Murswiek*, Warnungen, Wertungen, Kritik als Grundrechtseingriffe. Zur Wirtschafts- und

Mit dem Verfassungsschutzbericht wirkt der Staat zugleich auf die politische Willensbildung ein. Diese muß sich in der Demokratie grundsätzlich vom Volk ausgehend hin zu den Staatsorganen, von „unten nach oben", vollziehen und nicht umgekehrt. Dem Staat ist es grundsätzlich verwehrt, mit hoheitlichen Mitteln auf die politische Willensbildung Einfluß zu nehmen; er muß sich gegenüber den Kräften des politischen Wettbewerbs, insbesondere gegenüber den politischen Parteien und den von ihnen vertretenen Meinungen und programmatischen Aussagen prinzipiell neutral verhalten[17]. Dieses Neutralitätsgebot wird mit dem Verfassungsschutzbericht durchbrochen. Hier wird unter massivem Einsatz hoheitlicher Mittel Meinungslenkung „von oben nach unten" betrieben.

Beeinträchtigungen sowohl der Meinungsfreiheit als auch Durchbrechungen der staatlichen Neutralität im politischen Meinungskampf sind nicht notwendig verfassungswidrig. Sie lassen sich unter bestimmten Voraussetzungen rechtfertigen. Darauf ist im folgenden einzugehen.

### 2. Rechtfertigungskriterien für Beeinträchtigungen der Meinungsfreiheit und der staatlichen Neutralität im politischen Meinungskampf

Die Regierung darf den Bürgern nicht nur nicht vorschreiben, was sie politisch zu denken haben; sie darf grundsätzlich auch nicht indirekt darauf einwirken, welche politischen Ansichten sie für richtig und welche für falsch zu halten haben. Hoheitliche Einwirkungen auf die politische Willensbildung des Volkes unter Einsatz organisatorischer und finanzieller Ressourcen des Staates, die sich gegen bestimmte Organisationen oder gegen bestimmte politische Meinungen richten, sind prinzipiell demokratiewidrig, beeinträchtigen die Chancengleichheit der betroffenen politischen Parteien und lassen sich daher nur dann rechtfertigen, wenn es dafür Gründe gibt, die sich aus der Verfassung selbst ergeben. Als ein solcher Grund kommt in unserem Zusammenhang allein der Schutz der verfassungsschutzrechtlichen

Meinungslenkung durch staatliches Informationshandeln, DVBl. 1997, 1021 (1028 ff.) mit Kritik an der bisherigen Rechtsprechung. – Die Eingriffsproblematik soll hier nicht vertieft werden. Nachdem das BVerfG im Osho-Beschluß gesagt hat, daß die Grundrechte auch vor mittelbaren *Beeinträchtigungen* unabhängig von ihrer Qualifikation als Eingriff schützen und daß auch sie am Verhältnismäßigkeitsgrundsatz zu messen sind (*BVerfGE* 105, 279 [300 f., 309 f.]), ist das Problem entschärft. Die Verneinung eines Eingriffs bzw. der Maßstäblichkeit des betroffenen Freiheits- bzw. Statusrechts in *BVerfGE* 40, 287 (293) mit der Folge, daß die Rechtsprechung sich auf eine bloße Willkürkontrolle beschränkte, ist damit obsolet; ebenso die verwaltungsgerichtliche Rechtsprechung, die sich an dieser Entscheidung orientiert hat.

16 Betroffen sein können auch die Freiheit der politischen Parteien (Art. 21 I GG), die Pressefreiheit (Art. 5 I GG), die Religionsfreiheit (Art. 4 I GG) oder die Wissenschaftsfreiheit (Art. 5 III GG), je nachdem, wer die betroffene Person oder Organisation ist und um was für eine Meinungsäußerung es sich handelt. Hier beschränkt sich die Erörterung der Abkürzung halber auf die Meinungsfreiheit.

17 So das BVerfG in der Leitentscheidung zur regierungsamtlichen Öffentlichkeitsarbeit, *BVerfGE* 44, 125 (140 ff.); vgl. auch *BVerfGE* 20, 56 (99).

Schutzgüter in Betracht, nämlich der Schutz der freiheitlichen demokratischen Grundordnung, des Bestandes oder der Sicherheit des Bundes und der Länder. Das Grundgesetz ist ausweislich Art. 21 II, 9 II, 18, 79 III eine „streitbare", „wehrhafte" Demokratie[18], die den Bestand der die Identität der Verfassung ausmachenden fundamentalen Verfassungsprinzipien gegen diejenigen verteidigt, die sie zerstören wollen. Die freiheitliche demokratische Grundordnung ist der Inbegriff derjenigen Verfassungsprinzipien, die nach dem Grundgesetz notfalls auch durch Verbote politischer Parteien, also durch hoheitliche Begrenzung des politischen Wettbewerbs verteidigt werden müssen. Für die Existenz der Bundesrepublik Deutschland und für die Funktionsfähigkeit ihrer Organe gilt dasselbe; sie sind denknotwendige Voraussetzung für das gesamte Verfassungsleben.

Zur Verteidigung dieser Schutzgüter ist es also verfassungsrechtlich möglich, im Verfassungsschutzbericht diejenigen als Verfassungsfeinde anzuprangern, die diese Güter attackieren. Es verstieße demgegenüber gegen das Demokratieprinzip, wenn dort solche Organisationen oder Personen als Extremisten abgestempelt würden, die in Wirklichkeit keine verfassungsfeindlichen Ziele verfolgen.

Entsprechendes läßt sich zu den Rechtfertigungsvoraussetzungen für die Beeinträchtigung der Meinungsfreiheit sagen: Verfassungsschutzberichte sind nicht meinungsneutral, sondern richten sich gegen bestimmte Meinungen. Die mit ihnen verbundenen Beeinträchtigungen der Meinungsfreiheit lassen sich daher nicht anhand von Art. 5 II GG rechtfertigen. In Betracht kommt daher nur eine Rechtfertigung anhand verfassungsimmanenter Schranken. Der Schutz der freiheitlichen demokratischen Grundordnung ist geeignet, die Meinungsfreiheit verfassungsimmanent zu begrenzen. Beeinträchtigungen der Meinungsfreiheit durch Verfassungsschutzberichte, die nicht zum Schutz der freiheitlichen demokratischen Grundordnung[19] erforderlich sind, sind demgegenüber nicht rechtfertigungsfähig.

Zu keinem anderen Ergebnis kann man kommen, wenn man Art. 5 II GG nicht wie hier im Sinne der Sonderrechtstheorie, sondern im Sinne der – m. E. mit dem Wortlaut und dem Zweck der Vorschrift nicht zu vereinbarenden und tendenziell freiheitsfeindlichen Abwägungslehre – versteht. Denn für die hoheitliche Ausgrenzung von Meinungsäußerungen mit Hilfe des Verfassungsschutzberichts, die nicht dem Schutz der freiheitlichen demokratischen Grundordnung[20] dient, fehlt es schon an einem verfassungsrechtlich legitimen Ziel.

---

[18] Vgl. z. B. *Andreas Sattler*, Die rechtliche Bedeutung der Entscheidung für die streitbare Demokratie, 1982; *Jürgen Becker*, Die wehrhafte Demokratie des Grundgesetzes, HStR VII, 1992, § 167.

[19] Oder eines anderen verfassungsschutzrechtlichen Schutzgutes, nämlich des Bestandes oder der Sicherheit des Bundes oder eines Landes – auch dies läßt sich verfassungsimmanent rechtfertigen.

[20] Oder eines anderen verfassungsschutzrechtlichen Schutzgutes, s. o. Fn. 19.

Mangels anderer Rechtfertigungskriterien[21] ist ein Verfassungsschutzbericht somit verfassungswidrig, wenn er Organisationen oder politische Positionen als „extremistisch“ einordnet, die sich in Wirklichkeit nicht gegen die freiheitliche demokratische Grundordnung richten beziehungsweise auf ihrem Boden vertretbar sind.

Neben dem Verhältnismäßigkeitsgrundsatz, der für alle staatlichen Freiheitseinschränkungen gilt, kommt als weitere Rechtfertigungsanforderung hinzu, daß nur solche natürlichen oder juristischen Personen im Verfassungsschutzbericht als Extremisten genannt werden dürfen, die danach streben, zumindest einen der die freiheitliche demokratische Grundordnung kennzeichnenden Verfassungsgrundsätze zu beseitigen. Es reicht nicht aus, daß jemand bloß der Meinung ist, einer dieser Verfassungsgrundsätze sei abzulehnen, oder ein anderer Grundsatz, der mit der freiheitlichen demokratischen Grundordnung unvereinbar ist, sei vorzugswürdig. Das bloße Haben oder Äußern einer Meinung ist verfassungsschutzrechtlich irrelevant, weil es ungeeignet ist, die freiheitliche demokratische Grundordnung zu gefährden. Relevant ist nicht die Meinung als solche, sondern allein die politische Zielsetzung, die auf Änderung der Verfassungsgrundlagen gerichtet ist, der Wille, solche Vorstellungen in die Tat umzusetzen[22]. Die Verfassungsschutzgesetze tragen dem Rechnung, indem sie die Aufgabe der Verfassungsschutzbehörden darauf beschränken, „Bestrebungen“ gegen die freiheitliche demokratische Grundordnung (und gegen die anderen verfassungsschutzrechtlichen Schutzgüter) zu beobachten und darüber zu berichten, z. B. BVerfSchG § 3 I Nr. 1 und § 16 II[23].

### 3. Folgerungen für die Verwendung von Meinungsäußerungen als Belege für eine extremistische Zielsetzung

Meinungsäußerungen können somit dann im Verfassungsschutzbericht angeprangert werden, wenn sie Belege, Beweisstücke für eine extremistische, also gegen die freiheitliche demokratische Grundordnung gerichtete Zielsetzung sind. Aber unter welchen Voraussetzungen sind sie das?

---

[21] Es gibt zwar prinzipiell andere Möglichkeiten, Einschränkungen der Meinungsfreiheit zu rechtfertigen, insbesondere zum Schutz der Ehre oder zum Jugendschutz, Art. 5 II GG. Doch der Verfassungsschutzbericht dient diesen Zwecken nicht, und es wäre auch kein geeignetes und erforderliches Mittel zur Erreichung dieser Zwecke, die Betroffenen hoheitlich als „Extremisten“, also als Verfassungsfeinde, zu stigmatisieren.

[22] *BVerwGE* 61, 194 (197); vgl. auch *H. Joachim Schwagerl*, Verfassungsschutz in der Bundesrepublik Deutschland, 1985, S. 60 f.; *Walter Ganßer*, „Verfassungswidrig“ – „Verfassungsfeindlich“ – „Extremistisch“, BayVBl. 1980, 545 (549); *Hermann Borgs-Maciejewski*, in: Borgs-Maciejewski/Ebert, Das Recht der Geheimdienste, 1986, § 3 A Rn. 62 m.w.N.

[23] Zur Definition der Bestrebungen s. o. bei Fn. 2.

### *a) Äußerung einer verfassungsfeindlichen Zielsetzung*

Eindeutig sind sie es immer dann, wenn eine verfassungsfeindliche Zielsetzung geäußert wird. Wenn jemand beispielsweise äußert, man solle die unabhängige Gerichtsbarkeit abschaffen oder wir sollten statt von einem Bundeskanzler von einem auf Lebenszeit gewählten Präsidenten regiert werden, dann sind das mit dem Rechtsstaats- bzw. dem Demokratieprinzip unvereinbare und somit gegen die freiheitliche demokratische Grundordnung gerichtete Zielsetzungen. Derartige Äußerungen sind unproblematisch Indizien für die Verfassungsfeindlichkeit der Zielsetzung derjenigen Organisation, im Rahmen derer der Äußernde tätig ist. Wer für eine Führerdiktatur, für die Diktatur des Proletariats unter der Führung der Partei der Arbeiter- und Bauernklasse oder für den islamischen Gottesstaat eintritt, ist mit solchen Äußerungen ein klarer Fall für den Verfassungsschutzbericht.

### *b) Äußerung einer Meinung, die ein Element der freiheitlichen demokratischen Grundordnung kritisiert oder mit ihm unvereinbar ist*

Es gibt Meinungsäußerungen, die keine auf Abänderung oder Beseitigung eines der Elemente der freiheitlichen demokratischen Grundordnung gerichtete politische Zielsetzung unmittelbar zum Ausdruck bringen, jedoch ein solches Element kritisieren oder inhaltlich mit ihm unvereinbar sind. Solche Äußerungen können als Anhaltspunkte für den Verdacht verstanden werden, daß der sich Äußernde bzw. die Organisation, der diese Äußerungen zugerechnet werden können, eine auf Beseitigung der betreffenden Verfassungsgrundsätze gerichtete Zielsetzung verfolgt[24]. Deshalb könnten derartige Äußerungen als Anhaltspunkte für den Verdacht einer verfassungsfeindlichen Bestrebung im Verfassungsschutzbericht zitiert werden, wenn es rechtlich zulässig wäre, schon in Verdachtsfällen – also ohne daß die verfassungsfeindliche Zielsetzung nachgewiesen werden kann – im Verfassungsschutzbericht über eine Organisation zu berichten. Dies ist jedoch nicht der Fall. Bei hinreichenden Anhaltspunkten für einen solchen Verdacht darf die Verfassungsschutzbehörde die betreffende Organisation beobachten, um den Verdacht aufzuklären. Im Verfassungsschutzbericht berichten darf sie dagegen erst, wenn der Verdacht sich bestätigt hat[25].

Ob die hier betrachteten Äußerungen auch als Belege für den Nachweis einer verfassungsfeindlichen Zielsetzung im Verfassungsschutzbericht genannt werden dürfen, ist nicht so einfach zu beantworten. Diese Frage wird im folgenden zunächst

---

[24] Einschränkend *VG Berlin*, 31.8.1998, NJW 1999, 806 (809) = Juris S. 8, mit Argumenten, die m.E. nicht das Vorliegen von „Anhaltspunkten für den Verdacht", sondern das hinreichende Gewicht solcher Anhaltspunkte in Frage stellen.

[25] Dazu eingehend *Murswiek* (Fn. 1), S. 774 ff.; ebenso *VG Berlin*, 31.8.1998, NJW 1999, 806 (812) = Juris S. 14. – Anders demgegenüber z.T. die Praxis und die verwaltungsgerichtliche Rechtsprechung, vgl. z.B. VSB NW 2002, 33 f.; *VG Düsseldorf*, Urt. v. 14.2.1997 – 1 K 9318/96, S. 18 ff.; *OVG Münster*, Beschl. v. 22.5.2001 – 5 A 2055/97, S. 10, 16; *VG Berlin*, Urt. v. 28.6.2001 – VG 2 A 85.01, S. 3 f.

für die freiheitliche demokratische Grundordnung kritisierende, sodann für inhaltlich mit ihr unvereinbare Äußerungen erörtert. Die Beantwortung hängt davon ab, ob man aus der Äußerung auf eine verfassungsfeindliche Zielsetzung schließen kann.

#### aa) Kritische Äußerungen

Sagt beispielsweise jemand, die Demokratie sei eine schlechte Staatsform, dann heißt das nicht notwendig zugleich, daß er dafür eintritt, die Demokratie in Deutschland abzuschaffen. Es ist denkbar, daß eine solche Äußerung von einer auf Abschaffung der Demokratie gerichteten Zielsetzung getragen ist. Denkbar ist aber auch z. B., daß jemand meint, eigentlich sei die aufgeklärte Monarchie die beste Staatsform, daß er aber zugleich meint, die Zeit der Monarchie sei vorbei, und im Zeitalter der Individualisierung und Entmythologisierung gebe es „leider" keine realistische Alternative zu der „schlechten" Staatsform der Demokratie. Oder jemand meint, wie Churchill, alle Staatsformen seien schlecht, und die Demokratie sei die noch am wenigsten schlechte. Es kommt also auf den Kontext an. Nur im ersten Fall liegt eine verfassungsfeindliche Meinungsäußerung vor.

Kritische Äußerungen gegen ein Element der freiheitlichen demokratischen Grundordnung sind also nicht in jedem Fall Ausdruck einer verfassungsfeindlichen Zielsetzung. Ergibt sich die verfassungsfeindliche Intention aus dem Kontext, dann darf eine solche Äußerung im Verfassungsschutzbericht erwähnt werden. Ergibt sich aus dem Kontext dagegen, daß die Kritik nicht auf Änderung oder gar Beseitigung der Verfassungsgrundlagen gerichtet ist, dann darf diese Äußerung auch nicht als Beleg für eine solche – angebliche – Zielsetzung zitiert werden[26].

Wer ein Element der freiheitlichen demokratischen Grundordnung konkret auf die Verfassung der Bundesrepublik Deutschland bezogen kritisiert – also nicht lediglich historische, philosophische oder sonstige theoretische Überlegungen über z. B. die Demokratie oder die Menschenrechte anstellt –, der bringt damit regelmäßig auch eine auf Änderung oder Beseitigung dieses Elements gerichtete Zielsetzung zum Ausdruck. Kritik ohne Änderungsabsicht erscheint kaum als sinnvoll. Konkrete Verfassungskritik[27] kann deshalb als Beleg für Verfassungsfeindlichkeit bewertet werden, sofern nicht ausnahmsweise das Fehlen einer verfassungsfeindlichen Zielsetzung sich aus dem Kontext ergibt.

---

[26] Anders, wenn diese Äußerung von einer „Bestrebung" in einen anderen – verfassungsfeindlichen – Kontext gestellt wird. Dann darf aber nicht die Äußerung als solche, sondern nur der Umstand, daß sie von der betreffenden Organisation für einen bestimmten verfassungsfeindlichen Zweck verwendet wurde, im Verfassungsschutzbericht als Extremismus-Beleg genannt werden.

[27] Gemeint ist ausschließlich Kritik an einem Element der freiheitlichen demokratischen Grundordnung, nicht etwa Kritik an dem Zustand, in dem dieses Element sich in der Verfassungswirklichkeit befindet.

### bb) Mit der freiheitlichen demokratischen Grundordnung inhaltlich unvereinbare Äußerungen

Äußerungen, die mit einem Element der freiheitlichen demokratischen Grundordnung inhaltlich unvereinbar sind, können als Anhaltspunkt dafür verstanden werden, daß der sich Äußernde vielleicht auch der Ansicht ist, dieses Element sollte abgeschafft werden. Während jedoch Kritik an einem Element der freiheitlichen demokratischen Grundordnung [oben aa)] die Vermutung zuläßt, eine solche Intention sei vorhanden, sofern sich aus dem Kontext der Äußerung nichts anderes ergibt, gibt es im Falle inhaltlicher Unvereinbarkeit keine Vermutung und noch nicht einmal eine überwiegende Wahrscheinlichkeit für eine verfassungsfeindliche Intention. Inhaltlich unvereinbar mit der freiheitlichen demokratischen Grundordnung wäre beispielsweise die Äußerung eines Politikers, man solle die staatliche Parteienfinanzierung nur noch den im Bundestag vertretenen Parteien zukommen lassen. Inhaltlich unvereinbare Meinungsäußerungen sind solche Äußerungen, deren Durchführung gegen ein Element der freiheitlichen demokratischen Grundordnung verstieße.

Tatsächliche Verstöße gegen ein Element der freiheitlichen demokratischen Grundordnung, insbesondere gegen das Demokratieprinzip, begangen durch Regierungen, Parlamentsmehrheiten oder kommunale Amtsträger, hat es in der Geschichte der Bundesrepublik Deutschland häufig gegeben. Diese Verstöße sind nie als Anhaltspunkte für eine verfassungsfeindliche Zielsetzung der betreffenden Amts- bzw. Mandatsträger oder ihrer Parteien bewertet worden. Völlig zu Recht, denn aus einzelnen Verstößen läßt sich nicht folgern, daß das verletzte Verfassungsprinzip beseitigt werden soll. Nur wenn andauernd und beharrlich gegen einen fundamentalen Verfassungsgrundsatz verstoßen wird, auch nachdem die Verfassungswidrigkeit schon durch das Bundesverfassungsgericht festgestellt worden ist, kann man auf die Zielsetzung schließen, daß dieser Verfassungsgrundsatz nicht mehr gelten soll.

Was für das verfassungswidrige Handeln von Amtsträgern gilt, muß aber erst recht für bloße Meinungsäußerungen gelten. Deshalb ist es unzulässig, die Äußerung einer mit der freiheitlichen demokratischen Grundordnung inhaltlich unvereinbaren Meinung als Beleg für eine verfassungsfeindliche Zielsetzung zu verwenden, sofern nicht zugleich die Absicht nachgewiesen wird, diese Meinung nicht nur in einem Einzelfall, sondern generell und unter Mißachtung entgegenstehender Gerichtsurteile in die Praxis umzusetzen[28].

### *c) Äußerungen, aus denen indirekt auf Kritik an der freiheitlichen demokratischen Grundordnung geschlossen werden kann*

In Verfassungsschutzberichten werden als Anhaltspunkte für eine verfassungsfeindliche Zielsetzung oft Äußerungen zitiert, die weder Kritik an der freiheitlichen

---

[28] Ähnlich *VG Berlin*, 31.8.1998, NJW 1999, 806 (809) = Juris S. 8.

demokratischen Grundordnung noch die Intention zur Beseitigung eines ihrer Elemente zum Ausdruck bringen, aus denen die Verfassungsschutzbehörde jedoch eine verfassungsfeindliche Zielsetzung meint ableiten zu können. Die Problematik indirekter Ableitungen verfassungsfeindlicher Zielsetzungen aus für sich genommen nicht gegen die freiheitliche demokratische Grundordnung gerichteten Äußerungen soll im folgenden anhand von zwei Beispielen dargestellt werden, für die die Schriften *Hans Herbert von Arnims* Anschauungsmaterial bieten: Kritik an der Wirklichkeit der in Deutschland zur Zeit praktizierten Demokratie [aa)] sowie Kritik an dem Umgang der etablierten Parteien und Politiker mit der ihnen übertragenen Macht [bb)].

#### aa) Beispiel: Bezeichnung des gegenwärtigen politischen Systems als „undemokratisch"

„Das Grundübel unserer Demokratie liegt darin, daß sie keine ist." So lautet eine der provozierenden Thesen Hans Herbert von Arnims[29]. Nach Ansicht der nordrhein-westfälischen Verfassungsschützer ist eine solche These ein Beleg für eine verfassungsfeindliche Zielsetzung[30]. Wieso? Wer behauptet, wir hätten in Deutschland keine Demokratie (oder keine „wirkliche" Demokratie) oder wer z. B. behauptet, Deutschland sei kein (oder kein „wirklicher") Rechtsstaat, der „delegitimiert" nach Ansicht der Verfassungsschützer den demokratischen Rechtsstaat[31]. Warum darin eine „Delegitimation" liegen soll und warum diese auf eine verfassungsfeindliche Zielsetzung schließen läßt, wird nicht begründet. Aber dem Leser drängt sich der Eindruck auf, der Verfassungsschutz ziehe folgende Schlußfolgerung: Wer behauptet, Deutschland sei keine (wirkliche) Demokratie, obwohl Deutschland doch nach dem Grundgesetz eine Demokratie ist und obwohl doch die Praxis mit dem Grundgesetz meist übereinstimmt, der stelle damit die Existenzberechtigung der grundgesetzlichen Demokratie in Frage. Er bringe damit zum Ausdruck, daß er diese Demokratie ablehnt und durch einen anderen Verfassungstyp ersetzen will. Er wende sich, so muß man die Folgerung des Verfassungsschutzes weiterdenken, gegen ein Element der freiheitlichen demokratischen Grundordnung und verfolge somit eine verfassungsfeindliche Zielsetzung.

Wären diese Folgerungen richtig, dann stünde ein solches Zitat zu Recht als Beleg für eine extremistische Zielsetzung im Verfassungsschutzbericht. Aber sind sie richtig? Überprüfen wir das am Beispiel der These *von Arnims.* Gemessen am Demokratiebegriff des Grundgesetzes ist die These, die deutsche Demokratie sei keine, falsch. Aber drückt sie schon deshalb eine verfassungsfeindliche, also auf Beseitigung der Demokratie im Sinne des Grundgesetzes gerichtete Zielsetzung aus? Diese

---

29 *Hans Herbert von Arnim*, Staat ohne Diener, 1993, S. 335; vgl. auch *Hans Herbert von Arnim*, Vom schönen Schein der Demokratie, 2000, insb. S. 32 f.

30 Vgl. VSB NW 1995, 117; 2001, 130.

31 Vgl. z. B. VSB NW 2001, 130.

Frage muß eindeutig verneint werden. Welche Zielsetzung mit der – am grundgesetzlichen Demokratiebegriff gemessen – falschen These verfolgt wird, läßt sich nur aus dem Kontext der These heraus verstehen. Wenn sich aus dem Kontext z. B. ergibt, daß ein Autor, der die Bundesrepublik Deutschland als einen undemokratischen Staat bezeichnet, nur die „Volksdemokratie" im Sinne der DDR für die wahre Demokratie hält, dann ergibt sich aus diesem Kontext, daß der Autor in der Tat die Bundesrepublik Deutschland „delegitimieren" und damit einem verfassungsfeindlichen Ziel, nämlich der Errichtung einer „Volksdemokratie", den Boden bereiten will. Ohne die Zielsetzung des Autors aus dem Kontext seiner Ausführungen zu ermitteln, allein aus der isolierten These, ließe sich eine verfassungsfeindliche Zielsetzung nur dann folgern, wenn es gar nicht denkbar wäre, daß die These auch in einem verfassungskonformen Kontext einen Sinn ergibt.

Dies ist jedoch nicht der Fall, wie das Beispiel der These *von Arnims* zeigt. Wogegen sich die Kritik *von Arnims* richtet und welches Ziel er mit seiner Kritik und seiner polemischen These verfolgt, hat er deutlich gesagt: Er meint, daß in Deutschland das Volk zu wenig zu sagen habe und daß auch grundlegende Entscheidungen von weitreichender Bedeutung (etwa über den Vertrag von Maastricht) von den nur mittelbar demokratisch legitimierten Politikern in den von den Parteien dominierten Parlamenten „am Volk vorbei" getroffen würden. Auch auf die Aufstellung der Kandidaten zu den Parlamenten habe das Volk keinen Einfluß[32]. Als Abhilfe schlägt er vor, Volksentscheide auch auf Bundesebene einzuführen und dem Wähler die Möglichkeit zu geben, die Auswahl der zu wählenden Amts- und Mandatsträger – etwa durch Kumulieren und Panaschieren bzw. durch Direktwahl z. B. der Ministerpräsidenten – zu beinflussen[33]. Diese Zielsetzung steht zweifelsfrei auf dem Boden der freiheitlichen demokratischen Grundordnung. Es widerspricht in keiner Weise dem Demokratiebegriff des Grundgesetzes, das politische System mit Elementen direkter Demokratie anzureichern.

Daß die These, wir hätten in Deutschland keine wirkliche Demokratie, am Maßstab des Demokratieprinzips des Grundgesetzes falsch ist, ändert an diesem Befund nichts. *Von Arnim* stellt mit seiner These ja die Demokratiekonzeption des Grundgesetzes nicht in Frage – jedenfalls nicht insoweit als es um den unabänderlichen Verfassungskern geht. Was er in Frage stellt und attackiert, ist allein die gegenwärtige Ausprägung dieser Demokratie als rein indirekte Demokratie ohne wesentlichen Einfluß des Volkes auf die Personalauswahl und die Sachentscheidungen. Wenn er mit seiner These etwas „delegitimiert", dann ist es allein diese Ausprägung der Demokratie, die seinem – durch *Lincoln* geprägten – Demokratieideal[34] widerspricht. Das, was er erstrebt, was er für eine richtige oder wirkliche

---

[32] Vgl. Staat ohne Diener, 1993, S. 335; außerdem z. B. Vom schönen Schein der Demokratie, 2000, Untertitel: Politik ohne Verantwortung – am Volk vorbei.

[33] Staat ohne Diener, 1993, S. 19 ff., 25 ff., 64 ff., 341 f.; Vom schönen Schein der Demokratie, 2000, S. 272 ff.

[34] Vom schönen Schein der Demokratie, 2000, S. 26, 51; Staat ohne Diener, Taschenbuchausg. 1995, S. 370.

Demokratie hält, ist aber nicht eine Organisationsform, die mit den Fundamenten der grundgesetzlichen Demokratie unvereinbar ist, die Bestandteil der freiheitlichen demokratischen Grundordnung sind. Diese „halbdirekte Demokratie"[35], die er sich vorstellt, ließe sich auf der Basis der durch Art. 20 GG geprägten Demokratiegrundsätze verwirklichen. Kritik an bestimmten konkreten Ausprägungen eines unabänderlichen Verfassungsgrundsatzes mit dem Ziel, diese durch andere Konkretisierungen desselben Grundsatzes zu ersetzen, läßt den Grundsatz – und damit die freiheitliche demokratische Grundordnung – unberührt. Sie ist niemals verfassungsfeindlich. Und sie kann auch nicht dadurch verfassungsfeindlich werden, daß sie polemisch, heftig, überzogen, politisch unklug oder positivrechtlich falsch ist. Eine verfassungsrechtlich falsche These[36] ist nicht etwa verfassungs*widrig*[37], und das hier erörterte Beispiel zeigt, daß sie auch nicht auf eine verfassungsfeindliche Zielsetzung schließen läßt, wenn sich diese nicht aus zusätzlichen Gesichtspunkten ergibt.

Wenn demgegenüber Verfassungsschutzbehörden Thesen, wie die hier analysierte als Beleg für eine verfassungsfeindliche Zielsetzung werten, dann schützen sie damit nicht die freiheitliche demokratische Grundordnung, sondern den staatsorganisatorischen Status quo und diejenigen politischen Kräfte, die ein Interesse daran haben, daß dieser unverändert bleibt[38].

#### bb) Beispiel: Pauschalkritik an der „politischen Klasse"

Auch polemische Kritik an den etablierten Parteien ist aus der Sicht der Verfassungsschutzbehörden ein Beleg für eine verfassungsfeindliche Zielsetzung. Man darf die Parteien wohl einzeln polemisch attackieren, wie sie das ja auch gegenseitig tun, nicht jedoch alle zugleich. Das gilt als Angriff auf den „demokratische(n) Rechtsstaat und seine Repräsentanten". So werden „die Rede ... von ‚unsere(n) Politiker(n)', die sich die ‚eigenen Taschen' füllten", oder die Behauptung, „in schönster Eintracht hätten ‚Politiker quer durch alle Bundestags-Parteien den Staat zum Selbstbedienungsladen gemacht", im Verfassungsschutzbericht als Belege für

---

[35] Vom schönen Schein der Demokratie, 2000, S. 275.

[36] *von Arnims* These ist zwar am Maßstab des Grundgesetzes falsch; es sei aber betont, daß er einen anderen Maßstab angewendet hat, nämlich das Lincoln'sche Demokratieideal, s. o. Fn. 34.

[37] Verfassungswidrig könnte nur ein *Handeln* sein, daß – gestützt auf eine verfassungsrechtlich falsche These – eine Verfassungsnorm verletzt.

[38] Um nur ein weiteres, in diesen Zusammenhang passendes, ziemlich groteskes Beispiel zu erwähnen: Sogar Kritik an dem Verfahren der Wahl der Bundesverfassungsrichter als nicht hinreichend demokratisch wird im VSB BW 2001, S. 79, als Versuch gewertet, dem freiheitlichen demokratischen Rechtsstaat die Legitimation abzusprechen, und somit als Beleg für eine extremistische Zielsetzung. Der dort als extremistisch angeschwärzte Autor hätte sich auf *v. Arnim* berufen können, Staat ohne Diener, 1993, S. 31.

eine verfassungsfeindliche Zielsetzung gewertet[39]. Die Zitate, die aus einer Parteizeitung stammen, hätte das Bundesamt für Verfassungsschutz in ähnlicher Form auch in den Büchern *Hans Herbert von Arnims* finden können[40].

Wie kommt die Verfassungsschutzbehörde dazu, polemische Kritik an den Parteien als „Agitation gegen den demokratischen Rechtsstaat"[41] und somit als verfassungsfeindlich zu verstehen? Sie begründet das damit, daß „der demokratische Rechtsstaat und seine Repräsentanten ... in polemischer und diffamierender Weise angegriffen" würden, „um deren Ansehen zu schmälern und das Vertrauen in die Politik und die Werteordnung des Grundgesetzes zu erschüttern". Das läßt sich den obigen Zitaten aber nicht entnehmen. Der demokratische Rechtsstaat wird in keiner Weise angegriffen, sondern angegriffen werden bestimmte Verhaltensweisen von Politikern, und diese werden nicht angegriffen, weil sie den demokratischen Rechtsstaat repräsentieren, sondern weil sie nach Ansicht der Kritiker „Selbstbedienung aus der Staatskasse" betreiben. Wer gegen zu hohe Diäten und Ministergehälter, gehen zu üppige Altersversorgung für Abgeordnete und Regierungsmitglieder oder zu hohe Staatsfinanzierung der Parteien polemisiert, dem darf nicht einfach unterstellt werden, er wolle damit „die Werteordnung des Grundgesetzes erschüttern".

Politiker und Parteien müssen Kritik aushalten. Sie müssen berechtigte Kritik auch dann ertragen, wenn sie polemisch ist. Sie müssen sogar überzogene, unberechtigte und zugleich polemische Kritik erdulden. Solche Kritik gehört zur demokratischen Auseinandersetzung; die Grenzen der erlaubten Kritik bestimmt das dem Schutz der Rechtsgüter Dritter wie auch des Staates dienende Strafrecht, und sie werden vom Bundesverfassungsgericht gerade wegen der Bedeutung der Meinungsfreiheit für die Demokratie sehr restriktiv konkretisiert. *Hans Herbert von Arnim* hat zutreffend betont, daß es in der Mediendemokratie mitunter nur dann möglich ist, sich Gehör zu verschaffen und Mißstände zu bekämpfen, wenn man in der Wortwahl nicht zimperlich ist und medienwirksame Schlagworte formuliert, die die Kritik polemisch überzeichnen[42]. Es bedarf hier keiner Erörterung, wie weit Polemik gehen kann, ohne die Ehre bzw. das Persönlichkeitsrecht Dritter zu verletzen, und ob das Bundesverfassungsgericht beim Schutz der Meinungsfreiheit nicht mitunter zu weit gegangen ist. Entscheidend in unserem Zusammenhang ist: Allein der Umstand, daß Kritik überzogen und polemisch ist, läßt einen Schluß auf eine verfassungsfeindliche Zielsetzung nicht zu[43].

---

[39] VSB 2002, 88; dieses Argumentationsmuster findet sich in vielen Verfassungsschutzberichten, vgl. z. B. auch VSB 2001, 107; VSB 2000, 90 f.

[40] Vgl. z. B. *Hans Herbert von Arnim*, Staat ohne Diener, 1993, S. 171 ff. (Politikfinanzierung als „Selbstbedienung aus der Staatskasse"). – Ich konnte nicht nachprüfen, ob die Parteizeitungsautoren sich ausdrücklich auf von Arnim berufen.

[41] VSB 2002, 88.

[42] Vgl z. B. Staat ohne Diener, Taschenbuchausgabe, 1995, S. 370 f.

[43] Zutreffend *BVerwGE* 114, 258 (281 ff.); *VG Berlin*, 31. 8. 1998, NJW 1999, 806 (810) = Juris S. 11.

Kritik erdulden zu müssen, heißt nicht, sie untätig hinnehmen zu müssen. Die betroffenen Politiker und Parteien können sich mit Gegenkritik und gegebenenfalls mit entsprechend harter Gegenpolemik wehren. Sie dürfen aber nicht den Staatsapparat einsetzen, um mit hoheitlichen Mitteln solche Kritik zu unterdrücken. Genau das tun jedoch die Innenminister beziehungsweise die Verfassungsschutzbehörden, wenn sie jene Kritik im Verfassungsschutzbericht als „extremistisch" brandmarken.

Wird polemische Parteienkritik aber dadurch verfassungsfeindlich, daß sie sich nicht allein gegen eine bestimmte Partei richtet, sondern gegen die „politische Klasse" insgesamt?[44] Es liegt auf der Hand, daß eine Pauschalkritik die Differenzierungen vermissen läßt, die notwendig wären, um die Realität zutreffend zu beschreiben. Sie ist regelmäßig überzogen und verzeichnet die Wirklichkeit. Aber ist sie deshalb auch verfassungsfeindlich? Undifferenzierte, polemische und überzogene Kritik ist zwischen den Parteien üblich, wird als solche im Verfassungsschutzbericht nie beanstandet[45] und gehört – wie schon dargelegt – zum politischen Meinungskampf. Daher ist der entscheidende Aspekt nicht die überzogene Polemik oder die fehlende Differenziertheit, sondern der Umstand, daß die Kritik sich gegen sämtliche etablierten Parteien richtet.

Die Verfassungsschutzbehörden scheinen daraus zu folgern, daß das Mehrparteiensystem im ganzen diskreditiert werden soll, daß sich die Polemik also nicht nur gegen die Parteien, sondern gegen das Verfassungssystem richtet, im Rahmen dessen die Parteipolitiker ihre Macht ausüben. Diese Folgerung wäre berechtigt, wenn sich aus der Kritik ergäbe, daß der Kritiker allen Parteien (außer einer) die Existenzberechtigung abspricht und somit das Mehrparteiensystem ablehnt[46]. Dies ist jedoch nicht notwendig damit impliziert, daß die Kritik sich nicht nur gegen eine, sondern gegen alle etablierten Parteien wendet.

Vorbild für die Argumentationsweise des Verfassungsschutzes ist offenbar das SRP-Urteil des Bundesverfassungsgerichts. Die SRP hatte alle anderen Parteien als „Lizenzparteien", „Monopolparteien", „Büttel der Besatzungsmächte" u. ä. bezeichnet und ihnen vorgeworfen, in die völlige Abhängigkeit der Besatzungsmächte gelangt zu sein und zwangsläufig deren Maßnahmen auch dann zugestimmt zu haben, wenn sie vitalste Interessen des deutschen Volkes verletzten. Daraus hatte das Bundesverfassungsgericht den Schluß gezogen, daß damit den anderen Parteien die Daseinsberechtigung abgesprochen und nicht nur die jeweils angegriffene Partei,

---

44 Vgl. *Hans Herbert von Arnims* Buchtitel: Fetter Bauch regiert nicht gern. Die politische Klasse – selbstbezogen und abgehoben (1997); Staat ohne Diener. Was schert die Politiker das Wohl des Volkes? (1993).

45 Polemik gegen einzelne Politiker oder Parteien wird, soweit ersichtlich, nur dann beanstandet, wenn die Verfassungsschutzbehörde sie in einem Zusammenhang mit anderen Äußerungen als Gesamtangriff auf sämtliche „demokratischen Parteien" und die Repräsentanten des Verfassungsstaates meint werten zu können, vgl. z. B. VSB 2001, 107.

46 Im Ansatz zutreffend das *OVG Münster*, 8. 12. 1995, NVwZ 1996, 913 (916), das allerdings schon die „Verunglimpfung" der anderen Parteien als „Altparteien" und „politische Dilettanten" als Angriff auf deren Existenzberechtigung wertet.

sondern schlechthin das Mehrparteiensystem angegriffen werde[47]. Dieser Schluß des Bundesverfassungsgerichts beruhte aber nicht allein auf dem Umstand, daß die SRP gegen alle anderen Parteien polemisierte, sondern auf dem Inhalt dieser Polemik. Daß die SRP den anderen Parteien die Daseinsberechtigung abgesprochen hat, ergab sich daraus, daß sie diese als von Gnaden der Besatzungsmächte lizensiert, also nicht durch das Volk legitimiert, bezeichnete, als fremdbestimmte Handlanger fremder Interessen. Solche Parteien haben in einer Demokratie keine Berechtigung. Die Folgerung des Bundesverfassungsgerichts war konsequent, zumal sie unterstützt wurde durch Äußerungen von Funktionsträgern, die sich explizit gegen die Parteiendemokratie aussprachen. Aus dem SRP-Urteil folgt somit nicht, daß jede Pauschalkritik an den (etablierten) Parteien auf die Ablehnung des Mehrparteienprinzips schließen läßt. Entscheidend ist vielmehr, ob sich aus dem Inhalt der Kritik die Ablehnung dieses Prinzips ergibt[48].

Werden beispielsweise alle etablierten Parteien kritisiert, weil sie sich aus der Staatskasse selbst bedienten, dann richtet sich diese Kritik nicht gegen das Mehrparteiensystem, sondern dagegen, daß alle diese Parteien in der kritisierten Weise handelten. Nicht die Existenzberechtigung dieser Parteien wird in Frage gestellt, sondern ihre Handlungsweise wird kritisiert; die Parteien sollen nach Auffassung des Kritisierenden nicht verschwinden, sondern ihre Handlungsweise ändern. Aus dem Umstand, daß die Kritik sich pauschal gegen alle etablierten Parteien richtet, kann nichts anderes gefolgert werden. Wenn aus der Sicht des Kritisierenden ein mißbräuchliches Verhalten – hier im Bereich der Parteienfinanzierung und Politikerbesoldung – allen etablierten Parteien vorzuwerfen ist, dann kann vom Kritiker nicht verlangt werden, die Kritik zu unterlassen, weil sie „pauschal" ist. Das würde ja bedeuten, daß gerade dann, wenn Kritik am notwendigsten wäre, wenn nämlich das mißbräuchliche Verhalten in allen Parteien verbreitet ist, die Kritik unterbleiben müßte. Das wäre genau das Gegenteil dessen, was das Grundgesetz unter demokratischer Willensbildung und freier politischer Auseinandersetzung versteht.

Aus der Pauschalität der Kritik kann somit jedenfalls dann kein Schluß auf die Ablehnung des Mehrparteienprinzips gezogen werden, wenn die kritisierte Politik tatsächlich von allen Parteien verfolgt wird. Gäbe es beispielsweise eine Partei, die die D-Mark wieder einführen will, während alle anderen den Euro beibehalten wollen, dann kann diese Partei alle anderen pauschal als „Weichwährungsparteien" attackieren, ohne daß man daraus folgern könnte, sie wolle diesen die Daseinsberechtigung absprechen. Läßt sich aus dem Inhalt einer Pauschalkritik nicht entnehmen, daß sie sich (auch) gegen die Institutionen der freiheitlichen Demokratie richtet, dann kann die Pauschalität der Kritik allenfalls dann ein Indiz für die Ablehnung des Mehrparteiensystems sein, wenn sie sachlich völlig unbegründet ist, also keinen berechtigten Kern hat. Wird eine Mehrzahl von Parteien als „Korruptions-

---

[47] *BVerfGE* 2, 1 (61 f.) – SRP.

[48] Vgl. *VG Berlin*, 31. 8. 1998, NJW 1999, 806 (810 f.) = Juris S. 11.

parteien" verunglimpft[49], dann mag das eine überzogene Polemik sein, muß aber dennoch als sachbezogene (wenngleich nicht sachliche) Kritik hingenommen werden, sofern alle diese Parteien tatsächlich in Schwarzgeld-, Parteispenden-, Selbstversorgungs- oder Korruptionsskandale verwickelt waren[50]. Werden diese Parteien jedoch mit diesem Begriff diffamiert, ohne daß sie durch ihr Verhalten dazu Anlaß geboten haben, wird man dies eventuell[51] als Indiz dafür werten können, daß ihre Existenzberechtigung unterhöhlt werden soll.

Festzuhalten bleibt somit, daß Kritik an „den Parteien", an den „etablierten Parteien" oder an der „politischen Klasse", mag sie auch überzogen und nicht hinreichend differenziert sein, für sich genommen nicht auf eine Ablehnung des Mehrparteiensystems schließen läßt[52] und somit auch nicht als Beleg für eine verfassungsfeindliche Zielsetzung im Verfassungsschutzbericht verwendet werden darf.

Wenn *Hans Herbert von Arnim* über „die politische Klasse" vom Leder zieht und sie als „selbstbezogen und abgehoben" charakterisiert[53], dann weiß er genau, daß die Vorwürfe, die er der „politischen Klasse" macht, nicht für jedes ihrer Mitglieder gelten. Vielmehr legt er typische und nach seiner Auffassung durch bestimmte Strukturen geförderte Mängel dar. Typisierende Kritik ist immer pauschalierend und insofern nicht in jeder Hinsicht gerecht. Je mehr sie pauschaliert, desto mehr kann sie die Wirklichkeit verzeichnen und verfehlen. Je mehr sie typisiert (und damit pauschaliert), desto deutlicher kann sie aber auch die erkannten Mängel beleuchten und zu ihrer Beseitigung beitragen. Jedenfalls kann man einer solchen Kritik nicht von vornherein den Willen absprechen, zur Verbesserung der politischen Praxis in der freiheitlich-rechtsstaatlichen Demokratie beizutragen.

#### cc) Konsequenzen für die Möglichkeit indirekter Folgerungen aus Meinungsäußerungen

*(1) Schluß auf eine verborgene Gesinnung?*

Meinungsäußerungen im Wege einer indirekten Beweisführung als Belege für eine verfassungsfeindliche Zielsetzung zu verwenden, ist zwar nicht ausgeschlossen, jedoch äußerst mißbrauchsanfällig und vor allem anfällig gegen unbeabsichtigte Fehlinterpretationen. Denn wenn aus einer Äußerung, die die Ablehnung eines der

---

49 Vgl. VSB 2002, 88; VSB Bay 2002, 53.

50 Zum weiten politik- und sozialwissenschaftlichen Korruptionsbegriff, der z. B. auch Untreue, Ämterpatronage und überzogene Selbstversorgung von in eigener Sache entscheidenden Amtsträgern umfasse vgl. *Hans Herbert von Arnim*, in: Hans Herbert von Arnim (Hg.), Korruption. Netzwerke in Politik, Ämtern und Wirtschaft, 2003, S. 18 m.w.N.

51 Selbst in diesem Fall ist Vorsicht mit einer solchen indirekten Schlußfolgerung geboten und auf Verallgemeinerungsfähigkeit zu achten: Stellt polemische Kritik ohne sachlich berechtigten Kern wirklich immer die Existenzberechtigung des Kritisierten in Frage?

52 Ebenso *BVerwGE* 114, 258 (281 ff., 287 f.).

53 Fetter Bauch regiert nicht gern, 1997.

Elemente der freiheitlichen demokratischen Grundordnung nicht zum Inhalt hat, eine solche Ablehnung indirekt geschlossen werden soll, dann ist dies ein Schluß auf die nicht geäußerte – innere – Gesinnung des Äußernden. Ein solcher Schluß ist einigermaßen eindeutig nur möglich, wenn die geäußerte Meinung die hinter ihr vermutete verfassungsfeindliche Zielsetzung (Beispiel: Ablehnung des Mehrparteiensystems hinter der geäußerten pauschalen Parteienkritik) entweder denknotwendig impliziert oder wenn die geäußerte Meinung jedenfalls im konkreten Zusammenhang ohne die hinter ihr vermutete verfassungsfeindliche Zielsetzung keinen Sinn ergibt. Besteht jedoch die Möglichkeit, daß der Äußernde mit seiner Meinungsäußerung einen verfassungskonformen Zweck verfolgt, darf ihm ein verfassungsfeindlicher Zweck nicht einfach von den Verfassungsschutzbehörden unterstellt werden. Dies wäre mit der Meinungsfreiheit und mit dem Prinzip der freien demokratischen Willensbildung, die prinzipiell nicht mit hoheitlichen Mitteln gesteuert werden darf, unvereinbar.

*(2) Maßgeblichkeit der objektiven Wirkung?*

Läßt sich dem entgegenhalten, daß es nicht auf den mit der Meinungsäußerung verfolgten Zweck, sondern auf ihre objektive Wirkung ankomme? Könnte man also argumentieren: Es möge ja sein, daß *von Arnim* mit seinen Büchern beabsichtigt, dem freiheitlichen demokratischen Rechtsstaat zu dienen, indem er Mißstände der politischen Praxis attackiert und so der Festigung der freiheitlichen demokratischen Grundordnung dient; jedoch fördere seine Polemik gegen die „politische Klasse" die Politikverdrossenheit, indem die Politiker und politischen Parteien allesamt in ein schlechtes Licht gestellt würden, delegitimiere somit objektiv betrachtet den demokratischen Rechtsstaat und sei daher extremistisch? Wäre diese Frage zu bejahen, dann würde das bedeuten, daß nicht die Mißstände Schuld sind an der Politikverdrossenheit der Bürger, sondern derjenige, der die Mißstände beim Namen nennt und kritisiert. Dann müßte Kritik an Mißständen innerhalb des politischen Systems im Hinblick auf ihre „objektiv delegitimierende" Wirkung unterbleiben, auch wenn sie subjektiv der Beseitigung der Mißstände und damit der Erhaltung des Verfassungssystems dient. Zumindest müßte sie unterbleiben, wenn sie überzogen und nicht hinreichend differenziert ist, weil sie insofern „unnötige" Politikverdrossenheit erzeugt. Abgesehen davon, daß der Ansehensverlust konkreter Amtsträger und Parteien nicht mit Delegitimierung der Verfassungsinstitutionen gleichgesetzt werden kann, kann das nicht richtig sein. Das Grundgesetz konstituiert eine Ordnung, in der Kritik an den jeweils Herrschenden erlaubt ist und als notwendig betrachtet wird. Ohne Kontrolle und Kritik keine freiheitliche Demokratie. Wäre Kritik nur zulässig, soweit sie in jeder Hinsicht differenziert und sachlich berechtigt ist, dann wäre der Staat – hier in Gestalt der Verfassungsschutzbehörden – befugt, autoritär darüber zu entscheiden, welche Meinungen geäußert werden dürfen und welche nicht. Der demokratische Willensbildungsprozeß ist aber dadurch charakterisiert, daß er nicht mit hoheitlichen Mitteln gelenkt und beeinflußt wird. Welche Kritik „berechtigt" ist und welche „überzogen“ ist, ist wiederum Gegenstand der freien politischen Auseinandersetzung, und jeder Bürger kann sich ein eigenes Urteil darüber bilden.

„Objektiv delegitimierende“ Wirkungen haben im übrigen nicht nur Meinungsäußerungen. Es sind vor allem die Entscheidungen und Verhaltensweisen von Amts- und Mandatsträgern, die Enttäuschungen bei Wählern bis hin zu Politikverdrossenheit hervorrufen. Noch kein Verfassungsschutzbericht hat behauptet, die Politik der Bundesregierung oder einer Landesregierung (bzw. bestimmte politische Entscheidungen einer Regierung) sei wegen demoskopisch ermittelter Auswirkungen auf die Politik- oder Parteienverdrossenheit der Bürger delegitimierend und daher verfassungsfeindlich, obwohl die Verdrossenheit der Bürger wohl sehr viel mehr mit der tatsächlichen Politik als mit Kritik an dieser Politik zu tun hat. Das ist den Verfassungsschutzbehörden nicht vorzuwerfen. Denn Politik, die Parteienverdrossenheit erzeugt, ist regelmäßig nicht darauf angelegt, dieses Ergebnis hervorzubringen oder gar das Verfassungssystem zu delegitimieren. Man kann dann den verantwortlichen Politikern mangelnde Volksnähe oder Unfähigkeit, nicht jedoch Verfassungsfeindlichkeit vorwerfen. Was für die Politiker gilt, muß aber auch für ihre Kritiker gelten: Soweit es um die Erzeugung von Politik- bzw. Parteienverdrossenheit und vor allem um die „Delegitimation“ von Verfassungsinstitutionen geht, läßt nicht das objektive Ergebnis eines Verhaltens, sondern nur die Intention auf eine verfassungsfeindliche Zielsetzung schließen. Allein aus dem Umstand, daß Politiker oder Parteien polemisch oder pauschal oder beides zugleich kritisiert werden, ergibt sich eine verfassungsfeindliche Intention aber nicht, sofern eine andere sinnvolle Intention dieser Kritik im konkreten Zusammenhang möglich ist.

*(3) Diskreditierung verfassungsmäßiger Meinungsäußerungen?*

Das Hauptproblem indirekter Schlüsse aus Meinungsäußerungen auf eine dahinter verborgene verfassungsfeindliche Zielsetzung ist folgendes: Wenn die vermutete verfassungsfeindliche Zielsetzung mit der betreffenden Meinungsäußerung nicht implizit mitgeäußert wird (weil sie mit ihr denknotwendig oder aufgrund der konkreten Umstände eindeutig verbunden ist), dann wird von einer verfassungsmäßigen Meinungsäußerung auf ein verfassungsfeindliches Ziel geschlossen. Ein solcher Schluß ist zwar nicht denkgesetzlich falsch; er kommt jedoch nur als Schluß auf eine Eventualität, auf ein möglicherweise vorhandenes, möglicherweise auch nicht vorhandenes Ziel in Betracht. Eine solche Meinungsäußerung kann also allenfalls einen „Anhaltspunkt für den Verdacht“ einer verfassungsfeindlichen Zielsetzung abgeben. Es bedarf hier keiner Erörterung, ob und unter welchen Voraussetzungen die Verfassungsschutzbehörden berechtigt sind, verfassungsmäßige Meinungsäußerungen als Anhaltspunkte für den Verdacht verfassungsfeindlicher Zielsetzungen zu werten und aufgrund dieses Verdachts beobachtend tätig zu werden und weitere Informationen zu erheben. Auch wenn man unterstellt, daß diese Befugnis gegeben ist, und wenn man weiterhin unterstellt, daß die Verfassungsschutzbehörde auch über Verdachtsfälle im Verfassungsschutzbericht berichten darf, kann es nicht erlaubt sein, inhaltlich in jeder Hinsicht mit dem Grundgesetz vereinbare Meinungsäußerungen im Verfassungsschutzbericht als Anhaltspunkte für eine verfassungsfeindliche Zielsetzung zu brandmarken. Wie eingangs dargelegt, hat der Verfassungsschutzbericht die Wirkung, daß die dort als Extremismus-Belege zitierten Meinungsäußerungen gesellschaftlich geächtet werden. Jeder, der solche Meinungen äußert, muß damit rechnen, daß er selber ins Visier des Verfassungsschutzes gerät oder gar im Verfassungsschutzbericht zitiert wird. Im Verfassungsschutzbericht als Extremismus-Belege zitierte Meinungen stehen unter einem staatlichen Quasi-Verbot – einem zwar nicht rechtlich durchsetzbaren, aber von jedem Bürger, der sich nicht selbst gesellschaftlich isolieren und beruflich ruinieren will, aus Eigeninteresse beachteten mittelbaren Unterlassungsbefehl. Werden im Verfassungsschutzbericht Meinungsäußerungen als Anhaltspunkte für eine extremistische Zielsetzung genannt, die eine solche Zielsetzung nicht eindeutig implizieren, dann wird auf diese Weise die Meinungsfreiheit auf nicht zu rechtfertigende Weise verkürzt. Denn der Verfassungsschutzbericht grenzt dann Meinungen aus dem politischen Diskurs aus, die inhaltlich in jeder Hinsicht mit der freiheitlichen demokratischen Grundordnung vereinbar sind.

## III. Fazit: Verfassungsschutz darf nicht Status-quo-Schutz sein

Der Verfassungsschutzbericht tabuisiert Meinungen, die er als „extremistisch“, nämlich als Belege für eine verfassungsfeindliche Zielsetzung, zitiert. Er greift damit in schwerwiegender Weise in den demokratischen Willensbildungsprozeß ein. Meinungslenkung mit hoheitlichen Mitteln, staatliche Ausgrenzung politisch unerwünschter Meinungen durch Stigmatisierung im Verfassungsschutzbericht darf es prinzipiell nicht geben. Rechtfertigungsfähig ist allein die Ächtung solcher Meinungsäußerungen als „extremistisch“, die eine verfassungsfeindliche, gegen die freiheitliche demokratische Grundordnung gerichtete Zielsetzung zum Ausdruck bringen. Ob dieses Kriterium erfüllt ist, hängt – so das Ergebnis der obigen Untersuchung – bei den drei in Betracht kommenden Typen von Äußerungen von unterschiedlichen Voraussetzungen ab: 1. Eine solche Zielsetzung wird expressis verbis geäußert. Diese Äußerung ist ohne weiteres als verfassungsfeindlich zu qualifizieren. 2. Eine Meinungsäußerung zielt zwar nicht ausdrücklich auf die Beseitigung eines Grundsatzes der freiheitlichen demokratischen Grundordnung ab, übt aber an einem ihrer Grundsätze Kritik oder ist inhaltlich mit ihm unvereinbar. a) Konkret auf die deutsche Verfassungsordnung bezogene Kritik an einem Element der freiheitlichen demokratischen Grundordnung kann in der Regel als Beleg für Verfassungsfeindlichkeit bewertet werden. b) Meinungsäußerungen, die inhaltlich mit einem Grundsatz der freiheitlichen demokratischen Grundordnung unvereinbar sind, lassen für sich genommen einen Schluß auf den Willen zur Beseitigung dieses Grundsatzes und somit auf eine verfassungsfeindliche Zielsetzung nicht zu; sie können jedoch ein Element der Begründung der Verfassungsfeindlichkeit einer Organisation sein, wenn sich aus der Zusammenschau mit anderen Begründungselementen der Wille zur dauerhaften Mißachtung des betreffenden Verfassungsprinzips ergibt. 3. Sonstige Meinungsäußerungen: Sie kommen als Belege für die verfassungsfeindliche Zielsetzung einer Organisation in Betracht, wenn sie indirekt eine verfassungsfeindliche Zielsetzung zum Ausdruck bringen. Dies ist nur dann der Fall, wenn sie die verfassungsfeindliche Zielsetzung denknotwendig implizieren bzw. nur auf der Basis einer solchen Zielsetzung einen vernünftigen Sinn ergeben.

Diese Voraussetzungen werden von den Verfassungsschutzbehörden oft nicht beachtet. In den – allein problematischen – Fallgruppen 2. und 3. werden Äußerungen immer wieder ohne weiteres als Belege für eine verfassungsfeindliche Zielsetzung verwendet, auch wenn ein Kontext, der auf eine verfassungsfeindliche Zielsetzung schließen läßt, nicht ersichtlich ist. Die extremistische Zielsetzung wird von den Verfassungsschutzbehörden dann einfach unterstellt oder überhaupt nicht thematisiert. Soweit dies geschieht, überschreitet der Verfassungsschutzbericht seine Funktion als Mittel zur Verteidigung der freiheitlichen demokratischen Grundordnung; er wird zum Instrument der Verteidigung des politischen Status quo und der Interessen derjenigen, die von der Ausschaltung der geächteten Meinungen aus dem politischen Meinungskampf profitieren[54].

---

[54] Vgl. auch *Denninger*, in: HdbVerfR, 2. Aufl. 1994, § 16 Rn. 75.

# Annex 2: Verfassungsschutz-Mitarbeit als staatsbürgerliche Obliegenheit?*

„Spiel nicht mit den Schmuddelkindern ...“

*Franz Josef Degenhardt*

## I. Die Strategie der Ausgrenzung

Wirkliche und angebliche Verfassungsfeinde werden von den Verfassungsschutzbehörden auf sehr effektive Weise mit zwei Mitteln bekämpft: Erstens werden sie im Verfassungsschutzbericht als „Extremisten“[1] bezeichnet, also als nicht zur Gemeinschaft der „Demokraten“ gehörend gebrandmarkt und an den Schandpfahl der aufgeklärten demokratischen Gesellschaft gestellt.[2] Das Bundesverfassungsgericht hat zutreffend festgestellt, daß die Erwähnung im Verfassungsschutzbericht Sanktionscharakter hat.[3] Mit der öffentlichen Erklärung zum Verfassungsfeind wird zweitens angestrebt, daß die Verfassungsfeinde aus dem politischen Leben ausgegrenzt werden. Sie sollen möglichst keine Gelegenheit erhalten, für ihre Ziele zu werben, ihre Meinungen zu verbreiten, Anhänger und Mitglieder zu gewinnen. Dies wird ihnen zwar nicht verboten – bei politischen Parteien könnte ein Verbot ohnehin

---

* Diese Abhandlung erschien zuerst in der Gedächtnisschrift für Dieter Blumenwitz, 2008.

[1] Zur Terminologie: „Verfassungsfeind“ ist, wer darauf ausgeht, die freiheitliche demokratische Grundordnung zu beseitigen oder zu beeinträchtigen oder den Bestand der Bundesrepublik Deutschland zu gefährden (vgl. Art. 21 II GG). Der von den Verfassungsschutzbehörden verwendete Begriff „Extremist“ kann juristisch nur gleichbedeutend zu verstehen sein und darf hier also nicht in einem davon abweichenden politischen Sinne verstanden werden. Wenn im folgenden Beispiele aus Verfassungsschutzberichten zitiert werden, in denen der Extremismus-Begriff sich auf konkrete Organisationen oder Personen bezieht, werden die Wertungen des Verfassungsschutzes wiedergegeben. Eine Stellungnahme des Autors zu der Frage, ob diese zutreffen, ist damit nicht verbunden. – Verfassungsschutzberichte werden nach der Internetversion zitiert. (Die Druckversionen haben teilweise abweichende Seitenzählungen.).

[2] Dazu näher *D. Murswiek*, Der Verfassungsschutzbericht – das scharfe Schwert der streitbaren Demokratie. Zur Problematik der Verdachtsberichterstattung, NVwZ 2004, S. 769 (771 ff.).

[3] *BVerfGE* 113, 63 (77) – „Junge Freiheit“.

nur vom Bundesverfassungsgericht ausgesprochen werden –, aber der Sumpf soll trockengelegt, die realen Wirkungsmöglichkeiten sollen den Verfassungsfeinden abgeschnitten werden. Die Wirkung, welche die Verfassungsschutzbehörden von ihren Verfassungsschutzberichten vor allem erhoffen, ist die Ausgrenzungswirkung: Verfassungsfeinde sollen gesellschaftlich isoliert werden. Dann – so das Kalkül – bleiben sie mit ihren Parolen unter sich, in ihrem politischen und gesellschaftlichen Ghetto, und können keinen Einfluß auf die Masse der Bevölkerung gewinnen.

Die Verfassungsschutzbehörden sehen es offenbar als die beste, wenn nicht – abgesehen von Partei- und Vereinsverboten – die einzige Methode der Bekämpfung von Verfassungsfeinden und zur Verteidigung der freiheitlichen demokratischen Grundordnung an, den Extremisten durch umfassende Ausgrenzung den Boden ihrer Wirksamkeit zu entziehen. Wenn niemand deren Veranstaltungen besucht, wenn niemand an ihren Demonstrationen teilnimmt, wenn die Medien nicht über sie berichten, wenn sie keine Gelegenheiten bekommen, sich in Zeitungen oder im Fernsehen darzustellen, wenn alle guten Bürger sie meiden wie die Pest und schon gar nicht Mitglied in einer solchen, im Verfassungsschutzbericht erwähnten, Organisation werden, dann wird ihre Chance, politischen Einfluß zu gewinnen, minimiert. Da die Verfassungsschutzbehörden im übrigen keine Exekutivbefugnisse haben – sie sind für die Gewinnung von Erkenntnissen über verfassungsfeindliche Bestrebungen, nicht aber für deren Bekämpfung zuständig –, ist der Verfassungsschutzbericht das einzige legale Instrument, das ihnen selbst zur Bekämpfung des Extremismus zur Verfügung steht.

Die Ausgrenzungsstrategie ist keine Erfindung des Verfassungsschutzes. Sie ist wohl zuerst von Politikern entwickelt worden, die sie als Parteipolitiker wie auch als Amtsträger – als Bundeskanzler, als Parlamentspräsidenten, als dem Verfassungsschutz übergeordnete Innenminister – seit langem praktizieren, indem sie immer wieder zur „Ächtung" von Extremisten aufrufen.[4] Sie setzen die Ausgrenzungsstrategie insbesondere als eine weitgehend erfolgreiche Alternative zum Parteiverbot ein. Aus der Sicht dieser Politiker hat die Ausgrenzungsstrategie gegenüber einem Parteiverbotsverfahren den Vorteil, nicht einer Vorabkontrolle durch das Bundesverfassungsgericht zu unterliegen und auch im übrigen sich gerichtlicher Kontrolle weitgehend zu entziehen.

Bei der Umsetzung der politisch gewollten Ausgrenzungsstrategie kommt dem Verfassungsschutz eine Schlüsselstellung zu: In den Verfassungsschutzberichten definieren die Verfassungsschutzbehörden, welche Organisationen „extremistisch" sind und somit „geächtet" werden sollen, und außerdem sorgt der Verfassungsschutz dafür, daß die Ausgrenzung auch tatsächlich stattfindet.

---

[4] Beispiele: Bundeskanzler *Kohl* laut FAZ v. 28.09.1993, Nr. 225, S. 5; *ders.*, Bulletin v. 4.9.1993, Nr. 69, S. 734; Bundestagsvizepräsidentin *Bläss*, Pressemitteilung 16.06.2000, www.bundestag.de/presse/presse/2000/pz_000616.html; Bundesinnenminister *Kanther* laut FAZ v. 15.04.1994, Nr. 87/15, S. 1; *ders.*, Bulletin v. 24.2.1995, Nr. 14, S. 114; Innensenator *Wrocklage*, Pressemitteilung vom 11.8.2000, Pressestelle der Innenbehörde, www.hamburg.de/Behoerden/Pressestelle/Meldungen/tagesmeldungen/2000/aug/w32/fr/news.htm.

Die Verfassungsschutzbehörden erwarten von allen Bürgern, daß sie sich an der Ausgrenzung der Verfassungsfeinde beteiligen. Ausgrenzung, gesellschaftliche Isolierung, Boykott können von den Verfassungsschutzbehörden nicht selbst vorgenommen werden. Sollen die Extremisten wirksam aus dem politischen Leben ausgeschlossen werden, dann bedarf es der Mitwirkung der gesamten Gesellschaft, in erster Linie der Medien, die ja nicht in staatlicher, sondern in privater Hand sind beziehungsweise als öffentlichrechtliche Rundfunk- und Fernsehanstalten dem unmittelbaren Einfluß des Staates entzogen sind. Es bedarf der Mitwirkung der „demokratischen" Parteien.[5] Es bedarf der Mitwirkung der Gastwirte, die keine Versammlungslokale an Extremisten vermieten sollen, der Mitwirkung der Druckereien, die keine extremistischen Plakate drucken sollen, ja der Mitwirkung jedes Einzelnen, der nicht an Versammlungen und Demonstrationen von Extremisten teilnehmen soll.

Nicht nur aus dem faktischen Grunde, daß eine umfassende Ausgrenzung von Extremisten dem Staat gar nicht möglich ist, sondern nur von der Gesellschaft im ganzen geleistet werden kann, auch aus rechtlichen Gründen läßt sich die von den Verfassungsschutzbehörden verfolgte Ausgrenzungsstrategie nur durch Ausgrenzung seitens der Bürger verwirklichen. Denn was der Staat, handelnd durch die Verfassungsschutzbehörden, von den Bürgern verlangt, ist ihm selbst rechtlich versagt: Solange eine politische Partei oder sonstige Vereinigung nicht verboten ist, stehen ihr alle Freiheits- und Gleichheitsrechte zu. Sie darf nicht aus politischen Gründen diskriminiert werden. Der Staat darf zwar nach der Rechtsprechung und der herrschenden Meinung verfassungsfeindliche Bestrebungen mit Argumenten bekämpfen; das rechtfertigt die Darstellung der verfassungsfeindlichen Zielsetzung im Verfassungsschutzbericht und ihre Bewertung als extremistisch beziehungsweise verfassungsfeindlich sowie die damit verbundene Warnung an die Bürger. Er darf jedoch nicht über die geistig-politische Einwirkung hinausreichende Eingriffe in die Freiheits- und Gleichheitsrechte extremistischer Organisationen zum Zwecke ihrer Bekämpfung vornehmen, solange er sich nicht entschließt, sie in den dafür vorgesehenen Verfahren und unter den verfassungsrechtlichen und gesetzlichen Voraussetzungen zu verbieten. Insbesondere sind nicht verbotene politische Parteien rechtlich uneingeschränkt gleich zu behandeln. Extremistische Parteien dürfen beim Zugang zu öffentlichen Einrichtungen, etwa bei der Benutzung von Stadthallen für Parteiveranstaltungen oder bei der Benutzung öffentlicher Plätze, bei der Zuteilung von Sendezeiten für Wahlwerbespots oder bei der staatlichen Parteienfinanzierung nicht benachteiligt werden.[6] Öffentlichrechtlich organisierte Sparkassen oder privatrechtlich organisierte, aber in staatlicher Hand befindliche Kreditinstitute dürfen

---

[5] Im Sprachgebrauch der Verfassungsschutzberichte ist „demokratisch" der Gegenbegriff zu „extremistisch", also zu verfassungsfeindlich. Dieser Sprachgebrauch ist verfassungsrechtlich unzutreffend, denn auch eine demokratische (die Volkssouveränität, die Mehrheitsherrschaft, das Mehrparteiensystems usw. bejahende) Partei kann extremistisch sein, z. B., wenn sie das Rechtsstaatsprinzip bekämpft.

[6] Vgl. z. B. *BVerfGE* 47, 198 (224 ff., insb. 227 f.); 69, 257 (268 ff.); zum „Parteienprivileg" allgemein z. B. *BVerfGE* 5, 85 (140); 13, 123 (126); 12, 296 (304 ff.); 39, 334 (382).

nicht einer Organisation das Konto kündigen, weil sie im Verfassungsschutzbericht als extremistisch ausgewiesen sei.[7]

Solche dem Staat verbotene Ausgrenzungs- und Boykottmaßnahmen sind dagegen Privaten grundsätzlich erlaubt. Für sie gilt das Freiheitsprinzip, das grundsätzlich auch die Freiheit zur Diskriminierung aus politischen Gründen impliziert. Es gibt Einschränkungen, etwa für Monopolunternehmen, und der Gesetzgeber mag aus verfassungs- oder aus europarechtlichen Gründen verpflichtet sein, auch für Private gewisse Diskriminierungsverbote zu erlassen. Darauf kann hier nicht näher eingegangen werden. Entscheidend ist: Jeder Einzelne und regelmäßig auch private Unternehmen dürfen das tun, was der Staat nicht darf – sie dürfen nicht verbotene, aber vom Verfassungsschutz als extremistisch eingestufte Organisationen ausgrenzen und boykottieren.

Der Verfassungsschutz ist also für seine Ausgrenzungsstrategie auf die Privaten angewiesen; der Staat muß die Gesellschaft in Dienst nehmen, damit diese Strategie umgesetzt werden kann. Diese Vorgehensweise wirft mehrere Rechtsfragen auf, von denen nur eine in dieser Abhandlung behandelt werden soll. So ließe sich bereits fragen, ob in einem Rechtsstaat überhaupt der Staat an die Gesellschaft insgesamt beziehungsweise an jeden Einzelnen die Erwartung herantragen darf, Sanktionen zu exekutieren, die der Staat sozusagen verhängt, aber nicht selbst ausführt. Es ließe sich fragen, ob nicht jedenfalls insoweit ein Mißbrauch staatlicher Macht vorliegt, als der Staat mit seinem an Private gerichteten Ausgrenzungs- und Boykottansinnen das für ihn selbst geltende Verbot umgeht, die Ausgrenzungs- und Boykottmaßnahmen vorzunehmen, die er von den Privaten erwartet. Es ließe sich auch fragen, ob der Verfassungsschutzbericht überhaupt als Bekämpfungsinstrument eingesetzt werden darf.[8] Ich werde auf diese Fragen hier nicht eingehen und beschränke mich auf ein besonderes und besonders gravierendes Problem: Darf der Staat zur Durchsetzung seiner Ausgrenzungsstrategie Druck auf die Bürger ausüben, indem er diejenigen, die sich an der Ausgrenzung nicht beteiligen, ihrerseits mit der Sanktion der Erwähnung im Verfassungsschutzbericht belegt?

## II. Die Sanktionierung der Nichtausgrenzung

Genau dies tut der Verfassungsschutz immer wieder, indem er Kontakte zu Extremisten als Anhaltspunkte für extremistische Bestrebungen desjenigen wertet, der mit diesen in Kontakt getreten ist. Manche Verfassungsschutzberichte enthalten in ihrer Beweisführung für den extremistischen Charakter konkreter Organisationen

---

[7] Vgl. z. B. *BGH*, 11.3.2003, NJW 2003, S. 1658 (1659) = BGHZ 154, 146.

[8] Es ist noch gar nicht ins Bewußtsein der Öffentlichkeit, nicht einmal der Fachöffentlichkeit, gedrungen, daß der Verfassungsschutzbericht längst nicht mehr nur ein Informationsmedium, sondern auch und vor allem eine Waffe ist. Daher fehlt, von einigen Ansätzen abgesehen (vgl. z. B. *Murswiek*, o. Fn. 2), auch noch die wissenschaftliche Aufarbeitung der damit verbundenen politischen und verfassungsrechtlichen Problematik.

sogar besondere Kapitel über „Kontakte zu (anderen) Extremisten".[9] Beispiele für solche aus der Sicht des Verfassungsschutzes „verbotene" – d.h. rechtlich zwar erlaubte, aber als Ausdruck einer verfassungsfeindlichen Bestrebung zu verurteilende und durch Erwähnung im Verfassungsschutzbericht zu sanktionierende – Kontakte sind etwa die Teilnahme an einer von Extremisten organisierten Veranstaltung,[10] auch wenn – das gilt sinngemäß auch für alle weiteren Beispiele – das Thema der Veranstaltung und die dort propagierten Ziele nicht extremistisch sind, das Halten eines Vortrags vor einer Versammlung, zu der Extremisten eingeladen haben,[11] oder die Beteiligung an der Diskussion auf einer solchen Veranstaltung.[12] Auch die Einladung eines Extremisten zu einem Vortrag[13] wird vom Verfassungsschutz beanstandet, und die Teilnahme von Extremisten an einer Demonstration, insbesondere wenn sie dort Rederecht erhalten, wird als Beleg für die extremistische Zielsetzung der veranstaltenden Organisation gewertet.[14] Ebenso wird im Verfassungsschutzbericht als „Zusammenarbeit mit Extremisten" beanstandet, wenn Angehörige einer Partei an Demonstrationen teilnehmen, an denen sich auch Angehörige extremistischer Organisationen beteiligen, auch wenn – wie in allen anderen hier aufgeführten Beispielsfällen ebenfalls – eine verfassungsfeindliche Zielsetzung nicht ersichtlich ist, z.B. bei Demonstrationen „gegen den Irak-Krieg", „gegen Arbeitslosigkeit" oder „gegen Sozialabbau".[15]

Blättert man in den Verfassungsschutzberichten, so kann man eine Vielzahl weiterer Beispiele dafür finden, daß der Verfassungsschutz Kontakte zu Extremisten, also die – auch nur sporadische – Nichtbefolgung des Ausgrenzungsansinnens, als Anhaltspunkte für extremistische Bestrebungen desjenigen wertet, der sich in dem konkreten Einzelfall an der Ausgrenzung nicht beteiligt hat. Erwähnt seien die Veröffentlichung von Interviews mit Extremisten[16] oder von Artikeln als extremistisch angesehener Autoren in einer Zeitung[17] sowie die Gewährung eines Interviews für eine extremistische Zeitung.[18] Auch die Veröffentlichung von Inseraten extremistischer Zeitschriften[19] oder Parteien[20] begründet in den Augen des Verfas-

---

[9] Vgl. z.B. VSB BW 2000, S. 42; 2001, S. 39; 2002, S. 60; vgl. auch VSB BW 1999, S. 47; 2003, S. 175; 2004, S. 145; 2005, 150.

[10] Vgl. z.B. VSB BW 1999, S. 48, 2001, S. 40.

[11] Vgl. z.B. VSB NW 1998, S. 83; 2002, S. 99.

[12] Vgl. VSB BW 2001, S. 40.

[13] Vgl. VSB BW 1998, S. 62f.; 1999, S. 47.

[14] VSB NW 2003, S. 26; zustimmend *VG Düsseldorf*, 21.10.2005 – 1 K 3189/03 – Bürgerbewegung L1 (= pro Köln), Juris, dort auch genauerer Sachverhalt; VSB BW 1998, S. 62.

[15] Vgl. z.B. VSB Bay 2002, S. 109; 2003, S. 106; 2004, S. 127.

[16] Vgl. z.B. VSB NW 2002, S. 100.

[17] Vgl. z.B. VSB 2002, S. 95; VSB BW 2002, S. 73; 2004, S. 160.

[18] Vgl. z.B. VSB NW 2000, S. 109; 2002, S. 64, 99.

[19] Vgl. z.B. VSB NW 1998, S. 83; 2001, S. 98; 2002, S. 101; VSB BW 2002, S. 74; 2003, S. 191; 2004, S. 159f.

[20] Vgl. z.B. VSB NW 1999, S. 96; 2001, S. 98; 2002, S. 100.

sungsschutzes den Verdacht, die veröffentlichende Zeitung verfolge ihrerseits extremistische Ziele; auch die Veröffentlichung von Inseraten in einer extremistischen Zeitschrift wird im Verfassungsschutzbericht moniert.[21]

Indem der Verfassungsschutz solche Fälle von Nichtbeteiligung an der Ausgrenzung von Extremisten im Verfassungsschutzbericht als Anhaltspunkte für extremistische Bestrebungen des Betreffenden darstellt, belegt er die Unterlassung der geforderten Ausgrenzung mit einer Sanktion: Der Betreffende wird nun selbst öffentlich einer extremistischen Verhaltensweise geziehen.

In der Regel wird zwar der vereinzelte Kontakt zu Extremisten nicht schon für sich genommen zur Erwähnung im Verfassungsschutzbericht führen, sondern nur dann, wenn es auch andere Anhaltspunkte für eine extremistische Bestrebung gibt. Entscheidend aber ist in unserem Zusammenhang, daß dort, wo es geschieht, die Darstellung des Kontakts als Anhaltspunkt für eine verfassungsfeindliche Bestrebung die betreffende Verhaltensweise als verfassungsschutzrechtlich verwerflich öffentlich inkriminiert. Auf diese Weise wird nicht nur der von dieser Sanktion unmittelbar Betroffene für sein Verhalten „bestraft". Wird die Nichtbeachtung des Ausgrenzungsansinnens im Verfassungsschutzbericht als Anhaltspunkt für eine verfassungsfeindliche Bestrebung des Betreffenden dargestellt, dann hat das auch generalpräventive Wirkung: Es wird für die Allgemeinheit deutlich gemacht, daß jeder, der dem Ausgrenzungsansinnen nicht Folge leistet, sich damit aus Sicht des Verfassungsschutzes verdächtig macht, verfassungsfeindliche Bestrebungen zu verfolgen; er muß also damit rechnen, selbst in den Blick des Verfassungsschutzes zu geraten und im Verfassungsschutzbericht erwähnt zu werden.

## III. Rechtliche Voraussetzungen für die Sanktionierung der Nichtausgrenzung

### 1. Ermächtigungsgrundlage in den Verfassungsschutzgesetzen

Wird das Verhalten einer Person im Verfassungsschutzbericht als Anhaltspunkt für eine verfassungsfeindliche Bestrebung dargestellt, so liegt darin ein Eingriff in Freiheitsrechte der betroffenen Person.[22] Je nachdem, an welches Verhalten angeknüpft wird, kann das ein Eingriff in die Meinungsfreiheit oder z. B. die Religions-, die Presse-, die allgemeine Handlungsfreiheit oder bei politischen Parteien in die Parteienfreiheit sein. Voraussetzung eines solchen Eingriffs ist in jedem Fall, daß er auf eine gesetzliche Ermächtigungsgrundlage gestützt werden kann. Einzige Ermächtigungsgrundlage für negative Wertungen im Verfassungsschutzbericht ist eine

---

[21] Vgl. z. B. VSB NW 2002, S. 101; VSB BW 2002, S. 74.

[22] Vgl. *BVerfGE* 113, 63 (74 ff.); zuvor bereits *D. Murswiek*, Warnungen, Wertungen, Kritik als Grundrechtseingriffe. Zur Wirtschafts- und Meinungslenkung durch staatliches Informationshandeln, in: DVBl. 1997, S.1021 (1028 ff.); *Murswiek* (Fn. 2), S. 773.

Bestimmung, die im Verfassungsschutzgesetz des Bundes (BVerfSchG) wie folgt lautet:

> § 16 Berichtspflicht des Bundesamtes für Verfassungsschutz
>
> (1) Das Bundesamt für Verfassungsschutz unterrichtet den Bundesminister des Innern über seine Tätigkeit.
>
> (2) Die Unterrichtung nach Absatz 1 dient auch der Aufklärung der Öffentlichkeit durch den Bundesminister des Innern über Bestrebungen und Tätigkeiten nach § 3 Abs. 1, die mindestens einmal jährlich in einem zusammenfassenden Bericht erfolgt. [...]
>
> § 3 Aufgaben der Verfassungsschutzbehörden
>
> (1) Aufgabe der Verfassungsschutzbehörden des Bundes und der Länder ist die Sammlung und Auswertung von Informationen, insbesondere von sach- und personenbezogenen Auskünften, Nachrichten und Unterlagen, über
>
> 1. Bestrebungen, die gegen die freiheitliche demokratische Grundordnung, den Bestand oder die Sicherheit des Bundes oder eines Landes gerichtet sind oder eine ungesetzliche Beeinträchtigung der Amtsführung der Verfassungsorgane des Bundes oder eines Landes oder ihrer Mitglieder zum Ziele haben,
> 2. sicherheitsgefährdende oder geheimdienstliche Tätigkeiten im Geltungsbereich dieses Gesetzes für eine fremde Macht,
> 3. Bestrebungen im Geltungsbereich dieses Gesetzes, die durch Anwendung von Gewalt oder darauf gerichtete Vorbereitungshandlungen auswärtige Belange der Bundesrepublik Deutschland gefährden,
> 4. Bestrebungen im Geltungsbereich dieses Gesetzes, die gegen den Gedanken der Völkerverständigung (Artikel 9 Abs. 2 des Grundgesetzes), insbesondere gegen das friedliche Zusammenleben der Völker (Artikel 26 Abs. 1 des Grundgesetzes) gerichtet sind.

In den Verfassungsschutzgesetzen der Länder finden sich ähnlich formulierte Ermächtigungsgrundlagen. Gemäß diesen Ermächtigungsgrundlagen darf in Verfassungsschutzberichten nur über verfassungsfeindliche Bestrebungen berichtet werden. Im Rahmen dieser Berichterstattung darf und muß die Verfassungsschutzbehörde (bzw. das Innenministerium, das den Verfassungsschutzbericht herausgibt) auch Verhaltensweisen der betreffenden Organisationen beziehungsweise der für sie handelnden Menschen darstellen, auf die sie ihre Bewertung stützt, daß eine verfassungsfeindliche Bestrebung vorliege. Diese Verhaltensweisen, aus denen sich in der Gesamtschau die Beurteilung ergibt, daß die betreffende Organisation extremistische Bestrebungen verfolgt, werden als „tatsächliche Anhaltspunkte" für extremistische Bestrebungen (beziehungsweise für den Verdacht extremistischer Bestrebungen) bezeichnet. Der Verfassungsschutz ist jedoch nicht ermächtigt, solche Verhaltensweisen im Verfassungsschutzbericht anzuprangern, die nicht Ausdruck verfassungsfeindlichen Verhaltens sind.

## 2. Nichtausgrenzung von Extremisten als extremistische Bestrebung?

Unter welchen Voraussetzungen also können Kontakte zu Extremisten beziehungsweise die Nichtbeteiligung an der Ausgrenzung von Extremisten als Anhaltspunkte für verfassungsfeindliche Bestrebungen eingestuft werden?

### *a) „Tatsächliche Anhaltspunkte" für verfassungsfeindliche Bestrebungen – rechtliche Kriterien*

Verfassungsfeindliche Bestrebungen sind nach der gesetzlichen Definition „ziel- und zweckgerichtete Verhaltensweisen in oder für einen Personenzusammenschluß",[23] der darauf gerichtet ist, einen Grundsatz der freiheitlichen demokratischen Grundordnung zu beseitigen.[24] Diese Definition ist sprachlich schief. Der Sache nach geht es um Verhaltensweisen von Organisationen („Personenzusammenschlüssen"), die freilich nur durch Menschen („natürliche Personen") handeln können. Die eigentlichen Beobachtungs- und Berichtsobjekte des Verfassungsschutzes sind Organisationen; natürliche Personen grundsätzlich[25] nur insoweit, als sie in diesen oder für diese Organisationen handeln.

Der Begriff der verfassungsfeindlichen Bestrebungen umfaßt zwei Elemente: ein inhaltliches Element, welches ein politisches Ziel umschreibt (Zielelement), sowie ein instrumentales Element, welches auf die praktische Verwirklichung des Ziels gerichtet ist (Aktivitätselement). Ziel ist die Beseitigung eines Bestandteils der freiheitlichen demokratischen Grundordnung. Das Mittel ist die aktive politische Betätigung, mit der die Durchsetzung des Ziels erstrebt wird. Der politische Wille des Handelnden hält beide Elemente zusammen. Man kann den Willen – die Intention, die subjektive Ausrichtung – auch als drittes, übergreifendes Element ansprechen. Verfassungsfeindliche Bestrebungen sind also durch den Willen gekennzeichnet, durch aktives politisches Handeln die Verfassungsordnung so umzugestalten, daß zumindest ein die freiheitliche demokratische Grundordnung kennzeichnendes Element beseitigt wird. Eine verfassungsfeindliche Bestrebung liegt dagegen nicht vor, wenn entweder kein verfassungsfeindliches Ziel oder keine auf die Verwirklichung eines solchen Ziels gerichtete politische Aktivität vorhanden ist.

Tatsächliche Anhaltspunkte dafür, daß eine Organisation verfassungsfeindliche Bestrebungen verfolgt, können sich aus Verhaltensweisen der in der oder für die Organisation tätigen Menschen ergeben, insbesondere natürlich aus Beschlüssen der Organe der jeweiligen Organisation und aus den Handlungen ihrer Funktionsträger.

---

[23] Bei hinreichendem Gefährdungspotential auch Verhaltensweisen von Einzelpersonen, BVerfSchG § 4 I 4.

[24] Oder eines der anderen verfassungsschutzrechtlichen Schutzgüter zu beeinträchtigen, s. im einzelnen BVerfSchG § 4 I 1. Die anderen Schutzgüter werden im folgenden nicht besonders erwähnt.

[25] Mit Ausnahme des in BVerfSchG § 4 I 4 genannten Falls.

Diese Verhaltensweisen müssen Elemente sein, aus denen auf das Vorliegen einer verfassungsfeindlichen Bestrebung geschlossen werden kann, ohne daß der einzelne Anhaltspunkt für sich genommen bereits den Beweis für die Existenz der verfassungsfeindlichen Bestrebung liefern muß. Äußerungen und andere Verhaltensweisen von Funktionären oder einfachen Mitgliedern einer Organisation können Beweisstücke („tatsächliche Anhaltspunkte") für den verfassungsfeindlichen Charakter der Organisation sein, während der Beweis sich nur in der Zusammenschau vieler solcher Beweisstücke führen läßt, sofern sich die Verfassungsfeindlichkeit der Organisation nicht schon aus Satzung oder Programm ergibt.

Ob einzelne konkrete Verhaltensweisen in diesem Sinne als Anhaltspunkte für die Verfassungsfeindlichkeit einer Organisation betrachtet werden können, hängt davon ab, ob sich aus ihnen eine verfassungsfeindliche Zielsetzung ablesen läßt.[26] Das Verhalten muß also den Willen erkennen lassen, einen Bestandteil der freiheitlichen demokratischen Grundordnung zu beseitigen.

### *b) Kontakte zu Extremisten als Anhaltspunkte für extremistische Bestrebungen?*

Eine pauschale Beantwortung der Frage, ob „Kontakte" zu oder „Zusammenarbeit" mit Extremisten auf eine extremistische Zielsetzung schließen lassen, ist nicht möglich. Dazu sind die Arten möglicher Kontakte und Kooperationen zu unterschiedlich. Kontakte zu extremistischen Organisationen sind dann – aber auch nur dann – im Verfassungsschutzbericht verwertbare Anhaltspunkte für verfassungsfeindliche Bestrebungen, wenn und soweit sich aus ihnen ergibt, daß der Betreffende die extremistische Zielsetzung der betreffenden Organisation fördern will beziehungsweise sich zu eigen macht. Eine solche Schlußfolgerung ist in manchen Fällen von Kontakten durchaus möglich, in anderen Fällen jedoch nicht.

Eine Bank, bei der eine extremistische Partei ein Konto hat, ein Elektrounternehmer, der für den Parteitag dieser Partei die Lautsprecheranlage installiert, gehen ihren gewöhnlichen Geschäften nach. Aus ihren Kontakten zu dieser Partei läßt sich in keiner Weise schließen, daß sie deren Ziele unterstützen. Alle unpolitischen Kontakte zu Extremisten sind von vornherein ungeeignet, Anhaltspunkte für extremistische Bestrebungen zu liefern.

Auf der anderen Seite sind Anhaltspunkte für eigene extremistische Bestrebungen immer dann gegeben, wenn jemand die extremistischen Zielsetzungen einer extremistischen Organisation durch sein Verhalten bewußt unterstützt. Davon kann man ausgehen, wenn jemand auf dem Parteitag einer extremistischen Partei ein Grußwort spricht und – ohne deutliche Einschränkungen – der Partei „viel Erfolg auf ihrem

---

[26] Ob zusätzlich zu verlangen ist, daß auch das auf die praktische Durchsetzung dieses Ziels gerichtete Element politischer Aktivität zum Ausdruck kommen muß – so *BVerfGE* 113, 63 (81 f.); dazu *D. Murswiek*, Neue Maßstäbe für den Verfassungsschutzbericht, NVwZ 2006, S. 121 (124 f.) –, kann hier dahinstehen.

Weg" wünscht. Auch Spenden an eine extremistische Partei können als Unterstützung auch ihrer extremistischen Ziele gewertet werden, sofern sich nicht aus den Umständen ergibt, daß lediglich verfassungskonforme Zwecke gefördert werden sollen.

Entscheidend ist somit, welchen Zwecken die Kontakte zu Extremisten dienen: Will der Betreffende mit seinem Verhalten die extremistischen Ziele der jeweiligen Organisation fördern, oder verfolgt er andere Zwecke?

Der Unterschied läßt sich am Beispiel von Demonstrationen gut zeigen. Ruft die extremistische Organisation E zu einer Demonstration auf und die Organisation O ermuntert ihre Mitglieder, daran teilzunehmen, dann kann das Verhalten von O nur dann als Anhaltspunkt für eigene extremistische Bestrebungen gewertet werden, wenn mit der Demonstration verfassungsfeindliche Ziele verfolgt werden, wenn sie also beispielsweise der Verherrlichung einer Diktatur oder der Propagierung terroristischen Kampfes dient. Die Beteiligung an Demonstrationen gegen Arbeitslosigkeit, gegen Sozialabbau, gegen Atomkraftwerke läßt jedoch nicht auf eine extremistische Zielsetzung schließen, auch dann nicht, wenn die Demonstration von Extremisten veranstaltet wird, und erst recht nicht, wenn die Demonstration von Nichtextremisten veranstaltet wird und sich an ihr auch Extremisten beteiligen.[27]

Entsprechendes gilt für Bürgerinitiativen, „Aktionsbündnisse" und ähnliches. Die Beteiligung von Extremisten macht „Initiativen" oder „Bündnisse", die verfassungskonforme Ziele verfolgen, nicht zu extremistischen Vorhaben, auch dann nicht, wenn es extremistische Gruppen sind, die diese „Bündnisse" initiieren.

Es wird zwar in etlichen Fällen so sein, daß extremistische Organisationen „Initiativen" und „Bündnisse" mit populären verfassungskonformen Zielen gründen oder sich an solchen bereits vorhandenen Initiativen beteiligen, um auf diese Weise Einfluß auf andere Organisationen zu gewinnen oder deren Mitglieder für sich zu gewinnen. Es kann also hinter solchen Vorhaben die Absicht der extremistischen Organisationen stehen, ihren politischen Einfluß zu stärken, um so ihre extremistischen Ziele besser verfolgen zu können. Deshalb kann es durchaus berechtigt sein, daß im Verfassungsschutzbericht im Zusammenhang mit der Darstellung der jeweiligen extremistischen Organisation auch über ihre Zusammenarbeit mit nichtextremistischen Organisationen und insbesondere über Infiltrationsversuche berichtet wird.[28] Solche Informationen dienen dem Verständnis der Tätigkeit und Vorgehensweise der betreffenden Organisation (ebenso wie z. B. Informationen über Mitgliederzahl oder Beteiligung an Wahlen sowie über andere für sich genommen verfassungskonforme Tätigkeiten);[29] sie dürfen jedoch nicht als Beweisstücke für den extremistischen Charakter der betreffenden Organisation und erst recht nicht als

---

[27] Vgl. *VG München*, 9.7.1980, BayVBl. 1980, S. 696 (697).

[28] Vgl. *VG München*, 9.7.1980, BayVBl. 1980, S. 696 (698).

[29] Insoweit zutreffend *Klein/Grabowski*, Zur Öffentlichkeitsarbeit des Verfassungsschutzes, BayVBl. 1981, S. 265 (266).

Beweisstücke für den extremistischen Charakter der anderen Organisationen, mit denen sie in „Bündnissen", „Initiativen" oder bei Demonstrationen zusammenwirkt, dargestellt werden. Denn den anderen Organisationen darf nicht einfach unterstellt werden, sie wollten durch die Mitwirkung in dem „Bündnis" trotz seiner verfassungskonformen Ziele indirekt die verfassungsfeindlichen Bestrebungen der an dem „Bündnis" ebenfalls beteiligten extremistischen Organisationen stärken.

Im übrigen scheint der Verfassungsschutz, indem er jede politische Zusammenarbeit mit Extremisten als Anhaltspunkt für extremistische Bestrebungen des Zusammenarbeitenden wertet, davon auszugehen, daß extremistische Organisationen und als Extremisten eingestufte Einzelpersonen in ihrer politischen Tätigkeit nichts anderes tun, als verfassungsfeindliche Ziele zu verfolgen. Diese Annahme ist ziemlich lebensfremd. Sie beruht auf einem manichäischen Schwarz-Weiß-Denken. Entweder man ist gut oder böse, Extremist oder Verfassungsdemokrat. In Wirklichkeit dürfte regelmäßig das politische Denken und Streben von Organisationen und Individuen, die extremistische Ziele verfolgen, keineswegs ausschließlich durch diese Ziele bestimmt sein. Wenn jemand Extremist ist, weil er sich für die Abschaffung der Gewaltenteilung (also gegen das Rechtsstaatsprinzip) engagiert, dann kann doch sein politisches Handeln überwiegend durch verfassungskonforme Ziele bestimmt sein. Wenn dieser Extremist sich für den Frieden oder gegen Atomkraft engagiert, kann man nicht einfach unterstellen, dieses Engagement sei nur der Tarnmantel, unter dem er sein verfassungsfeindliches Ziel um so besser verfolgen könne. Organisationen und Menschen sind in der Regel nicht eindimensional, und wenn eine Organisation auch langfristig auf Beseitigung eines fundamentalen Verfassungsgrundsatzes hinarbeitet, kann es doch sein, daß in der Tagespolitik bei ihr ganz überwiegend völlig verfassungskonforme Themen auf der Agenda stehen. Wer mit einer solchen Organisation bei Demonstrationen, in Initiativen usw. kooperiert, wird dies oft um der Verwirklichung dieser verfassungskonformen Ziele willen tun.

Analysiert man unter Beachtung dieser Gesichtspunkte typische Fälle von Kontakten zu Extremisten, die in Verfassungsschutzberichten als Anhaltspunkte für extremistisches Verhalten gewertet wurden, so ergibt sich, daß diese Wertung in vielen Fällen unberechtigt ist.

Der wohl größte Teil der in den Verfassungsschutzberichten genannten Fälle läßt sich in die Kategorien „Extremisten ein Forum bieten" oder umgekehrt „ein extremistisches Forum nutzen" einordnen. Wer Extremisten „ein Forum bietet", indem er sie zu Vorträgen einlädt, sie an eigenen Demonstrationen teilnehmen läßt, Artikel extremistischer Autoren oder Inserate extremistischer Organisationen in einer Zeitung veröffentlicht usw., wird dafür in Verfassungsschutzberichten gerügt. Dieses „Forum-Bieten" läßt sich aber jedenfalls dann nicht als Ausdruck der Förderung verfassungsfeindlicher Bestrebungen verstehen, wenn den Extremisten das jeweilige Forum nicht zur Werbung für ihre extremistischen Ziele zur Verfügung gestellt wird. Ein Redner, der einer extremistischen Partei angehört, ist für den Einladenden vielleicht deshalb interessant, weil er über gute außenpolitische Kenntnisse und analytische Fähigkeiten verfügt; ein Artikelschreiber mag zwar Extremist, aber zugleich ein guter Kenner ökonomischer Zusammenhänge sein. Soweit diejenigen, die Reden halten, Artikel schreiben, Interviews geben oder Inserate veröffentlichen, in ihren Reden, Artikeln oder Inseraten nichts Verfassungsfeindliches veröffentlichen, kann das Überlassen des Rednerpodiums oder die Veröffentlichung des Artikels oder Inserats nicht als Förderung einer verfassungsfeindlichen Bestrebung betrachtet werden. Das „Forum-Bieten" als solches ist in keinem Fall Ausdruck einer verfassungsfeindlichen Zielsetzung. In den vielen Fällen, in denen Verfassungsschutzberichte die Teilnahme von Extremisten an Demonstrationen, Vorträge oder Referate von Extremisten, Artikel oder Inserate von oder Interviews mit Extremisten als Anhaltspunkte für eine extremistische Zielsetzung des Veranstalters oder der veröffentlichenden Zeitung gewertet haben, konnten sich die Verfassungsschutzbehörden somit nicht auf die Ermächtigungsgrundlage in den Verfassungsschutzgesetzen stützen.

Wenn jedoch das Forum gerade deshalb zur Verfügung gestellt wird, damit der Extremist seine extremistischen Ziele propagieren kann, liegt darin eine beanstandenswerte Unterstützung dieser extremistischen Ziele. Nicht in allen Fällen, in denen einem Extremisten Gelegenheit gegeben wird, seine extremistischen Ziele dem Publikum vorzustellen, kann aber darin eine Zustimmung des Forum-Gebers zu diesen Zielen oder gar eine Förderung dieser Ziele gesehen werden. Bei der Veröffentlichung von Inseraten durch eine Zeitung ist vielmehr davon auszugehen, daß diese gegen Entgelt erfolgt, also aus kommerziellen Interessen. Eine Identifizierung von Verlag oder Redaktion der Zeitung mit dem Inhalt der von ihr veröffentlichten Inserate kann nicht unterstellt werden. Inserate stellen erkennbar nur die Meinung des Inserenten, nicht des Verlags oder der Redaktion dar.

Veröffentlicht eine Zeitung Artikel oder Interviews, in denen der Autor oder der Interviewte verfassungsfeindliche Auffassungen vertreten, kommt es darauf an, ob die Zeitung sich diese Äußerungen zurechnen lassen muß. Dies ist jedenfalls dann der Fall, wenn sie – etwa in einem Kommentar oder in Äußerungen des das Interview führenden Journalisten – ausdrücklich Zustimmung bekundet. Dies kann auch dann der Fall sein, wenn die Äußerungen auf der Redaktionslinie liegen. Das setzt freilich voraus, daß sich der extremistische Charakter der Zeitung schon aus anderen Umständen ergibt und die Äußerungen des Gastautors beziehungsweise des Interviewpartners nur als zusätzliche Anhaltspunkte herangezogen werden. Andererseits können verfassungsfeindliche Äußerungen in einem Interview nicht als Anhaltspunkte für eine extremistische Zielsetzung der Zeitung verstanden werden, wenn die Zeitung deutlich macht, daß sie diese Äußerungen nicht billigt, etwa in einem kritischen Kommentar. In einem solchen Fall kann das „Forum-Bieten" geradezu den Zweck haben, die betreffende extremistische Richtung zu entlarven oder zu bekämpfen. Was Artikel von Gastautoren oder Leserbriefen mit extremistischem Inhalt angeht, hat das Bundesverfassungsgericht entschieden, solche Artikel dürften dann nicht als Anhaltspunkte für eine extremistische Zielsetzung der Zeitung herangezogen werden, wenn die Zeitung einen „Markt der Meinungen" bieten will und die

Veröffentlichung in diesem Rahmen – also als eine unter anderen Meinungen, mit denen die Redaktion nicht notwendig übereinstimmt und von denen sie sich deshalb bei Nichtübereinstimmung auch nicht ausdrücklich distanzieren muß – stattfindet.[30]

Entsprechendes muß für sonstige „Foren" gelten. Wird auf einem Parteitag einem externen, einer extremistischen Organisation angehörenden Redner Gelegenheit gegeben, seine verfassungsfeindlichen Vorstellungen zu propagieren, so ist das ein Anhaltspunkt dafür, daß die betreffende Partei selbst solche Vorstellungen gutheißt. Lädt dagegen eine studentische Organisation einen bekannten Extremisten als Referenten ein, um sich von dessen Ideen ein eigenes Bild zu machen und darüber zu diskutieren, kann daraus nicht geschlossen werden, diese Studenten teilten die Überzeugungen des Redners.

Unter den gleichen Aspekten sind die Fälle des „Forum-Nutzens" zu lösen. Allein der Umstand, daß jemand auf einem extremistischen Forum (z. B. als Versammlungsredner bei einer extremistischen Organisation, Teilnehmer an einer von Extremisten organisierten Demonstration, Gastautor oder Interviewpartner in einer extremistischen Parteizeitung) auftritt, läßt – entgegen den Darstellungen in etlichen Verfassungsschutzberichten – noch nicht den Schluß zu, daß er selbst extremistische Ziele verfolgt. Dieser Schluß ist vielmehr nur dann möglich, wenn sich aus den konkreten Umständen ergibt, daß er die extremistischen Ziele des Forum-Gebers teilt beziehungsweise fördern will. Dies ist nicht nur dann der Fall, wenn der Betreffende das extremistische Forum dazu nutzt, ausdrücklich extremistische Ziele zu propagieren, sondern auch dann, wenn er ohne Einschränkung seine Sympathie oder seine Unterstützung der veranstaltenden extremistischen Organisation bekundet. Wenn der Betreffende jedoch seine eigenen – nicht verfassungsfeindlichen – Ideen einem extremistischen Publikum vortragen will, kann darin kein Anhaltspunkt für eigene extremistische Ziele gesehen werden.[31] Und wer an einer Versammlung einer extremistischen Organisation lediglich teilnimmt, ohne sich dort zu äußern, tut dies möglicherweise, um sich an der Quelle zu informieren; man kann ihm nicht einfach unterstellen, er wolle durch seine Anwesenheit die Ziele der betreffenden Organisation unterstützen.[32]

Wir sehen an diesen wichtigsten Fallgruppen, daß zwar manche, längst aber nicht alle Kontakte zu Extremisten Anhaltspunkte für eigenen Extremismus des Kontaktierenden sein können. Der Kontakt als solcher reicht niemals aus; es müssen immer besondere Umstände hinzukommen, aus denen sich eine Unterstützung extremistischer Bestrebungen ergibt. Dies hat das Bundesverwaltungsgericht zutreffend denjenigen Behörden entgegengehalten, die schon Gespräche mit Extremisten – unabhängig von deren Inhalt – als Ausdruck einer extremistischen Bestrebung verstehen wollten.[33]

---

[30] *BVerfGE* 113, 63 (83 f.) – „Junge Freiheit".

[31] Vgl. auch *BVerwGE* 114, 258 (270 f.).

[32] Vgl. *BVerwGE* 114, 258 (270 f.).

[33] *BVerwGE* 114, 258 (270).

Angesprochen seien noch die ebenfalls praktisch wichtigen Fallgruppen „Wahlabsprachen“, „Wahlbündnisse“ und „Wahlaufrufe“.

Kleinparteien stehen immer wieder vor dem Problem, daß sie um ein begrenztes Potential von (Protest-)Wählern konkurrieren, die mit keiner der etablierten Parteien zufrieden sind. Sie nehmen sich dabei gegenseitig die Stimmen weg, die nötig wären, die 5 %-Hürde zu überwinden. Deshalb werden unter Kleinparteien des linken wie des rechten Spektrums immer wieder Wahlabsprachen diskutiert und mitunter auch praktiziert. Diese können gebietsbezogen in der Weise getroffen werden, daß die Parteien P und X vereinbaren, daß bei Landtagswahlen in bestimmten Ländern P, in anderen Ländern X auf die Teilnahme an der Wahl verzichtet oder daß nur P an der Bundestagswahl und nur X an der Europawahl teilnimmt. Wenn X vom Verfassungsschutz als extremistisch beurteilt wird, dann werden solche Wahlabreden in Verfassungsschutzberichten der P-Partei als Anhaltspunkte für eine eigene extremistische Zielsetzung angekreidet.[34] Eine solche gebietsbezogene Wahlabsprache läßt jedoch nicht den Schluß zu, daß die P-Partei damit die Ziele der X-Partei fördern will.[35] Sie ist vielmehr dadurch motiviert, das 5 %-Quorum zu erreichen. Der Kandidaturverzicht in einigen Gebieten dient nicht der Förderung der X-Partei, sondern dazu, diese zum gegenseitigen Kandidaturverzicht zugunsten der P-Partei zu bewegen und somit die eigenen Chancen zu fördern. Auch der Umstand, daß die Parteien ein sich überschneidendes Wählerpotential ansprechen und daß die P-Partei sich dort, wo sie antritt, auch um die von den extremistischen Zielen der X-Partei überzeugten Wähler bemüht, läßt nicht auf extremistische Ziele der P-Partei schließen. Auch etablierte Parteien werben um die Stimmen extremistischer Wähler, was völlig unbedenklich ist, solange diesen nicht in Aussicht gestellt wird, auf ihre extremistischen Ziele hin einzuschwenken, sondern man sie für eine nichtextremistische Politik gewinnen will.

Problematischer sind gemeinsame Wahlvorschläge. Gibt eine Partei Kandidaten einer extremistischen Partei die Möglichkeit zur Kandidatur auf der eigenen Liste (Kandidaten der DKP auf Listen der PDS[36]), kann darin eine Unterstützung – auch – der extremistischen Zielsetzung der betreffenden Kandidaten gesehen werden.[37] Allerdings ist das nicht immer zwingend so. Bei einem Geschäft auf Gegenseitigkeit im Rahmen einer gebietsbezogenen Wahlabsprache (im Land A kandidiert die Partei P, im Land B die extremistische Partei X, beide lassen jeweils Kandidaten der anderen Partei auf ihren Listen zu), kann dies auch allein durch den Willen motiviert sein, eigene Kandidaten in die Parlamente zu bringen. Die P-Partei müßte sich dann von den extremistischen Zielen der X-Partei klar abgrenzen, was in einem gemeinsamen Wahlkampf schwer möglich ist.

---

[34] Vgl. z.B. VSB BW 1998, 21, 61; VSB BW 1999, 47.

[35] *BVerwGE* 114, 258 (269f.).

[36] Vgl. z.B. VSB Bay 2005, S. 182; VSB BW 2005, S. 192; VSB SH 2003, S. 45.

[37] Vgl. *OVG Koblenz*, 22.6.1999, AS RP-SL 27, 382 = NVwZ-RR 1999, 705 = DVBl. 1999, 1751.

Ein Schluß auf eine extremistische Zielsetzung der P-Partei kommt auch in Betracht, wenn sie (dort, wo sie selbst nicht zur Wahl antritt) ihre Anhänger und Wähler aufruft, die X-Partei zu wählen. Ein Wahlaufruf dürfte regelmäßig als Förderung der Ziele derjenigen Partei zu verstehen sein, zu deren Wahl aufgerufen wird. Dennoch ist auch hier Vorsicht geboten. Im Falle einer gebietsbezogenen Wahlabsprache könnte ein wechselseitiges Versprechen, die jeweils eigenen Anhänger zur Wahl der anderen Partei aufzurufen, allein dadurch motiviert sein, daß im Hinblick auf den zu eigenen Gunsten zu erwartenden Wahlaufruf des Absprachepartners die eigenen Chancen erhöht werden. In solchen Fällen dürfte es darauf ankommen, wie der Wahlaufruf öffentlich begründet wird.

Unabhängig von Wahlabsprachen gegebene Wahlempfehlungen zugunsten einer extremistischen Partei können regelmäßig als Anhaltspunkte dafür gewertet werden, daß der Empfehlende auch die extremistische Zielsetzung dieser Partei unterstützt. Denkbar ist aber auch, daß eine Wahlempfehlung ausgesprochen wird, ohne daß damit die Unterstützung extremistischer Ziele zum Ausdruck gebracht wird, etwa wenn eine linksextremistische Partei nach Auffassung des Empfehlenden die einzige zur Wahl antretende Partei ist, die sich konsequent gegen Militärinterventionen in anderen Ländern ausspricht und die Wahlempfehlung damit begründet wird, daß ein Wahlerfolg dieser Partei Druck auf die etablierten Parteien erzeugen würde, Bundeswehreinsätze im Ausland zu unterlassen. Es kommt also darauf an, ob ein begrenzter – verfassungskonformer – Zweck der Wahlempfehlung klar zum Ausdruck gebracht wird. Die Funktionalisierung einer extremistischen Partei als Protestpartei ist nicht Ausdruck einer extremistischen Zielsetzung, sofern sich der Protest nicht gegen die freiheitliche demokratische Grundordnung, sondern nur gegen eine bestimmte Politik richtet.

### *c) Zwischenergebnis*

Wir können somit festhalten: Als Beleg für extremistische Bestrebungen des Betreffenden können Kontakte zu Extremisten auf der Grundlage der in den Verfassungsschutzgesetzen enthaltenen Ermächtigungsgrundlagen nur dann in Verfassungsschutzberichten dargestellt werden, wenn in diesen Kontakten zum Ausdruck kommt, daß der Betreffende die extremistische Zielsetzung der Organisation, mit der er in Kontakt tritt, unterstützt. Dies ist zum Beispiel bei einer Wahlempfehlung zugunsten einer extremistischen Partei der Fall (sofern sich nicht aus der Begründung der Empfehlung eine nicht die extremistischen Ziele umfassende Zwecksetzung der Empfehlung ergibt) oder bei Teilnahme an einer (von Extremisten veranstalteten) Demonstration, die verfassungsfeindliche Ziele propagiert. Kontakte zu oder Zusammenarbeit mit Extremisten lassen aber nicht bereits als solche – unabhängig von ihrem Inhalt und ihren Zwecken – darauf schließen, daß der Zusammenarbeitende die verfassungsfeindlichen Ziele der Extremisten unterstützt.

### 3. Selbständige Ausgrenzungsobliegenheit?

#### *a) Verpflichtung zur Ausgrenzung?*

Somit könnte es nur dann berechtigt sein, unabhängig von Inhalt und Zwecksetzung Kontakte oder Zusammenarbeit mit Extremisten im Verfassungsschutzbericht zu rügen, wenn es eine rechtliche Verpflichtung gäbe, sich an der staatlichen Ausgrenzungspolitik zu beteiligen. Einigen Verfassungsschutzberichten liegt anscheinend die Ansicht zugrunde, eine solche Verpflichtung ergebe sich aus dem Grundgesetz; die aktive Mitwirkung an der Ausgrenzung von Extremisten sei staatsbürgerliche Pflicht. Anders läßt sich nicht erklären, daß die Unterlassung dieser Mitwirkung auch dann gerügt wird, wenn in ihr keine extremistische Zielsetzung zum Ausdruck kommt.

Aus der fehlenden Unterstützung der Strategie, mit der die Verfassungsschutzbehörden den Extremismus bekämpfen wollen, wird in dieser Sicht ein Angriff auf die Verfassung. Wer bei der Extremismusbekämpfung – und zwar beim Einsatz genau dieser Methode der Extremismusbekämpfung – nicht mitwirkt, ist selbst ein Extremist. Er ist nach dieser Auffassung auch dann Extremist, wenn er selbst keine extremistischen Ziele verfolgt. Er ist „Extremist durch Unterlassung“, nämlich dadurch, daß er es unterlässt, Extremisten in der vom Verfassungsschutz für richtig gehaltenen Weise auszugrenzen.

Diese Auffassung ist mit dem Grundgesetz unvereinbar. Die freiheitliche Verfassung verpflichtet die Bürger keineswegs zur aktiven Extremismusbekämpfung, so daß ihnen die Nichtbeteiligung an der Erfüllung dieser staatlichen Aufgabe auch nicht als verfassungsfeindliches Verhalten angekreidet werden kann. Es mag sein, daß man aus der Entscheidung des Grundgesetzes für die „streitbare“[38] beziehungsweise „wehrhafte Demokratie“[39] (Art. 79 III, 21 II, 18, 9 II, 20 IV GG) die Erwartung ableiten kann, daß die Bürger sich für die Erhaltung der freiheitlichen demokratischen Grundordnung und somit gegen Verfassungsfeinde aktiv engagieren. Eine solche „Verfassungserwartung“ aber mit einer Rechtspflicht oder einer rechtlichen Obliegenheit gleichzusetzen, deren Verletzung im Verfassungsschutzbericht angeprangert werden darf, ist ein Mißverständnis, das den freiheitlichen Charakter der Verfassung völlig verkennt.

Dieses Mißverständnis aber liegt anscheinend der verfassungsschutzbehördlichen Wertung der Nichtausgrenzung als Anhaltspunkt für extremistische Bestrebungen zugrunde. Daher scheinen einige Bemerkungen zum Verhältnis von Verfassungserwartungen und Rechtspflichten oder rechtlichen Obliegenheiten in diesem Zusammenhang angebracht.

---

[38] Vgl. z. B. *BVerfGE* 25, 44 (58); 30, 1 (19, 21); 39, 334 (369, 383), 40 (287 (291).

[39] Vgl. z. B. *BVerfGE* 39, 334 (349, 369); 111, 147 (158).

### *b) Verfassungsengagement als Verfassungserwartung*

Kann, ja muß nicht der freiheitliche Staat von seinen Bürgern erwarten, daß sie seine Verfassungsordnung bejahen und sich für ihre Verteidigung gegen verfassungsfeindliche Bestrebungen einsetzen? Wäre nicht der freiheitliche demokratische Rechtsstaat auf die Dauer zum Untergang verurteilt, wenn die große Mehrzahl der Bürger ihm feindselig oder gleichgültig gegenüberstünde und die politische Agitation verfassungsfeindlicher Kräfte stillschweigend und achselzuckend hinnähme?

Es spricht viel dafür, daß diese Fragen zu bejahen sind. Gerade freiheitliche politische Systeme sind in vielfältiger Weise auf Unterstützung ihrer Bürger angewiesen. Die freiheitlichen Institutionen sind auf Mitwirkung der Bürger angelegt. Sie können nur funktionieren, wenn die Bürger von den Mitwirkungsangeboten auch Gebrauch machen. Ein parlamentarisches Regierungssystem kann nur funktionieren, wenn sich genügend Bürger in Parteien engagieren, sich zur Wahl stellen und als Wähler an den Wahlen beteiligen. Es setzt voraus, daß die Bürger sich jedenfalls ein Mindestmaß an politischen Informationen verschaffen, die sie zu sinnvollen Wahlentscheidungen erst in die Lage versetzen. Voraussetzung der Demokratie ist auch eine freie Presse. Das Grundgesetz garantiert die Pressefreiheit, organisiert aber nicht die Presse, sondern setzt voraus, daß es Unternehmer gibt, die von der Pressefreiheit Gebrauch machen und Zeitungen auf den Markt bringen. Und wenn die politische Willensbildung, wie das Grundgesetz es vorsieht, vom Volke ausgehen soll, dann setzt dies voraus, daß die Meinungsfreiheit nicht nur garantiert ist, sondern daß die Menschen von dieser Freiheit auch tatsächlich Gebrauch machen.

Dies sind nur einige Beispiele für sogenannte „Verfassungserwartungen".[40] Die Verfassung „erwartet" von den Bürgern, daß sie sich in bestimmter Weise verhalten, wenn diese Verhaltensweisen Funktionsbedingungen von Verfassungsinstitutionen sind. Wenn eine Verfassung sich als „streitbare" beziehungsweise „wehrhafte Demokratie" gegen die Beseitigung ihrer zentralen Prinzipien schützt und sogar ein – als „Widerstandsrecht" bezeichnetes – Staatsnothilferecht zur Verteidigung dieser Prinzipien garantiert (Art. 20 IV GG), wird man daher auch davon ausgehen können, daß sie von ihren Bürgern die Bereitschaft erwartet, die freiheitliche demokratische Grundordnung gegen verfassungsfeindliche Bestrebungen in Schutz zu nehmen und Verfassungsfeinde nicht nur nicht zu unterstützen, sondern ihnen aktiv entgegenzutreten.[41]

---

[40] Zu diesem Begriff umfassend *J. Isensee*, Grundrechtsvoraussetzungen und Verfassungserwartungen, in: HStR V, 2. Aufl. 2000, § 115.

[41] Vgl. etwa *BVerfGE* 28, 36 (48); Sondervotum *Simon*, in: *BVerfGE* 63, 266 (310). – Allerdings erwartet die Verfassung nicht, daß die Bürger sich gerade an der Strategie beteiligen, die von den Verfassungsschutzbehörden für richtig gehalten wird. Dies anzunehmen, ist absurd. Verfassungsschutzbehörden, die dies tun, verwechseln ihre eigenen Erwartungen mit denen der Verfassung.

### *c) Zur Unterscheidung von Verfassungserwartungen und Rechtspflichten*

Solche „Verfassungserwartungen", die der Staat insbesondere an die Gewährleistung der Grundrechte knüpft, haben nur beschreibenden, nicht normativen Charakter. Die Freiheitlichkeit der Verfassungsordnung zeichnet es gerade aus, daß es sich lediglich um politische Erwartungen handelt, nicht um Rechtspflichten und auch nicht um Obliegenheiten.[42] Der freiheitliche Staat vertraut darauf, daß die Bürger im großen und ganzen – ob aus Verantwortung für das Gemeinwesen oder aus Eigeninteresse – gemeinwohldienlich handeln, ohne dazu gezwungen werden zu müssen.[43] Gerade auch hierdurch unterscheidet sich der freiheitliche Rechtsstaat von einem totalitären System. Während etwa in der sozialistischen DDR die Bürger verpflichtet waren, von ihrer Meinungsfreiheit im Sinne des Aufbaus des Sozialismus Gebrauch zu machen (so daß Kritik an der Politik der SED geradezu gegen die Meinungsfreiheit verstieß),[44] mag die freiheitliche Demokratie von ihren Bürgern „erwarten", daß diese sich für ihren freiheitlich verfaßten Staat engagieren und ihre Meinungsfreiheit dazu gebrauchen, verfassungsfeindlichen Bestrebungen entgegenzutreten. Verpflichten darf der Staat sie aber nicht, sonst gäbe er seine Freiheitlichkeit auf.[45] Dabei spielt es keine Rolle, ob eine unmittelbare Rechtspflicht begründet oder das erwünschte Verhalten nur mittelbar – durch Sanktionierung seiner Unterlassung (also durch eine Obliegenheit) – erzwungen wird. Verfassungserwartungen machen deutlich, wovon das Funktionieren des freiheitlichen Staates abhängt. Sie leiten dazu an, mit geeigneten, freiheitskompatiblen Mitteln – etwa im Schulunterricht – darauf hinzuwirken, daß diese faktischen Voraussetzungen und Funktionsbedingungen der freiheitlichen Demokratie erhalten bleiben.[46] Mit den Grundrechten unvereinbar wäre es jedoch, die Verfassungserwartungen in Rechtspflichten oder in rechtliche Obliegenheiten umzuformen. Dies kommt nur in einzelnen Hinsichten und unter genau bestimmten gesetzlichen Voraussetzungen in Betracht. Eine umfassende Sanktionierung der Nichterfüllung von Verfassungserwartungen würde aus der freiheitlichen Demokratie tendenziell eine totalitäre Demokratie machen. Die individuelle Freiheit würde zur staatsunterstützenden Verpflichtung umgefälscht.

---

[42] Vgl. *Isensee* (Fn. 40), Rn. 3, 163 ff., 183, 195, 223 ff., 233; speziell gegen die Annahme einer rechtlich verpflichtenden Erwartung der Verfassungstreue *H.H. Klein*, Verfassungstreue und Schutz der Verfassung, VVDStRL 37, 53 (80 f.).

[43] Vgl. *Isensee* (Fn. 40), Rn. 223 ff., 233.

[44] Vgl. z. B. *K. Sorgenicht u. a.* (Hg.), Verfassung der DDR. Dokumente. Kommentar, Bd. II, 1969, S. 13 f.; Staatsrecht der DDR, 2. Aufl. 1984, S. 180, 184 ff., 189, 193 ff., insb. 194; dazu z. B. *G. Brunner*, Einführung in das Recht der DDR, 2. Aufl. 1979, S. 87; *S. Mampel*, Die sozialistische Verfassung der DDR, 3. Aufl. 1997, Art. 27 Rn. 6 ff.

[45] Vgl. *BVerfG*, 24. 3. 2001, NJW 2001, 2069 (2070).

[46] Vgl. *Isensee* (Fn. 40), Rn. 262 ff.; *H.H. Klein* (Fn. 42), S. 107.

### *d) Inhalt der Verfassungserwartung*

Die Erwartung der Verfassung, daß die Bürger sich für die Aufrechterhaltung des Staates und seiner freiheitlichen demokratischen Grundordnung engagieren, ist also eine politische Erwartung, nicht eine rechtliche, mit hoheitlichen Maßnahmen durchsetzbare Verpflichtung.[47] Freilich gehört es zu den Aufgaben der Staatsorgane, im Rahmen ihrer Kompetenzen den Bürgern zu verdeutlichen, was die Verfassung von ihnen erwartet, beispielsweise indem sie zur Wahlteilnahme aufrufen. Daher gehört die Ermunterung und Ermutigung zum Engagement gegen Extremismus zur „Staats-" und „Verfassungspflege".[48] Dabei ist allerdings zu beachten, daß die Verfassung keine bestimmte Methode der Extremismusbekämpfung vorgibt. Die Ausgrenzungsstrategie ist eine mögliche, aber nicht die einzige in Betracht kommende Strategie. Sie hat sich über viele Jahre als erfolgreich erwiesen, aber sie muß nicht in allen politischen Lagen die richtige Strategie sein. Sie kann zur Radikalisierung der ausgegrenzten Gruppen beitragen[49] und jedenfalls dann, wenn die Unzufriedenheit mit den etablierten Parteien hinreichend groß ist und das Potential für Protestparteien wächst, die Problematik verschärfen, statt sie zu lösen. Zumindest dort, wo in einer ausgegrenzten Gruppe nicht nur extremistische, sondern auch verfassungskonform arbeitende Strömungen mitwirken, ist die Ausgrenzung problematisch, weil sie tendenziell dazu führt, die verfassungstreuen Mitglieder hinauszudrängen und den Einfluß von Desperados zu erhöhen, während die Nichtausgrenzung die verfassungskonformen Kräfte stärkt.[50] Zudem birgt die Ausgrenzungsstrategie Mißbrauchsgefahren, weil sie die etablierten Parteien dazu verführen kann, sich mit ihrer Hilfe – durch unberechtigte Extremismus-Vorwürfe – gegen unliebsame Konkurrenz abzuschirmen. Andere Methoden und Strategien der Bekämpfung des Extremismus erscheinen manchen deshalb vorzugswürdig. Wer auf geistige Auseinandersetzung, Überzeugung und Integration statt auf Ausgrenzung setzt, mag in manchen Fällen naiv, vielleicht politisch dumm sein. Aber er ist weder Extremist, noch enttäuscht er die Verfassungserwartung des Verfassungsengagements. Und in manchen Situationen ist er wohl klüger als die dogmatischen Ausgrenzer.

---

[47] Wenn es schon keine Bürgerpflicht zur Verfassungstreue gibt – zutreffend *H.H. Klein* (Fn. 42), S. 80 f. –, dann erst recht nicht zur Bekämpfung von Verfassungsfeinden.

[48] Zu diesen Aufgaben vgl. *D. Murswiek*, Verfassungsfragen der staatlichen Selbstdarstellung. Anmerkungen zur Staatspflege und zur staatlichen Selbstdarstellung im demokratischen Verfassungsstaat, in: FS Quaritsch, 2000, S.307 (309 ff.) m.w.N.

[49] *Chr. Gusy*, Die „freiheitliche demokratische Grundordnung" in der Rechtsprechung des Bundesverfassungsgerichts, AöR 105 (1980), 279 (303 f.).

[50] Vgl. *Backes/Jesse*, Streitbare Demokratie in der Krise?, in: Jb. Extremismus und Demokratie 8 (1996), S. 13 (18).

### *e) Inkonsistente Praxis?*

In der Praxis zieht der Verfassungsschutz übrigens keinesfalls immer aus der Nichtbeteiligung an der Ausgrenzungsstrategie den Schluß, daß dies ein extremistisches Verhalten sei. Es gibt Organisationen, denen er sogar ausdrücklich bescheinigt, nicht extremistisch zu sein, obwohl sie Extremisten nicht ausgrenzen, sondern mit ihnen zusammenarbeiten oder sie sogar innerhalb der eigenen Organisation mitarbeiten lassen, beispielsweise Attac, die Netzwerkorganisation der Globalisierungsgegner.[51] Als Anhaltspunkt für extremistische Bestrebungen wird die Nichtausgrenzung von Extremisten, soweit ich sehe, nur dort (und auch dort nur selektiv) verwendet, wo die Verfassungsschutzbehörde neben der Nichtausgrenzung auch andere Anhaltspunkte für extremistische Bestrebungen meint erkennen zu können. Diese Praxis kann nicht per se als inkonsistent angesehen werden. Denn eine Organisation darf im Verfassungsschutzbericht nicht schon dann als extremistisch oder als unter dem Verdacht des Extremismus stehend eingestuft werden, wenn lediglich einzelne Anhaltspunkte dafür vorliegen, daß sie verfassungsfeindliche Bestrebungen verfolgt. Voraussetzung ist vielmehr, daß die vorhandenen Anhaltspunkte so gewichtig sind, daß nach dem Verhältnismäßigkeitsgrundsatz der schwerwiegende Grundrechtseingriff, den die Anprangerung als „extremistisch" im Verfassungsschutzbericht darstellt, gerechtfertigt werden kann.[52] Dies ist regelmäßig bei nur punktueller Zusammenarbeit von ansonsten „demokratischen" Politikern oder Organisationen mit Verfassungsfeinden nicht der Fall, so daß unter der Prämisse, daß es richtig wäre, die Nichtausgrenzung als Anhaltspunkt für eine verfassungsfeindliche Bestrebung zu werten, die praktizierte Differenzierung in manchen Fällen berechtigt wäre. Unter dieser Prämisse müßte also – konsequent argumentiert – auch die Nichtausgrenzung von Extremisten durch „demokratische" Politiker oder Organisationen als Anhaltspunkt für verfassungsfeindliche Bestrebungen betrachtet werden, nur daß dieser Anhaltspunkt für sich genommen nicht hinreichend gewichtig ist, darüber im Verfassungsschutzbericht zu berichten. Nicht möglich ist hingegen die Argumentation, wenn „demokratische" Politiker oder Organisationen sich an der Ausgrenzung nicht beteiligen, sei das kein Anhaltspunkt für eine extremistische Bestrebung, während das gleiche Verhalten von Politikern oder Organisationen, bezüglich derer es auch andere Anhaltspunkte dafür gibt, daß sie verfassungsfeindliche Bestrebungen verfolgen, als (zusätzlicher) Anhaltspunkt gewertet werden könne.

---

[51] Vgl. z. B. VSB BW 2002, S. 119 f. (allerdings mit Kritik an der Nichtausgrenzung); 2003, S. 240 f.; VSB SH 2001, S. 58 f.

[52] *BVerfGE* 113, 63 (81). Nach der von mir vertretenen Auffassung reicht der (auf Anhaltspunkte gestützte) Verdacht selbst dann nicht aus, eine Berichterstattung im Verfassungsschutzbericht zu rechtfertigen, wenn eine überwiegende Wahrscheinlichkeit dafür spricht, daß er zutrifft; Voraussetzung der Berichterstattung ist vielmehr, daß der Nachweis des Vorliegens einer verfassungsfeindlichen Bestrebung geführt wird, *Murswiek* (Fn. 2), S. 774 ff.; ebenso *OVG Berlin-Brandenburg*, 6. 4. 2006, NVwZ 2006, S. 838 (839).

Mag also die Praxis der Verfassungsschutzberichte insoweit noch konsistent sein – die in der Politik und den Massenmedien geübte Praxis, einigen Parteien die Zusammenarbeit mit wirklichen oder angeblichen Extremisten zum Vorwurf zu machen und anderen nicht, ist Ausdruck doppelter Moral und politischer Instrumentalisierung des Verfassungsschutzgedankens. Daß die Ausgrenzung heute de facto stärker nach rechts als nach links praktiziert wird, läßt sich daran ablesen, daß sie auf der Rechten mit aller Schärfe eine Partei erfaßt, die zwar in den meisten Verfassungsschutzberichten erwähnt wird, von der das Bundesverwaltungsgericht aber gesagt hat, daß eine verfassungsfeindliche Zielsetzung nicht nachgewiesen sei,[53] während die ebenfalls in den meisten Verfassungsschutzberichten erwähnte „Linkspartei"/PDS[54] nicht nur von den Massenmedien nicht ausgegrenzt wird, sondern von der SPD in verschiedenen Ländern sogar an der Regierung beteiligt wird, ohne daß dies auf Empörung oder auch nur auf nachhaltige Kritik stößt.

## IV. Verdachtsberichterstattung: Verschärfung des Problems

Wie gezeigt, ist die Praxis der Verfassungsschutzbehörden, die Nichtbeteiligung an der staatlichen Ausgrenzungsstrategie im Verfassungsschutzbericht zu rügen und als Anhaltspunkt für extremistische Bestrebungen des sich dem Ausgrenzungsansinnen Verweigernden zu bewerten, rechtswidrig. Die Auswirkungen dieser rechtswidrigen hoheitlichen Einwirkung auf das politische Handeln werden dadurch dramatisch verschärft, daß nicht nur Kontakte zu tatsächlichen Extremisten mit der Sanktion der Erwähnung im Verfassungsschutzbericht belegt werden, sondern auch Kontakte zu Organisationen, die der Verfassungsschutz extremistischer Bestrebungen nur verdächtigt. Das ist eine Konsequenz der Verdachtsberichterstattung: In den Verfassungsschutzberichten wird nicht nur über nachweislich extremistische, sondern auch über (aufgrund tatsächlicher Anhaltspunkte) einer extremistischen Zielsetzung lediglich verdächtigte Organisationen berichtet.[55] Das Ausgrenzungsansinnen bezieht sich auf alle Organisationen, über die im Verfassungsschutzbericht berichtet wird. Dies hat zum Beispiel dazu geführt, daß eine Zeitung unter anderem

---

[53] „Die Republikaner", dazu *BVerwGE* 114, 258 ff.; das *OVG Berlin-Brandenburg*, 6.4. 2006, NVwZ 2006, S. 838 (841 ff.), hat entschieden, daß mangels nachgewiesener Verfassungsfeindlichkeit die Erwähnung der REP im VSB des Landes Berlin rechtswidrig war.

[54] Vgl. z.B. VSB 2004, S. 144 ff.; 2005 (Vorabfassung), S. 159 ff.; VSB BW 2004, S. 187 ff.; 2005 (Presse), S. 186 ff.; VSB Bre 2004, S. 34 ff.; VSB Hbg 2004, S. 113 ff.; VSB He 2004, S. 90 ff.; VSB Nds 2004, S. 92 ff.; VSB NW 2004 (Presse), S. 77 ff.; 2005 (Presse), S. 58 ff.; VSB RP 2004, S. 56 ff.; beschränkt auf Gruppierungen innerhalb der PDS: VSB Sachsen 2005, S. 63 ff.

[55] Die Verdachtsberichterstattung ist weder von den Ermächtigungsgrundlagen der Verfassungsschutzgesetze gedeckt noch mit dem Grundgesetz vereinbar, vgl. *Murswiek* (Fn. 2), S. 774 ff.. Das *BVerfG* hat leider das verfassungsrechtliche Problem nicht gesehen und sie ohne Begründung für verfassungsrechtlich unbedenklich erklärt, *BVerfGE* 113, 63 (80 f.). Für Berlin hat das *OVG Berlin-Brandenburg*, 6.4.2006, NVwZ 2006, S. 838 (839), die Verdachtsberichterstattung verboten.

deshalb in Verfassungsschutzberichten einer extremistischen Zielsetzung verdächtigt wurde, weil sie Inserate der „Republikaner“[56] oder Interviews mit deren Vorsitzendem[57] veröffentlichte und weil sie in ihrer Berichterstattung diese Partei nicht als „extremistisch“ bezeichnete.[58] Ihr wurde also als eigenes extremistisches Verhalten vorgeworfen, daß sie die Wertungen des Verfassungsschutzes nicht – bis in die Wortwahl hinein – übernahm und die „Republikaner“ nicht ausgrenzte, obwohl schon nach den Darstellungen der Verfassungsschutzberichte die Verfassungsfeindlichkeit dieser Partei nicht erwiesen ist und ein Verdacht – sonst wäre er keiner – immer auch unbegründet sein kann. Der Verfassungsschutz bekämpft also Organisationen, für die er lediglich „Anhaltspunkte“ dafür hat, daß sie verfassungsfeindliche Bestrebungen verfolgen, genauso wie erwiesene Verfassungsfeinde, und er setzt sein Sanktionsinstrumentarium auch gegen diejenigen ein, die sich – weil sie den Verdacht nicht teilen – an der Ausgrenzung dieser des Extremismus lediglich verdächtigten Organisationen nicht beteiligen. Schon die erste Stufe – die Bekämpfung auf Verdacht hin – ist rechtsstaatswidrig. Die zweite Stufe, die Verdächtigung und Bekämpfung auch desjenigen, der den auf der ersten Stufe Verdächtigten nicht ausgrenzt, ist noch schlimmer. Konsequent weitergedacht, muß jetzt auch der auf der zweiten Stufe Verdächtigte ausgegrenzt werden, und wer das nicht tut, gilt wiederum als ausgrenzungsbedürftiger Extremist. So lassen sich Kaskaden des Verdachts konstruieren.[59] Die Verteidigung der Verfassung führt sich dann selbst ad absurdum.

## V. Schlußbemerkung

Die freiheitliche Demokratie bedarf des Schutzes gegen Verfassungsfeinde. Sie braucht einen rechtsstaatlichen Verfassungsschutz. „Verfassungsschützerische“ Maßnahmen, die mit rechtsstaatlichen Grundsätzen unvereinbar sind, schützen aber

[56] Vgl. z. B. VSB NW 1999, S. 96; 2002, S. 100.

[57] Vgl. z. B. VSB NW 1999, S. 96; 2002, S. 100.

[58] Vgl. z. B. VSB NW 2001, S. 128.

[59] Ein Beispiel für eine absurde Verdachtskaskade: Ein rechtsextremistischer Liedermacher wird von einer Organisation („Die Deutschen Konservativen“) eingeladen, um bei einer Versammlung mit den Teilnehmern deutsche Volkslieder zu singen. Damit macht diese Organisation sich wegen Nichtausgrenzung des Extremismus verdächtig, obwohl sie dem Sänger nicht etwa Gelegenheit gibt, auf der Versammlung extremistische Ansichten zu äußern oder Lieder mit extremistischem Inhalt zu singen – erste Stufe. Der Ehrenpräsident dieser Organisation, ein bekannter CDU-Politiker, wird kraft dieses Amtes vom Verfassungsschutz als „mitverantwortlich“ für den Sänger-Auftritt bezeichnet; anscheinend gilt auch er deshalb als Extremismus-verdächtig – zweite Stufe. Der Ehrenpräsident ist auch Kolumnist einer Wochenzeitung. Somit ergibt sich aus dem Sängerauftritt bei den „Deutschen Konservativen“ ein Anhaltspunkt dafür, daß diese Zeitung extremistische Ziele verfolgt – und zwar ein so gravierender Anhaltspunkt, daß darüber im Verfassungsschutzbericht berichtet wird – dritte Stufe, vgl. VSB NW 2002, S. 99. Begründung: Ein ständiger Mitarbeiter der Zeitung (eben dieser Ehrenpräsident) arbeite mit einem erwiesenen Rechtsextremisten (dem Sänger) zusammen, ebd. S. 98 i.V.m. S. 99.

nicht die Verfassung, sondern schaden ihr. Die hoheitliche Bekämpfung von Organisationen auf Verdacht hin ist mit dem Rechtsstaat ebenso unvereinbar wie die indirekte Inpflichtnahme der Bürger für Bekämpfungsmaßnahmen ohne gesetzliche Grundlage sowie die öffentliche Inkriminierung bloßer Kontakte zu Extremisten als angeblich extremistische Verhaltensweise[60]. Im übrigen gilt auch hier, was *Simon* über den Schutz der freiheitlichen demokratischen Grundordnung schon in anderem Zusammenhang gesagt hat: „Je perfekter der Schutz ist, je ungeeigneter oder übereifriger die damit betrauten Organe sind und je weiter die Maßnahmen indirekt über den Kreis der eigentlich Gemeinten hinauswirken und Duckmäusertum erzeugen, desto mehr wächst die Gefahr, daß das Schutzobjekt seinerseits verändert oder erstickt wird und die freiheitliche Demokratie an Überlegenheit und Leuchtkraft verliert."[61]

[60] Die Schlußfolgerung, wer Kontakt zu Extremisten habe, sei selbst ein Extremist, hat übrigens eine Struktur, die historisch immer wieder aufgetreten ist, insbesondere dort, wo sich wahnhafte Verfolgung breit gemacht hat, von der Inquisition bis zur McCarthy-Ära, wie folgendes Zitat veranschaulichen mag: „Hat sie mit Hexen gearbeitet? Hat sie mit anderen Besessenen ihr Süppchen gekocht und das Tanzbein geschwungen? Das war die entscheidende Frage an die der Hexerei verdächtige Frau. […] Wer den Umgang mit Hexen zugeben musste, gestand, selbst eine Hexe zu sein.", *Patrick Bahners*, FAZ v. 8.12.2006, S. 37.

[61] Sondervotum in *BVerfGE* 63, 266 (310).

# Annex 3: Tatsächliche Anhaltspunkte für verfassungsfeindliche Bestrebungen – Beispiele für problematische Wertungen des Verfassungsschutzes

Der Verfassungsschutz greift mit der Einstufung von Organisationen – insbesondere von politischen Parteien – als extremistisch und vor allem mit der öffentlichen Darstellung dieser Organisationen als extremistisch im Verfassungsschutzbericht massiv in den Prozeß der politischen Willensbildung ein. Ob er damit die Demokratie verteidigt oder ihr schadet, hängt nicht nur davon ab, ob die Stigmatisierung der Organisation zu Recht erfolgt oder nicht, sondern es hängt auch davon ab, ob die Argumente, mit denen das Extremismus-Verdikt begründet wird, tragfähig sind oder nicht. Die tatsächlichen Anhaltspunkte, auf die der Verfassungsschutz seine Bewertung stützt, ergeben sich meist aus Meinungsäußerungen. Und die Darstellung der betreffenden Meinungen als Belege für verfassungsfeindliche Bestrebungen stigmatisiert auch diese Meinungen[1]. Auch die betreffenden Meinungen werden aus dem demokratischen Diskurs ausgegrenzt; ihre faktischen Einflußchancen werden drastisch gemindert. Der Nutzen oder Schaden des Verfassungsschutzes für die Demokratie hängt deshalb weitgehend davon ab, ob die Wertungen, mit denen die Verfassungsschutzbehörden bestimmte Meinungen als Anhaltspunkte für verfassungsfeindliche Bestrebungen oder als inhaltlich verfassungsfeindlich darstellen, zutreffend sind.

Eine umfassende Überprüfung der diesbezüglichen Verfassungsschutzpraxis ist ein Desiderat. Ich kann sie in diesem Buch nicht leisten. Die unzutreffende Bewertung von Meinungsäußerungen und anderen Verhaltensweisen als verfassungsfeindlich durch die Verfassungsschutzbehörden ist jedenfalls keine sehr seltene Ausnahme – man sehe sich nur die Beispiele an, die ich in Annex 1 für Meinungsäußerungen und in Annex 2 für Kontakte zu Extremisten angeführt habe.

Wie leichtfertig der Verfassungsschutz gelegentlich mit der Bewertung von Aussagen als angeblich verfassungsfeindlich umgeht, veranschaulichen auch folgende aktuelle Beispiele: So wird vom Bundesamt für Verfassungsschutz (BfV) die These, das Deutsche Reich sei 1945 nicht untergegangen, als Ausdruck einer ex-

---

[1] S. o. C.III.5.

tremistischen Verschwörungstheorie angesehen[2], obwohl sie der völkerrechtlichen Rechtslage entspricht, wie sie von der ganz herrschenden Meinung in der rechtswissenschaftlichen Literatur und vom Bundesverfassungsgericht gesehen wird[3]. – Der Präsident des BfV Thomas Haldenwang kritisiert, der 8. Mai werde halb im Scherz „Tag der Kapitulation" genannt statt „Tag der Befreiung". Dadurch werde die Grenze des Sagbaren verschoben[4]. Der Verfassungsschutz darf die Grenze zwischen „sagbar" und „unsagbar" nur anhand der Kriterien der freiheitlichen demokratischen Grundordnung ziehen, nicht aufgrund ideologischer oder geschichtspolitischer Präferenzen seines Personals. Die Bezeichnung des 8. Mai als „Tag der Kapitulation" als extremistisch zu bewerten, ist absurd. Der 8. Mai ist der Tag, an dem die Wehrmacht kapituliert hat, und die Bezeichnung „Tag der Kapitulation" war bis zur Rede von Bundespräsident Weizsäcker am 8. Mai 1985 in Westdeutschland allgemein üblich; bis dahin wurde nur in der DDR vom „Tag der Befreiung" geredet[5]. Die Betonung von „Befreiung" gegenüber „Kapitulation" hat sich allgemein durchgesetzt. Aber der Verfassungsschutz ist nicht dazu da, Abweichungen von staatlich erwünschten geschichtspolitischen Wertungen zu sanktionieren. Rückschlüsse auf eine verfassungsfeindliche Zielsetzung könnten aus der Bezeichnung des 8. Mai als „Tag der Kapitulation" allenfalls dann gezogen werden, wenn diese Bezeichnung implizierte, daß der Sprecher den Untergang des NS-Regimes bedauert[6]. Davon kann keine Rede sein, sofern sich dies nicht aus zusätzlichen Äußerungen ergibt.

Diese Beispiele erscheinen als marginal. Sie ließen sich aber um viele weitere Beispiele ergänzen. Mit jeder unzutreffenden Bewertung einer Äußerung als angeblich extremistisch grenzt der Verfassungsschutz den Bereich des in Deutschland „Sagbaren" in undemokratischer Weise ein. Derartige Bewertungen führen dazu, daß der Verfassungsschutz seine ideologischen Vorlieben oder das, was er für politisch korrekt hält, mit hoheitlichen Mitteln durchsetzt. In der Summe können Fehlbewertungen des Verfassungsschutzes den demokratischen Diskurs schwerwiegend schädigen. Deshalb muß jede einzelne Bewertung sehr sorgsam vorgenommen werden. Und jede einzelne falsche Bewertung ist eine falsche zuviel.

---

[2] *BfV*, Gutachten zu tatsächlichen Anhaltspunkten für Bestrebungen gegen die freiheitliche demokratische Grundordnung in der ‚Alternative für Deutschland' (AfD) und ihren Teilorganisationen" (Stand: 15. 1. 2019), https://netzpolitik.org/2019/wir-veroeffentlichen-das-verfassungsschutz-gutachten-zur-afd/#2019-01-15_BfV-AfD-Gutachten (abgerufen am 28. 1. 2019), S. 195 (vor Fn. 364).

[3] Das Deutsche Reich ist 1945 mit der Kapitulation als Staat nicht untergegangen, sondern existiert als Völkerrechtssubjekt fort und heißt heute Bundesrepublik Deutschland. Die Bundesrepublik Deutschland ist als Rechtssubjekt mit dem Staat, der zuvor „Deutsches Reich" hieß, identisch, *BVerfGE* 36, 1 (15 ff.) – Grundvertrag.

[4] FAZ v. 26. 8. 2019, S. 8.

[5] Zutreffend *Christian Hillgruber*, Leserbrief in: FAZ v. 9. 9. 2019, S. 9.

[6] Zu den Voraussetzungen, unter denen Meinungsäußerungen als Anhaltspunkte für verfassungsfeindliche Bestrebungen gewertet werden dürfen, s. o. B.III.2. sowie Annex 1.

Ich möchte jetzt nicht fortfahren, Einzelbeispiele für verfehlte Bewertungen des Verfassungsschutzes vorzustellen, sondern aus der aktuellen Verfassungsschutzpraxis einige Argumentationsmuster beleuchten, die die Verfassungsschutzbehörden immer wieder verwenden und die deshalb nicht nur sozusagen „zufällig" im Einzelfall zu einer Fehlbewertung führen, sondern strukturell die Weichen für fortwährende Fehlbewertungen stellen. Mit der Erörterung der folgenden Argumentationsmuster erhebe ich keineswegs den Anspruch, strukturell verfehlte Weichenstellungen in der Verfassungsschutzpraxis vollständig zu erfassen. Es geht mir darum, anhand der im folgenden analysierten Beispiele aufzuzeigen, welche Probleme und Gefahren auf der Ebene der Anwendung der Verfassungsschutzbefugnisse – nämlich bei der Subsumtion unter den Gesetzesbegriff der „tatsächlichen Anhaltspunkte für verfassungsfeindliche Bestrebungen" – lauern, und die Leser dafür zu sensibilisieren, wie der Verfassungsschutz durch fragwürdige Argumentationsmuster den politischen Diskurs unzulässig einengen kann. Die Beispiele sind durchgehend dadurch charakterisiert, daß die Verfassungsschutzbehörde ihre Wertung anhand eines im Ansatz richtigen, aber unvollständigen Kriteriums vornimmt, und dann einfach unterstellt, daß der von ihr festgestellte Sachverhalt unter das vollständige Kriterium subsumiert werden kann. Die Beispiele sind mir bei der Beschäftigung mit dem Gutachten aufgefallen, welches das Bundesamt für Verfassungsschutz (BfV) über die AfD angefertigt hat[7]. Es handelt sich um Argumentationsmuster, mit denen Anhaltspunkte für rechtsextremistische Bestrebungen begründet werden sollen. Ob es vergleichbar problematische Argumentationsmuster auch für linksextremistische oder für islamistische Bestrebungen gibt, habe ich nicht geprüft; es handelt sich hier um eine exemplarische, nicht um eine flächendeckend-systematische Untersuchung.

## I. Ethnisch-kultureller Volksbegriff

Das BfV rügt immer wieder einen „einseitig verengenden Volksbegriff, dem eine ethnokulturelle Konzeption zugrunde liegt". Darin „könnte" nach Ansicht des BfV ein Verstoß gegen die Menschenwürdegarantie liegen, „da ein solcher Volksbegriff den sich aus der Menschenwürde ergebenden Achtungsanspruch der Person negiert und zu einer Verweigerung elementarer Rechtsgleichheit für diejenigen führt, die nicht dem ethnisch definierten Volk angehören"[8].

Diese These ist falsch. Ein ethnisch-kultureller Volksbegriff hat als solcher keine verfassungsschutzrechtlich relevanten Implikationen. Er hat nur deskriptive Funktion und dient der Unterscheidung von Völkern anhand von Merkmalen wie Sprache, Traditionen, kulturelle Hervorbringungen. Ob und welche politischen Forderungen an den Begriff geknüpft werden, ist von dem Begriff selbst zu unterscheiden. Wer den

---

[7] S. o. Fn. 2.

[8] BfV-Gutachten (Fn. 2), C.I.1.1.1, S. 56f.

Begriff verwendet, kann das tun, ohne damit überhaupt irgendwelche politischen Forderungen zu verbinden. Er kann es tun, indem er damit verfassungskonforme politische Forderungen verbindet, und er kann es tun, indem er damit verfassungsfeindliche politische Forderungen verbindet. Nur die letzte Alternative ist verfassungsschutzrechtlich relevant. Wenn eine Partei Menschen, die nicht dem Volk im ethnisch-kulturellen Sinne angehören, beispielsweise die Menschenrechte vorenthalten wollte, wäre das verfassungsfeindlich. Und es wäre insbesondere verfassungsfeindlich, das Staatsvolk mit dem Volk im ethnisch-kulturellen Sinne zu identifizieren, also alle ethnisch Nichtdeutschen aus dem deutschen Staatsvolk ausgrenzen zu wollen[9]. Der ethnisch-kulturelle Volksbegriff als solcher hingegen ist verfassungsschutzrechtlich neutral. Die These des BfV-Gutachtens, ein solcher Volksbegriff negiere den sich aus der Menschenwürde ergebenden Achtungsanspruch der Person und führe zu einer Verweigerung elementarer Rechtsgleichheit für diejenigen, die nicht dem ethnisch definierten Volk angehören, greift eine Formulierung auf, die das Bundesverfassungsgericht für die Verwendung des Volksbegriffs durch die NPD – für die Gleichsetzung von Staatsvolk und ethnisch definierter „Volksgemeinschaft“ und die Ausgrenzung aller ethnisch Nichtdeutschen – gebraucht hat[10], und appliziert sie fälschlich dem ethnisch-kulturellen Volksbegriff als solchem. Auf diese Weise wird die These zur Anleitung für Unterstellungen, nämlich zur Anleitung dafür, jedem, der das Volk im ethnisch-kulturellen Sinne bewahren möchte, zu unterstellen, er wolle ethnisch Nichtdeutsche aus dem Staatsvolk ausgrenzen oder sie in menschenwürdewidriger Weise diskriminieren.

Eine Unterstellung aber ist kein tatsächlicher Anhaltspunkt für eine verfassungsfeindliche Bestrebung. Anders als das BfV hat das Bundesverfassungsgericht nicht aus dem ethnischen Volksbegriff auf die Verfassungsfeindlichkeit der NPD geschlossen, sondern es hat detailliert dargelegt, daß die NPD mit dem von ihr verwendeten Volksbegriff ein politisches Konzept bezeichne, das im Kern das Staatsvolk mit dem Volk im ethnischen Sinne identifiziere und alle nicht ethnisch Deutschen ausschließen wolle. Nicht der Volksbegriff als solcher, sondern dieses sich bei der NPD mit dem Volksbegriff verbindende politische Konzept ist mit der Menschenwürdegarantie und dem Demokratieprinzip unvereinbar[11]. Wenn eine andere Partei oder eine andere Organisation innerhalb eines verfassungsmäßigen Konzepts vom Volk im ethnischen Sinne spricht und insbesondere dieses nicht mit dem Staatsvolk identifiziert und ethnisch nichtdeutsche Staatsangehörige nicht ausgrenzen und nicht diskriminieren will, dann ist dies kein Anhaltspunkt für Verfassungsfeindlichkeit. Zur Begründung eines tatsächlichen Anhaltspunkts für ver-

---

[9] Dies meint das *BVerfG*, wenn es formuliert, der von der NPD vertretene Volksbegriff negiere den sich aus der Menschenwürde ergebenden Achtungsanspruch der Person und führe zur Verweigerung elementarer Rechtsgleichheit für alle, die nicht der ethnischen „Volksgemeinschaft“ angehören, Urt. v. 17.1.2017 – 2 BvB 1/13 = BVerfGE 144, 20 (Rn. 635) – NPD.

[10] *BVerfG*, Urt. v. 17.1.2017 – 2 BvB 1/13 = BVerfGE 144, 20 (Rn. 635 ff., 653 ff.) – NPD.

[11] *BVerfG* (Fn. 10).

fassungsfeindliche Bestrebungen kann die Verwendung eines ethnisch-kulturellen Volksbegriffs somit niemals ausreichen.

## II. Wahrung der Identität der Nation beziehungsweise des ethnisch-kulturell verstandenen Volkes als politisches Ziel

Das BfV scheint der Auffassung zu sein, es sei kein legitimes Ziel der Politik, die ethnisch-kulturelle Identität der Nation – also ihre Prägung durch das hier seit Jahrhunderten ansässige deutsche Volk, seine Sprache und seine Kultur – zu bewahren. Dies hängt damit zusammen, daß das BfV jede politische Anknüpfung an den ethnisch-kulturellen Volksbegriff unzutreffend als potentiell verfassungsfeindlich ansieht (oben I.). So meint das BfV, das „Staats- und Bevölkerungsideal der AfD" sei „kritisch zu werten", weil sie die Nation als kulturelle Einheit verstehe, die deutsche Identität als Leitkultur selbstbewußt verteidigen wolle und die Kulturgemeinschaft für sie zudem ethnisch determiniert zu sein scheine[12]. An etlichen Stellen des BfV-Gutachtens wird kritisch hervorgehoben, daß die Partei beziehungsweise ihre Funktionäre die Identität gegen Massenzuwanderung schützen wollen oder davor warnen, „zur Minderheit im eigenen Land zu werden"[13].

Eine verfassungsrechtliche Verpflichtung, Einwanderung zu erlauben beziehungsweise hinzunehmen, die vielleicht dazu führt, daß die Deutschen im ethnisch-kulturellen Sinn in eine Minderheitsposition gedrängt werden, wie dies in Stadtteilen oder in Schulen bereits vielerorts der Fall ist, gibt es nicht[14]. Es ist ein legitimes Ziel der Politik, sich dafür einzusetzen, daß die Bevölkerungsstruktur des deutschen Staates im wesentlichen erhalten bleibt und sich nicht durch Einwanderung grundlegend ändert[15]. Das Grundgesetz verpflichtet nicht zu einer Politik der offenen Grenzen und unbegrenzter Einwanderung. Sieht man vom Asylrecht ab, das in der Praxis keine große Rolle spielt, weil es gemäß Art. 16 a Abs. 2 GG nicht für Menschen gilt, die aus EU-Staaten und aus sicheren Drittländern einreisen, gibt es keinen grundgesetzlichen Anspruch Nichtdeutscher auf Einwanderung[16].

---

[12] BfV-Gutachten (Fn. 2), C.I.1.1.1, S 59 f.

[13] S. o. Fn. 2, z. B. C.I.1.3.1, S. 77.

[14] Vgl. *VG Berlin*, Urt. v. 31. 1. 1998 – 26 A 623/97 – REP, NJW 1999, 806 (809); *VG Mainz*, Urt. v. 10. 12. 1997 – 7 K 102/94.MZ – REP RP, Entscheidungsabdruck S. 15.

[15] Ausführlich dazu *Dietrich Murswiek*, Staatsvolk, Demokratie und Einwanderung im Nationalstaat des Grundgesetzes, JöR N.F. 66 (2018), S. 390 ff.

[16] Außerdem ist das Asylgrundrecht abänderbar und gehört nicht zu den Schutzgütern der freiheitlichen demokratischen Grundordnung.

Insbesondere verstößt Einwanderungsbegrenzung nicht gegen die Menschenwürde derjenigen, die nicht einwandern dürfen. Es gibt kein auf die Menschenwürdegarantie gestütztes Recht auf Einwanderung[17].

Deshalb spielt es verfassungsrechtlich keine Rolle, auf welche Motive die Einwanderungsbegrenzung gestützt wird: gleichgültig, ob sie aus beispielsweise ökonomischen Gründen, aus Gründen der Infrastruktur, der Belastung der Sozialsysteme oder zur Wahrung der ethnisch-kulturellen Identität erfolgt – Menschenrechte der Einwanderungswilligen sind dadurch in keinem Fall betroffen.

Dementsprechend hat das Bundesverwaltungsgericht festgestellt, die Wahrung der geschichtlich gewachsenen nationalen Identität beziehungsweise die Verhinderung von „Überfremdung“ seien Ziele, die als solche nicht gegen die freiheitliche demokratische Grundordnung verstoßen[18].

Auch völkerrechtlich ist die Wahrung der Identität eines ethnisch-kulturell verstandenen Volkes auf seinem angestammten Siedlungsgebiet nicht nur ein legitimes Ziel, sondern sogar ein garantiertes Recht. Zum einen ist sie vom Selbstbestimmungsrecht der Völker umfaßt[19]. Zum anderen werden ethnische Minderheiten durch das internationale Minderheitenschutzrecht geschützt[20].

Daß es ein legitimes Ziel ist, die ethnisch-kulturelle Identität gegen ihre Auflösung durch Einwanderung aus anderen Kulturen zu schützen, wird – wenn es um

---

[17] Vgl. z. B. *VG Berlin*, Urt. v. 31. 1. 1998 – 26 A 623/97 – REP, NJW 1999, 806 (809); *VG Mainz*, Urt. v. 10. 12. 1997 – 7 K 102/94.MZ – REP RP, Entscheidungsabdruck S. 15; *Manfred Baldus*, „Die Würde des Menschen ist unantastbar“: Supernorm des Grundgesetzes? Gar einzulösen gegenüber allen Menschen der Welt? Vortrag in der Universität Freiburg am 27. 10. 2018, podcast https://videoportal.uni-freiburg.de/audio/Sa-Uni-WS1819-02-Manfred-Baldus-Die-Wuerde-des-Menschen-ist-unantastbar-Supernorm-des-Grundgesetzes-Gar-einzuloesen-gegenue/e6b85af7c355e0b902a8819ffa434d3d (abgerufen am 17. 3. 2019); *BfV*-Gutachten (Fn. 2), S. 123.

[18] *BVerwG*, Urt. v. 18. 5. 2001 – 2 WD 42.00, 43.00 – BVerwGE 114, 258 (276 f.) = Juris Rn. 43, 45; eine verfassungsfeindliche Haltung wäre allerdings dann erkennbar, wenn Ausländern ihre Menschenrechte abgesprochen und ihre wohlerworbenen Rechte rechtsstaatswidrig aberkannt werden sollten oder wenn ihnen mit rechtsstaatswidrigen Mitteln begegnet werden sollte, wenn sie also ausgegrenzt oder gar vertrieben werden sollten (ebd. Rn. 46). Dies entspricht der hier vertretenen Auffassung.

[19] Dazu *Dietrich Murswiek*, Das Verhältnis des Minderheitenschutzes zum Selbstbestimmungsrecht der Völker, in: Dieter Blumenwitz u. a. (Hg.), Ein Jahrhundert Minderheiten- und Volksgruppenschutz, 2001, S. 83–99; so jetzt auch die UN-Deklaration über die Rechte der indigenen Völker (GA RES A/61/295), Art. 4.

[20] Vgl. Art. 1 Abs. 1 der UN-Deklaration über Minderheitenrechte vom 18. 12. 1992, A/RES/47/135: „Die Staaten schützen die Existenz und die nationale oder ethnische, kulturelle, religiöse und sprachliche Identität der Minderheiten in ihrem Hoheitsgebiet und begünstigen die Schaffung von Bedingungen für die Förderung dieser Identität.“ – Zum Minderheitenschutz vgl. z. B. *Dieter Blumenwitz*, Volksgruppen und Minderheiten. Politische Vertretung und Kulturautonomie, 1995; *Rainer Hofmann u. a.* (Hg.), Rahmenübereinkommen zum Schutz nationaler Minderheiten. Handkommentar, 2015; *Dietrich Murswiek*, Schutz der Minderheiten in Deutschland, in: HStR X, 3. Aufl. 2012, § 213, S. 265–296.

andere Völker geht – auch von Bundesregierung und Bundestag anerkannt. So hat der Bundestag die Massenansiedlung von Chinesen in Tibet als Zerstörung der tibetischen Identität und Kultur kritisiert[21].

Natürlich darf das Ziel der Identitätswahrung nicht mit verfassungsfeindlichen Mitteln angestrebt werden. Insbesondere dürfen keine mit der Menschenwürdegarantie unvereinbaren Maßnahmen ergriffen werden. Mit der Menschenwürdegarantie unvereinbar wäre es insbesondere, deutsche Staatsangehörige wegen anderer ethnisch-kultureller Herkunft rechtlich auszugrenzen, sie zu diskriminieren oder gar auszuweisen[22].

Auf die Frage, ob solche verfassungsfeindlichen Mittel eingesetzt werden sollen, müßte das BfV sein Augenmerk legen. Wenn das BfV aber schon das Ziel der Identitätswahrung diskreditiert und darauf abzielt, mit den Mitteln des Verfassungsschutzes eine auf Erhaltung der Identität Deutschlands als von der deutschen Kultur geprägten Nationalstaats des deutschen Volkes gerichtete Politik zu verhindern, ist dies ein politischer Mißbrauch des Verfassungsschutzes.

Man muß allerdings festhalten, daß das BfV das Ziel der Wahrung der ethnisch-kulturellen Identität nicht durchgehend als per se verfassungsfeindlich erklärt. Vielmehr erkennt es durchaus den Unterschied zwischen – verfassungsschutzrechtlich neutralem – Ziel und denkbaren verfassungsfeindlichen Mitteln zur Verwirklichung dieses Ziels. So sagt es, daß in den Programmen der AfD und der Landesverbände trotz ihrer ethnisch-kulturellen Ausrichtung in dieser Hinsicht keine gegen die Menschenwürdegarantie verstoßenden Forderungen festzustellen seien[23]. Wenn das BfV jedoch das Ziel als solches kritisiert – und das tut es immer wieder[24] –, läuft das auf die Unterstellung hinaus, zu seiner Verwirklichung auch verfassungsfeindliche Mittel einsetzen zu wollen. Unterstellungen können aber keine tatsächlichen Anhaltspunkte im verfassungsschutzrechtlichen Sinne begründen.

## III. Relative Homogenität des Volkes

Das Bestreben, eine relative Homogenität des deutschen Volkes zu bewahren, wird immer wieder als angeblich verfassungsfeindlich kritisiert und auch in Verfassungsschutzberichten zumindest als problematisch herausgestellt[25]. Dies ist ein Spezialargument zu der im vorigen Abschnitt (II.) behandelten These, die Wahrung der Identität der ethnisch-kulturell fundierten Nation sei kein legitimes politisches

[21] BT-Drs. 13/4445; BT Prot. 13/10086, 10107.

[22] Vgl. z. B. *BVerwG*, Urt. v. 18. 5. 2001 – 2 WD 42.00, 43.00 – BVerwGE 114, 258 (276 f.) = Juris Rn. 46.

[23] Vgl. BfV-Gutachten (Fn. 2), C.I.1.1. am Ende; C.I.4.

[24] Vgl. z. B. BfV-Gutachten (Fn. 2), C.II.2.1; auch z. B. VSB 2018, S. 83.

[25] Vgl. z. B. VSB 2017, S. 80; BfV-Gutachten (Fn. 2), S. 59.

Ziel. Eine auf Wahrung der „Homogenität" ausgerichtete Zielsetzung gilt als ganz besonders problematisch.

Deshalb sei an dieser Stelle grundsätzlich festgehalten: Es hat in der Geschichte Homogenitätskonzeptionen gegeben, die das nicht substantiell Gleichartige ausgrenzen, aus dem Staatsvolk ausschließen oder sogar ausmerzen wollten. So etwas ist selbstverständlich mit der freiheitlichen demokratischen Grundordnung absolut unvereinbar. Die relative ethnisch-kulturelle Homogenität hingegen ist die Grundlage der meisten europäischen Nationalstaaten. Sie ist nicht freiheitsfeindlich, sondern tendenziell freiheitsfreundlich; sie erleichtert die demokratische Kommunikation und Konsensbildung[26]. Weil das so ist, haben sich viele Nationalstaaten auf ethnisch-kultureller Basis, insbesondere auf der Basis der gemeinsamen Sprache, gebildet. Die Entstehung der Nationalstaaten ging in vielen Fällen mit Freiheitsbewegungen und mit Überwindung der absoluten Monarchie Hand in Hand und bildete die Voraussetzung für die Durchsetzung der Demokratie. Mit der Gründung ihrer eigenen Nationalstaaten konstituierten sich die sich aus den früher übernationalen Monarchien herauslösenden Völker als demokratische Subjekte[27]. Das schloß nicht aus, daß es in den jeweiligen Staaten ethnisch-kulturelle Minderheiten mit anderer Identität als derjenigen des Mehrheitsvolkes, das sich „seinen" Nationalstaat schuf, gab und gibt. Aus freiheitlich-rechtsstaatlicher Sicht müssen die Angehörigen der ethnischen Minderheiten geachtet werden, in jeder Hinsicht die gleichen Rechte genießen, und sollten zusätzliche Minderheitenrechte haben, die ihre Identität schützen. Dazu dient der Minderheitenschutz auf völkerrechtlicher und auf nationaler Ebene[28].

Der Wille, den Nationalstaat als einen weitgehend durch das ethnisch-kulturelle Mehrheitsvolk geprägten Staat zu erhalten, ist mit dem Grundgesetz ebenso vereinbar wie die Forderung, die relative ethnisch-kulturelle Homogenität nicht durch eine Masseneinwanderung aus anderen Kulturen aufzulösen.

Was die relative Homogenität angeht, erinnere ich daran, daß das Bundesverfassungsgericht sie im Maastricht-Urteil (jedenfalls in kultureller Hinsicht) als Voraussetzung für demokratische Legitimation bezeichnet hat[29]. Das ist zwar schon eine Zeitlang her (1993), und das Urteil hat in der Staatsrechtswissenschaft nicht nur

---

[26] Vgl. z. B. *Ernst-Wolfgang Böckenförde*, Demokratie als Verfassungsprinzip, HStR II, 3. Aufl. 2004, § 24 Rn. 47; *Dietrich Murswiek*, Demokratie und Freiheit im multiethnischen Staat, in: Dieter Blumenwitz u. a. (Hg.), Minderheitenschutz und Demokratie, 2004, S. 42 (45 ff.); *Murswiek* (Fn. 15), S. 397 ff.

[27] Auch nach dem Zerfall des Sowjetimperium konstituierten sich etliche Völker, die jetzt in freier Selbstbestimmung entscheiden konnten, als Nationalstaaten auf ethnisch-kultureller Basis, vgl. *Murswiek* (Fn. 15), S. 400.

[28] Vgl. z. B. *Rainer Hofmann*, Minderheitenschutz in Europa. Völker- und staatsrechtliche Lage im Überblick, 1995; *Rainer Hofmann* u. a. (Hg.), Rahmenübereinkommen zum Schutz nationaler Minderheiten. Handkommentar, 2015; *Dietrich Murswiek*, Schutz der Minderheiten in Deutschland, HStR X, 3. Aufl. 2012, § 213; *Murswiek* (Fn. 26), S. 49 ff.

[29] *BVerfGE* 89, 155 (186) – Maastricht.

Zustimmung, sondern auch Kritik gefunden[30]. Es spielt aber keine Rolle, wer in der staatsrechtlichen Debatte über Homogenität als Demokratievoraussetzung Recht hat. In unserem Zusammenhang ist entscheidend, daß nicht verfassungsfeindlich sein kann, was das Bundesverfassungsgericht ausdrücklich gefordert hat.

Ein ehemaliger Bundesverfassungsrichter, der an dieser Entscheidung beteiligt war, Ernst-Wolfgang Böckenförde, hat sich zu diesem Thema noch deutlicher geäußert:

> „Der spezifische Charakter der demokratischen Gleichheit [...] zielt – über die formelle rechtliche Zugehörigkeit, die die Staatsangehörigkeit vermittelt, hinausweisend – auf ein bestimmtes inhaltliches Substrat, zuweilen substantielle Gleichheit genannt, auf dem die Staatsangehörigkeit aufruht. Hier meint Gleichheit eine vor-rechtliche Gemeinsamkeit. Diese begründet die relative Homogenität, auf deren Grundlage allererst eine auf der strikten Gleichheit der politischen Mitwirkungsrechte aufbauende demokratische Staatsorganisation möglich wird; die Bürger wissen sich in den Grundsatzfragen politischer Ordnung ‚gleich' und einig, erfahren und erleben Mitbürger nicht als existentiell anders oder fremd und sind – auf dieser Grundlage – zu Kompromissen und loyaler Hinnahme der Mehrheitsentscheidungen bereit."[31]

Für Böckenförde ist die Wahrung relativer Homogenität also nicht nur ein legitimes Ziel, sondern sogar eine wichtige Voraussetzung für gelingende Demokratie[32].

Die Forderung nach weitgehender Wahrung der Homogenität Deutschlands hat keine verfassungsfeindlichen Implikationen, wenn sie zur Grundlage der Einwanderungspolitik – der Begrenzung der Einwanderung und der Auswahl von Einwanderungswilligen – gemacht wird[33]. Verfassungsfeindlich wäre es hingegen beispielsweise, zur Herstellung von Homogenität deutsche Staatsangehörige wegen ihrer ethnischen oder kulturellen Zugehörigkeit auszubürgern und auszuweisen.

---

[30] Kritisch beispielsweise *Gertrude Lübbe-Wolff*, Homogenes Volk – Über Homogenitätspostulate und Integration, ZAR 2007, S. 121 ff.

[31] *Ernst-Wolfgang Böckenförde*, Demokratie als Verfassungsprinzip, HStR II, 3. Aufl. 2004, § 24 Rn. 47; in diesem Sinne auch *Josef Isensee*, Staat und Verfassung, HStR II, 3. Aufl. 2004, § 15 Rn. 122; *Horst Dreier*, in: Horst Dreier (Hg.), GG Bd. II, 3. Aufl. 2015, Art. 20 (Demokratie) Rn. 71; *Murswiek* (Fn. 15), S. 399.

[32] Noch wesentlich ausführlicher als in der in Fn. 31 genannten Abhandlung befaßt sich *Ernst-Wolfgang Böckenförde* in folgender Schrift mit den Bedingungen für den Zusammenhalt und die Aktionsfähigkeit der Demokratie und mit der Bedeutung der relativen Homogenität: Die Zukunft politischer Autonomie, in: Ernst-Wolfgang Böckenförde, Staat, Nation, Europa, 1999, S. 103 (109 ff.).

[33] Dazu eingehend *Murswiek* (Fn. 15), S. 395 ff.

## IV. Ablehnung der multikulturellen Gesellschaft/ des Multikulturalismus

Das BfV argumentiert immer wieder so, als ob die Ablehnung des Multikulturalismus als Leitvorstellung/Ideologie oder die Ablehnung der Umwandlung des weitgehend ethnisch-kulturell geprägten Nationalstaats durch eine multikulturelle Gesellschaft „völkisch" und deshalb extremistisch sei[34]. Das ist zwar eine in linken Diskursen verbreitete Ansicht; juristisch ist sie aber unzutreffend. Es handelt sich um eine Variante der bereits oben (II.) erörterten Ansicht, das Ziel, die Identität der deutschen Nation zu wahren, sei illegitim. Die Ablehnung der Entwicklung zu einer multikulturellen Gesellschaft ist sozusagen die Kehrseite des Ziels, Deutschland als wesentlich durch die deutsche Kultur geprägten Nationalstaat zu erhalten. Was im folgenden dazu juristisch zu sagen ist, wiederholt daher weitgehend die schon oben (II. und III.) vorgebrachten Argumente.

Der deutsche Nationalstaat, wie das Grundgesetz ihn konstituiert hat, ist nicht im Sinne des Multikulturalismus multikulturell, sondern durch die deutsche Nation und ihre Kultur geprägt. Er ist nicht ethnisch völlig homogen, sondern hat seit seiner Gründung auch andere Volksgruppen umfaßt. Einige sind inzwischen assimiliert, andere – wie die Sorben – als ethnische Minderheiten geschützt[35]. Es ist ein legitimes Ziel der Politik, sich dafür einzusetzen, daß die Bevölkerungsstruktur des deutschen Staates im wesentlichen erhalten bleibt und sich nicht durch Einwanderung grundlegend ändert[36]. Das Grundgesetz verpflichtet nicht zu einer Politik der offenen Grenzen und unbegrenzter Einwanderung. Sieht man vom Asylrecht ab, das in der Praxis keine große Rolle spielt, gibt es keinen grundgesetzlichen Anspruch Nichtdeutscher auf Einwanderung[37]. Auf die Menschenwürdegarantie kann ein Anspruch auf Einwanderung nicht gestützt werden[38]. Die zuständigen Staatsorgane können

---

34 Vgl. z. B. BfV-Gutachten (Fn. 2), S. 58 f., 71, 87 f., 284; VSB 2017, S. 80 f. – Allerdings ist nicht immer klar, ob das BfV die von ihm kritisch dargestellte Kritik am Multikulturalismus als extremistisch bewertet. Da der Verfassungsschutz keinen anderen gesetzlichen Grund hat, Meinungen zu kritisieren, als denjenigen, daß diese Meinungen verfassungsfeindliche Ziele zum Ausdruck bringen, stellt sich die Frage, warum denn sonst kritische Äußerungen zur Umwandlung des Nationalstaats in eine multikulturelle Gesellschaft immer wieder kritisch erwähnt werden. Andererseits kommt es auch vor, daß vom BfV nach Darstellung von Multikulturalismus-Kritik hinzugefügt wird, ausreichende tatsächliche Anhaltspunkte für eine Verletzung der Menschenwürde seien nicht zu erkennen, so BfV-Gutachten (Fn. 2), S. 77 f.

35 Vgl. *Murswiek* (Fn. 28).

36 Ausführlich dazu *Murswiek* (Fn. 15), S. 390 ff.

37 Außerdem ist das Asylgrundrecht abänderbar und gehört nicht zu den Schutzgütern der freiheitlichen demokratischen Grundordnung.

38 Vgl. z. B. *Manfred Baldus*, „Die Würde des Menschen ist unantastbar": Supernorm des Grundgesetzes? Gar einzulösen gegenüber allen Menschen der Welt? Vortrag in der Universität Freiburg am 27. 10. 2018, podcast https://videoportal.uni-freiburg.de/audio/Sa-Uni-WS1819-02-Manfred-Baldus-Die-Wuerde-des-Menschen-ist-unantastbar-Supernorm-des-Grundgesetzes-Gar-einzuloesen-gegenue/e6b85af7c355e0b902a8819ffa434d3d (abgerufen am 17. 3. 2019);

somit, ohne gegen das Grundgesetz zu verstoßen, die Einwanderung begrenzen oder sogar ganz unterbinden mit dem Ziel, die überwiegend durch das deutsche Volk im ethnisch-kulturellen Sinne geprägte Bevölkerungsstruktur zu erhalten[39].

Eine verfassungsrechtliche Verpflichtung, Einwanderung zu erlauben beziehungsweise hinzunehmen, die zu multikulturellen Gesellschaftsstrukturen und vielleicht dazu führt, daß die Deutschen im ethnisch-kulturellen Sinn in eine Minderheitsposition gedrängt werden, wie dies in Stadtteilen oder in Schulen bereits vielerorts der Fall ist, gibt es nicht[40]. Daher hat das Bundesverwaltungsgericht festgestellt, die Wahrung der geschichtlich gewachsenen nationalen Identität und die Verhinderung einer multiethnischen, multikulturellen Gesellschaft seien Ziele, die nicht gegen die freiheitliche demokratische Grundordnung verstießen[41].

Kritik am Multikulturalismus war früher dementsprechend üblich und wurde nicht als angeblich extremistisch beanstandet. So hat die CDU-Vorsitzende Angela Merkel gesagt: „Der Ansatz für Multikulti ist gescheitert, absolut gescheitert!“[42] Oder der CSU-Vorsitzende Horst Seehofer formulierte: „Wir als Union treten für die deutsche Leitkultur und gegen Multikulti ein – Multikulti ist tot.“[43] Daß Deutschland kein Einwanderungsland sein solle (auch wenn es faktisch Einwanderung gab), war jahrzehntelang die Position der Unionsparteien.

Wenn der Verfassungsschutz heute Kritik am Multikulturalismus oder an der Entwicklung in Richtung auf eine multikulturelle Gesellschaft unter Extremismusverdacht stellt, läuft das auf den Versuch hinaus, politische Positionen, die früher nur von den Grünen vertreten wurden und die im Komplex von Medien und NGOs im Laufe der Jahre zum Mainstream geworden sind, mit hoheitlichen Mitteln durchzusetzen.

Eine andere Frage ist, wie mit multikulturellen Strukturen umzugehen ist, die bereits in Deutschland entstanden sind, und vor allem, wie mit Menschen anderer kultureller Prägung und ethnischer Zugehörigkeit umzugehen ist, die in Deutschland leben. Diese Frage ist von der oben behandelten Frage nach den erlaubten Zielen der Einwanderungspolitik streng zu unterscheiden. Alle Menschen haben den Anspruch auf Achtung ihrer Menschenwürde. Alle Maßnahmen, die der Entstehung von

---

*VG Mainz*, Urt. v. 10.12.1997 – 7 K 102/94.MZ – REP RP, Entscheidungsabdruck S. 15. Auch das *BfV* hat dies an einer Stelle seines Gutachtens erkannt (Fn. 2), S. 123.

[39] Ob und inwieweit Europarecht Einwanderungsbegrenzungen entgegensteht, braucht hier nicht erörtert zu werden. Denn für die Änderung europarechtlicher Regelungen und äußerstenfalls für den Austritt aus der EU kann man sich einsetzen, ohne daß dies die freiheitliche demokratische Grundordnung berührt.

[40] Vgl. *VG Berlin*, Urt. v. 31.1.1998 – 26 A 623/97 – REP, NJW 1999, 806 (809); *VG Mainz*, Urt. v. 10.12.1997 – 7 K 102/94.MZ – REP RP, Entscheidungsabdruck S. 15.

[41] *BVerwG*, Urt. v. 18.5.2001 – 2 WD 42.00, 43.00 – BVerwGE 114, 258 (276 f.) = Juris Rn. 43, 45.

[42] Spiegel online 16.10.2010, http://www.spiegel.de/politik/deutschland/integration-merkel-erklaert-multikulti-fuer-gescheitert-a-723532.html (abgerufen am 18.2.2019).

[43] Siehe Fn. 42.

Parallelgesellschaften entgegenwirken oder multikulturelle Strukturen auflösen sollen, müssen sich am Maßstab von Art. 1 Abs. 1 GG messen lassen, wenn sie bereits in Deutschland lebende Menschen betreffen.

## V. Verwendung „rechtsextremistischen" Vokabulars

In der Praxis der Verfassungsschutzbehörden ist es üblich, die Verwendung von Begriffen, die typischerweise von Rechtsextremisten verwendet werden, als Ausdruck rechtsextremistischer Positionen anzusehen[44]. So wirft beispielsweise das BfV AfD-Politikern vor, „in rechtsextremistischen Diskursen" verbreitete Schlagworte wie „Überfremdung", „Bevölkerungsaustausch", „Umvolkung" oder Umschreibungen wie „Zersetzung", „Auflösung", „Auslöschung" und „Vereinheitlichung" zu verwenden[45].

Richtig ist, daß solche Begriffe von Rechtsextremisten zur Beschreibung verfassungsfeindlicher Positionen und Ziele verwendet werden. Wer als Politiker mit diesen Begriffen arbeitet, muß damit rechnen, daß dies zu Mißverständnissen führen kann und falsche Zuordnungen provoziert. Aber allein aus der Verwendung dieser Begriffe folgt keine verfassungsfeindliche Zielsetzung. Sie lassen sich ohne weiteres in verfassungskonformen Kontexten verwenden und haben als solche keinen verfassungsfeindlichen Inhalt[46].

Was der Verfassungsschutz insinuiert, wenn er die Verwendung solcher Begriffe kritisiert, ist, daß derjenige, der einen Begriff wie „Überfremdung" oder „Volkstod" verwendet, aus dem mit diesen Begriffen verwendeten Sachverhalt dieselben Handlungskonsequenzen ableitet, wie manche Rechtsextremisten das tun. Das ist aber kein tatsächlicher Anhaltspunkt für eine verfassungsfeindliche Zielsetzung, sondern eine Unterstellung nach dem Motto: Wer Begriffe verwendet, die auch von Rechtsextremisten verwendet werden, dem trauen wir zu, daß er auch verfassungsfeindliche Maßnahmen fordert, wie sie Rechtsextremisten fordern.

Der Gebrauch derartiger Begriffe begründet aus der Perspektive des Verfassungsschutzes den Verdacht, daß sie in einem verfassungsfeindlichen Sinne gemeint sein könnten. Der Verdacht, es könne ein tatsächlicher Anhaltspunkt vorliegen, ist aber noch kein tatsächlicher Anhaltspunkt. Er ist verfassungsschutzrechtlich irrelevant[47].

---

[44] Vgl. etwa VSB 2015, S. 57; VSB NRW 2017 Vorabfassung, S. 44; VSB NRW 2016, S. 57; VSB NRW 2015, S. 87; VSB NRW 2003, S. 53; VSB NRW 2000, S. 57; VSB BW 2017, S. 179.

[45] BfV-Gutachten (Fn. 2), S. 89, nach F398 = C.I.4.1.1 am Ende.

[46] Ebenso zum Begriff „Überfremdung" *BVerwG*, Urt. v. 18. 5. 2001 – 2 WD 42.00, 43.00 – BVerwGE 114, 258 (276 f.) = Juris Rn. 43, 45.

[47] S. o. B.III.1; C.III.4.a) cc).

Derartige Begriffe werden im übrigen nie isoliert in den Raum gestellt, sondern in konkreten Redezusammenhängen verwendet. Der Verfassungsschutz kann also jedes Mal, wenn ein solcher Begriff verwendet wird, genau hinschauen, ob mit seiner Verwendung eine verfassungsfeindliche Forderung zum Ausdruck gebracht werden soll. Aber die Verwendung der Wörter als solche sagt über eine verfassungsfeindliche Zielsetzung gar nichts.

Wenn der Verfassungsschutz dennoch schon die Verwendung solcher aus seiner Sicht „anstößigen" Begriffe rügt, begibt er sich in die Rolle einer Sprachpolizei, die mit der Anprangerung unerwünschter Begriffe eine politisch korrekte Sprache durchsetzen will. Das ist ein nicht zu rechtfertigender Eingriff in die Meinungsfreiheit.

## VI. Pauschale Kritik einer politischen Partei an anderen Parteien und an der Regierung/Verneinung der Existenzberechtigung politischer Parteien

Pauschale Kritik einer politischen Partei an den übrigen Parteien beziehungsweise an der Bundesregierung und den anderen Oppositionsparteien wird vom BfV als Kritik am parlamentarischen Regierungssystem beanstandet. Wer etwa den Vorwurf, die Einwanderungspolitik schade dem Volk, nicht gegenüber nur einer Partei oder nur gegenüber den Regierungsparteien erhebt, sondern zugleich auch gegenüber den übrigen Oppositionsparteien, der richtet sich nach Ansicht des BfV gegen die parlamentarische Demokratie (gemeint ist hier wohl das Mehrparteiensystem). Wenn alle Parteien gemeinsam angegriffen würden, mache es für den Angreifer letztlich keinen Unterschied, welche Partei die politische Mehrheit innehabe oder die Regierung stelle. Daraus folge, daß für sie die Existenz politischer Parteien „Makulatur" sei[48].

Daß pauschale Kritik an den anderen Parteien (den „Altparteien" oder „Kartellparteien") sich gegen die parlamentarische Demokratie richte, ist ein in Verfassungsschutzberichten gängiger Topos. Die Verfassungsschutzbehörden scheinen daraus zu folgern, daß das Mehrparteiensystem im ganzen diskreditiert werden soll, daß sich die Polemik also nicht nur gegen die Parteien, sondern gegen das Verfassungssystem richtet, im Rahmen dessen die Parteipolitiker ihre Macht ausüben. Diese Folgerung wäre berechtigt, wenn sich aus der Kritik ergäbe, daß der Kritiker allen Parteien – außer einer – die Existenzberechtigung abspricht und somit das Mehrparteiensystem ablehnt. Dies ist jedoch nicht notwendig damit impliziert, daß die Kritik sich nicht nur gegen eine, sondern gegen alle etablierten Parteien richtet[49].

---

48 So BfV-Gutachten nach F235.

49 Dazu ausführlich *Dietrich Murswiek*, Meinungsäußerungen als Belege für eine verfassungsfeindliche Zielsetzung. Zu den rechtlichen Anforderungen und zur Praxis der Verfas-

Entscheidend ist vielmehr, ob sich aus dem Inhalt der Kritik die Ablehnung des Mehrparteienprinzips ergibt[50]; das wäre insbesondere dann der Fall, wenn die kritisierende Partei den Anspruch erhöbe, sie allein sei berechtigt, für das Volk zu sprechen[51].

Heftige Polemik gegen andere Parteien ist im politischen Meinungskampf üblich; verfassungsschutzrechtlich relevant ist sie erst dann, wenn sie entweder die Menschenwürde der angegriffenen Personen verletzt oder wenn sie implizit die politische Existenzberechtigung der angegriffenen Partei negiert. Die Verneinung der politischen Existenzberechtigung kann in Äußerungen zum Ausdruck kommen, die nicht zu einer umstrittenen Sachfrage Stellung nehmen, sondern gegen Politiker oder Parteien gerichtete *personenbezogenen* Invektiven („Schwachsinnige", „Dumpfbacken", „korrupt" [ohne Bezug auf einen konkreten Korruptionsfall] usw.) enthalten, mit denen der Sache nach die Fähigkeit des Gegners zu einer sinnvollen Mitwirkung an der demokratischen Willensbildung infrage gestellt wird. Eine *einzelne* in diesem Sinne verletzende Äußerung läßt für sich noch nicht erkennen, daß dem Gegner *generell* die Existenzberechtigung abgesprochen wird. Es kann sich um eine überzogene Äußerung im Einzelfall handeln. Die ständige – nicht auf konkrete Äußerungen der Gegenseite inhaltlich bezogene – Wiederholung derselben oder ähnlicher Invektiven hingegen läßt den Schluß auf die Verneinung der politischen Existenzberechtigung aber jedenfalls dann zu, wenn weitere Umstände – etwa die Behauptung, allein die Wahrheit oder den wahren Willen des Volkes zu vertreten – dies bestätigen[52].

Indem das BfV aber jede – heftige – Kritik an der Gesamtheit der übrigen Parteien als Kritik an der parlamentarischen Demokratie beziehungsweise am Mehrparteiensystem bewertet, sichert es der Sache nach mit hoheitlichen Mitteln jede Politik ab, hinsichtlich welcher sich die etablierten Parteien einig sind. Eine Politik, die sich gegen den gemeinsamen Nenner richtet, den die etablierten Regierungs- und Oppositionsparteien beispielsweise in der Einwanderungspolitik, in der Europolitik

---

sungsschutzberichte, in: FS Hans Herbert von Arnim, 2004, S. 481 (495 ff.) m.w.N. = in diesem Band Annex 1, S. 121 ff.

[50] Vgl. *VG Berlin*, 31.8.1998, NJW 1999, 806 (810 f.) = juris Rn. 40.

[51] In der Rechtsprechung ist zwar die pauschale Polemik gegen die etablierten Parteien schon als Ablehnung des Mehrparteienprinzips und damit als Anhaltspunkt für verfassungsfeindliche Bestrebungen angesehen worden, vgl. *BVerwGE* 61, 194 (198); *OVG Lüneburg*, Urt. v. 19.10.2000 – 11 L 87/00 – REP, juris Rn. 70–87. Die dortigen Zitate belegen aber, daß sich die Polemik nicht allein gegen die anderen Parteien und deren Politik, sondern gegen das parlamentarische System richteten; ähnlich (wenngleich in der fallbezogenen Argumentation seinerseits zu thesenhaft und pauschal) *OVG Münster*, Urt. v. 8.12.1995 – 25 A 2431/94 – Franz-Schönhuber-Stiftung, NVwZ 1996, 913 (916).

[52] Vgl. *BVerwG*, Urt. v. 18.5.2001 – 2 WD 42.00, 43.00 – BVerwGE 114, 258 (283 f.) = juris Rn. 60: Beschimpfung der anderen Parteien lasse den Schluß auf eine feindselige Haltung gegenüber dem Verfassungssystem dann zu, wenn sie „qualitativ mit demokratiefeindlichen Forderungen [...] sowie quantitativ mit einer Häufung und Intensität derartiger Forderungen verbunden" ist.

oder in der Klimapolitik haben, wird auf diese Weise als angeblich verfassungsfeindlich dargestellt. Polemik gegen die etablierten politischen Kräfte wird fälschlich mit Polemik gegen das Verfassungssystem gleichgesetzt. Gegen die „aktuellen politischen Verhältnisse“ zu polemisieren, wird vom BfV als Verächtlichmachung der parlamentarischen Demokratie verstanden[53].

Mit dieser Argumentationsweise liefert das BfV – legt man seine eigenen Kriterien zugrunde – seinerseits einen tatsächlichen Anhaltspunkt dafür, daß es gegen das Demokratieprinzip gerichtete Bestrebungen verfolgt. Denn die Bekämpfung einer politischen Partei mit hoheitlichen Mitteln, nur weil sie die von allen anderen Parteien gemeinsam für richtig gehaltene Politik entschieden ablehnt, ist mit dem Demokratieprinzip unvereinbar[54].

Im übrigen ist es mit dem Demokratieprinzip nicht nur unvereinbar, allen Parteien außer der eigenen die Existenzberechtigung abzusprechen. Unvereinbar mit Art. 20 Abs. 2 GG und mit der freiheitlichen demokratischen Grundordnung ist es auch, einer einzigen Partei die Existenzberechtigung abzusprechen, sofern sie nicht verfassungsfeindlich ist. Der Vorwurf an eine Partei, sie sei verfassungsfeindlich beziehungsweise extremistisch, ist immer problematisch, weil damit die politische Existenzberechtigung der Partei in Abrede gestellt wird – der Vorwurf impliziert ja, daß die Partei verboten werden könnte. Wer einen solchen Vorwurf erhebt, muß sich also seiner Sache sehr sicher sein, denn wenn der Vorwurf nicht zutrifft, ist seine hartnäckige Wiederholung ein Anhaltspunkt für demokratiefeindliche Bestrebungen des Sprechers – für die Absicht, eine Partei, deren Politik man fundamental ablehnt, zu eliminieren. Auch die Monopolisierung des Attributs „demokratisch“ für die etablierten Parteien spricht der implizit als nicht demokratisch ausgegrenzten Partei die Existenzberechtigung ab; denn nicht demokratische Parteien sind verfassungsfeindlich, können also verboten werden.

## VII. „Umerziehung“

Hinweise auf die Umerziehung nach 1945 sind in der Rechtsprechung verschiedentlich als Anhaltspunkte für Bestrebungen gegen die Demokratie gewertet worden[55]. Ob das verfassungsschutzrechtlich relevant ist, hängt vom Kontext ab[56]:

---

[53] Im BfV-Gutachten C.I.2.1.2, dazu bereits oben B.I.1.

[54] Nach meiner Auffassung ist die Argumentation des BfV mit dem Demokratieprinzip unvereinbar, aber dennoch nicht ohne weiteres ein Anhaltspunkt, weil es sich um einen schlichten Irrtum beziehungsweise Argumentationsmangel handeln könnte, s. o. B.III.2.d)aa).

[55] Vgl. z. B. *BVerwG*, Urt. v. 7. 12. 1999 – 1 C 30.97 – REP, BVerwGE 110, 126 (136) = juris Rn. 30; *OVG Lüneburg*, Urt. v. 19. 10. 2000 – 11 L 87/00 – REP, juris Rn. 88 ff.; *OVG Koblenz*, Urt. v. 10. 9. 1999 – 2 A 11774/98 – REP RP, juris Rn. 45 f.; auch im BfV-Gutachten (Fn. 2), z. B. S. 143, 196, wird die Verwendung dieses Begriffs beanstandet.

[56] So auch *OVG Lüneburg*, Urt. v. 19. 10. 2000 – 11 L 87/00 – REP, juris Rn. 88: Der Begriff „Umerziehung“ als solcher indiziere nicht von vornherein eine verfassungsfeindliche Ein-

Was ist konkret mit „Umerziehung" gemeint? Wenn darunter verstanden wird, daß von der NS-Ideologie infizierte Menschen zur Demokratie umerzogen wurden, ist Kritik an der Umerziehung in der Tat ein Indiz für eine demokratiefeindliche Einstellung. Und in diesem Sinne wurde Umerziehungskritik von der Rechtsprechung verstanden[57]. Wenn mit „Umerziehung" jedoch eine Erziehung gemeint ist, die dahin gegangen sei, die ältere deutsche Geschichte als bloße Vorgeschichte zum Nationalsozialismus zu verstehen, und die auf diese Weise den Deutschen die Möglichkeit der Identifikation mit der eigenen Geschichte nehmen sollte, dann hat Kritik daran keine Relevanz für das Verhältnis zur Demokratie[58].

## VIII. Erinnerungspolitik

Anhaltspunkte für verfassungsfeindliche Bestrebungen können sich auch daraus ergeben, daß eine politische Partei Sympathie für ein totalitäres Regime oder für seine Ideologie (Nationalsozialismus, Stalinismus, Maoismus usw.) zum Ausdruck bringt oder Verbrechen eines solchen Regimes rechtfertigt. Eine bloße Relativierung des NS-Unrechts oder bloße Kritik an der zentralen Rolle des NS-Unrechts in der deutschen Erinnerungskultur ist demgegenüber nach Auffassung des BfV noch nicht verfassungsschutzrechtlich relevant, sondern erst dann, wenn dies mit einer Befürwortung nationalsozialistischer Ziele einhergeht; das sei sorgfältig zu prüfen[59]. Das ist richtig, denn verfassungsschutzrechtlich kann es nur darum gehen, ob sich aus Äußerungen oder anderen Verhaltensweisen ergibt, daß die Beseitigung eines Elements der freiheitlichen demokratischen Grundordnung angestrebt wird. Dies ist bei Äußerungen von Politikern zur „Erinnerungspolitik" regelmäßig nicht der Fall.

An diesen von ihm selbst formulierten Maßstab hält sich das BfV allerdings nicht konsequent, sondern kritisiert immer wieder Äußerungen, die dem erinnerungspolitischen Konsens des Mainstreams entgegenlaufen, ohne in irgendeiner Weise nationalsozialistische Ziele zu befürworten oder NS-Verbrechen zu rechtfertigen. Insbesondere rügt das BfV, daß Parteifunktionäre sich dagegen wenden, das Geschichtsbewußtsein der Deutschen auf die zwölf NS-Jahre zu reduzieren, und daß sie fordern, die gesamte, jahrhundertelange deutsche Geschichte in den Blick zu nehmen, die auch vieles umfasse, mit dem man sich positiv identifizieren könne[60]. Auch

---

stellung; *VG Mainz*, Urt. v. 10.12.1997 – 7 K 102/94.Mz – REP RP, Entscheidungsabdruck S. 19 f.; vgl. auch *BVerwG*, Urt. v. 18.5.2001 – 2 WD 42.00, 43.00 – BVerwGE 114, 258 (285, 286) = juris Rn. 64, 66.

[57] Vgl. *BVerwG*, Urt. v. 18.5.2001 – 2 WD 42.00, 43.00 – BVerwGE 114, 258 (285) = juris Rn. 64.

[58] Ein anderes Beispiel für einen möglichen Inhalt von nicht verfassungsfeindlicher Kritik an „Umerziehung" bei *BVerwG*, Urt. v. 18.5.2001 – 2 WD 42.00, 43.00 – BVerwGE 114, 258 (286) = juris Rn. 66.

[59] BfV-Gutachten (Fn. 2), B.II.2.1.4.

[60] Vgl. BfV-Gutachten (Fn. 2), z.B. S. 150 f.

wenn „eine Rehabilitierung des Nationalsozialismus oder gar der in seinem Namen verübten Verbrechen [...] nicht das nachweisbare Ziel“ seien, „beinhalten“ nach Meinung des BfV „Bemühungen um eine erinnerungspolitische Wende ein hinreichendes Relativierungspotential, das als Angriff auf das Wertefundament der Bundesrepublik interpretierbar ist“[61].

Den behaupteten Angriff auf das „Wertefundament“ erklärt das BfV damit, daß der Nationalsozialismus als „Negativfolie“ prägenden Einfluß auf die freiheitliche Ausgestaltung des Grundgesetzes gehabt habe und deshalb „selbstverständlich ein elementarer Bestandteil der bundesrepublikanischen Identität“ sei. „Ein Beiseiteschieben der Erinnerung zugunsten einer kritiklosen Positivinterpretation der eigenen Geschichte entfaltete eine de facto relativierende Wirkung, indem die ideellen Grundlagen der demokratischen Verfaßtheit in der Bundesrepublik unterlaufen würden.“

Richtig ist daran, daß der Parlamentarische Rat bei der Ausarbeitung des Grundgesetzes die negativen Erfahrungen mit dem Nationalsozialismus verarbeitet hat. Nicht nur aus diesem Grunde halte ich es auch für richtig, daß die Katastrophe, die der Nationalsozialismus für Deutschland und die Welt herbeigeführt hat, Bestandteil der deutschen Identität ist. Aber das erste ist ein verfassungshistorischer, das zweite ein sozialpsychologischer Befund. Unter keinem dieser Aspekte ist die Erinnerung an den Nationalsozialismus aber ein notwendiges Element der freiheitlichen demokratischen Grundordnung oder eine notwendige Voraussetzung für ihre Aufrechterhaltung. Ein Element der deutschen *Verfassungs*identität im Sinne der Rechtsprechung des Bundesverfassungsgerichts ist der Nationalsozialismus (als „Negativfolie“) nicht. Das wird vom BfV auch nicht behauptet. Aber das BfV meint, „die ideellen Grundlagen der demokratischen Verfaßtheit“ würden unterlaufen, wenn die Erinnerung „zugunsten einer kritiklosen Positivinterpretation der eigenen Geschichte“ beiseite geschoben würde.

Nun wäre eine „kritiklose Positivinterpretation“ der deutschen Geschichte, wenn sie tatsächlich jemand vornähme, mindestens ebenso falsch wie eine „kritiklose Negativinterpretation“ und auf jeden Fall noch viel dümmer. Aber der Verfassungsschutz ist nicht der Wächter der Ausgewogenheit von Geschichtsbetrachtungen. Im Kontext der Verfassungsschutzaufgaben kommt es darauf an, ob durch Aussagen zur Geschichte eine Diktatur oder ein Unrechtsregime verherrlicht oder gerechtfertigt wird oder ob gezielt die geistigen Grundlagen der freiheitlichen demokratischen Grundordnung untergraben werden sollen. Beides ist nicht gegeben, wenn jemand in seiner Betrachtung der deutschen Geschichte den Schwerpunkt nicht auf den Nationalsozialismus legt.

Die ideellen Grundlagen der freiheitlichen Verfassung bestehen in erster Linie in den tragenden Verfassungsidealen der Aufklärung, in den Ideen der Freiheit und Gleichheit der Menschen, in der Idee der Menschenwürde, im rechtsstaatlichen

---

[61] BfV-Gutachten (Fn. 2), S. 197f.

Freiheitsprinzip, in den Vorstellungen der Gewaltenteilung und der unabhängigen Gerichtsbarkeit, wie sie von großen Staatstheoretikern wie Montesquieu entwickelt wurden und in den klassischen Verfassungsdokumenten des 18. und 19. Jahrhunderts zum Ausdruck kamen, nicht zuletzt auch in der Idee der Volkssouveränität, die sich seit dem 19. Jahrhundert allmählich gegen die alten Vorstellungen von monarchischer Legitimität durchgesetzt hat. *Alle* Prinzipien der freiheitlichen demokratischen Grundordnung haben ihre Wurzeln im 18. und 19. Jahrhundert. Sie haben glänzende ideelle Vorbilder in der politischen Ideengeschichte und in der Verfassungsgeschichte. Um die Menschen von der Sinnhaftigkeit der freiheitlichen demokratischen Grundordnung zu überzeugen, bedarf es nicht notwendig der „Negativfolie" des Nationalsozialismus, wenngleich es aus meiner Sicht pädagogisch sehr sinnvoll ist, die Bedeutung einer freiheitlichen Verfassung anhand der Erfahrungen mit diktatorischen und mit totalitären Systemen zu verdeutlichen.

Außerdem: In welcher Weise die ideellen Grundlagen der Verfassung pädagogisch vermittelt oder auch nicht vermittelt werden, gehört nicht in den Aufgabenbereich der Verfassungsschutzbehörden. Das BfV entfernt sich mit der Problematisierung dieser Thematik sehr weit von dem, wofür es zuständig ist. Deshalb muß an dieser Stelle daran erinnert werden, worum es eigentlich geht: um die Prüfung, ob tatsächliche Anhaltspunkte für Bestrebungen gegen die freiheitliche demokratische Grundordnung vorliegen. Es geht also darum, ob in Äußerungen von Vertretern des Beobachtungsobjekts der Wille zum Ausdruck kommt, ein Element der freiheitlichen demokratischen Grundordnung zu beseitigen oder zu beeinträchtigen. Wenn jemand ein einseitig positives deutsches Geschichtsbild propagiert und den Nationalsozialismus aus dem deutschen Selbstverständnis ausblendet, richtet sich dies nicht gegen die freiheitliche demokratische Grundordnung – und zwar auch dann nicht, wenn man die Erinnerung an die NS-Verbrechen mit zu den „ideellen Grundlagen" der konkreten Verfaßtheit der Bundesrepublik Deutschland rechnet. Insoweit geht es allenfalls um ideelle „Verfassungsvoraussetzungen", nicht um die Verfassung selbst. Auf die bewußtseinsmäßigen Voraussetzungen der Verfassung kann und muß der Staat meines Erachtens positiv einwirken, etwa über sein Bildungssystem, aber auch durch vorbildliches Verhalten seiner Repräsentanten. Er kann und muß „Staatspflege", „Verfassungspflege" betreiben[62]. Er kann aber die bewußtseinsmäßigen Voraussetzungen nicht mit hoheitlichen Mitteln erzwingen, ohne seine Freiheitlichkeit aufzugeben[63]. Genau das aber versucht das BfV, wenn es sein Observationsinstrumentarium einsetzt, um alle politischen Parteien zu der von ihm für richtig erachteten Erinnerungspolitik zu bewegen. Hier wird versucht, eine verbindliche Staatsideologie zu installieren und mit den Mitteln des Geheimdienstes durchzusetzen. So etwas ist dem freiheitlichen Staat fremd.

---

[62] Vgl. z.B. *Dietrich Murswiek*, Verfassungsfragen der staatlichen Selbstdarstellung. Anmerkungen zur Staatspflege und zur staatlichen Selbstdarstellung im demokratischen Verfassungsstaat, in: FS für Helmut Quaritsch, 2000, S. 307 (309 ff.) m.w.N.

[63] Vgl. *Ernst-Wolfgang Böckenförde*, Die Entstehung des Staates als Vorgang der Säkularisation, in: Ernst-Wolfgang Böckenförde, Staat – Gesellschaft – Freiheit, 1976, S. 42 (60).

Das Bundesverfassungsgericht hat sehr deutlich zum Ausdruck gebracht, daß die ideellen Grundlagen der Verfassung als solche nicht dem verfassungsschutzbehördlichen Verfassungsschutz unterliegen. Der freiheitliche Staat verteidigt seine ideellen Grundlagen mit geistigen Mitteln – durch Argumente und positive Selbstdarstellung. „Art. 21 Abs. 1 GG sanktioniert nicht Ideen oder Überzeugungen. Die Vorschrift beinhaltet kein Gesinnungs- oder Weltanschauungsverbot“[64]. Das gilt entsprechend für die Tätigkeit der Verfassungsschutzbehörden. Sogar Kritik an den Elementen der freiheitlichen demokratischen Grundordnung darf nach Auffassung des Bundesverfassungsgerichts nicht mit hoheitlichen Mitteln unterbunden werden. Erst wenn die Kritik in Tätigkeiten mündet, die auf Beseitigung oder Beeinträchtigung eines Elements der freiheitlichen demokratischen Grundordnung gerichtet sind, ist das ein Fall für den Verfassungsschutz[65]. Somit ist erst recht Kritik an der bewußtseinsmäßigen Pflege von Verfassungs*voraussetzungen* als solche verfassungsschutzrechtlich irrelevant. Das gilt auch dann, wenn diese Kritik von einer politischen Partei kommt. Meinungen, die nicht auf die Beseitigung oder Beeinträchtigung eines Elements der freiheitlichen demokratischen Grundordnung gerichtet sind, werden nicht dadurch zu Anhaltspunkten für verfassungsfeindliche Bestrebungen, daß eine Partei sie äußert.

[64] *BVerfG*, Urt. v. 17.1.2017 – 2 BvB 1/13 = BVerfGE 144, 20 (Rn. 573) – NPD.

[65] Vgl. *BVerfG*, Beschl. v. 24.5.2005 – 1 BvR 1072/01 = BVerfGE 113, 63 (81 f.) – JF; *BVerfG*, Urt. v. 17.1.2017 – 2 BvB 1/13 = BVerfGE 144, 20 (Rn. 573) – NPD.

# Sachwortregister